INVENTAIRE

DES

TITRES, PAPIERS & ENSEIGNEMENS

CONCERNANTS

LA CURE D'ALENÇON

avec

UN MÉMOIRE PRÉCIS

DE TITRES ANTIENS ET MODERNES

DE TOUTES CHOSES

en 1720

Par Messire Pierre BELARD, Prestre

Docteur de Sorbonne et Curé d'Alençon

Publié par la Société Historique et Archéologique de l'Orne

ALENÇON

E. RENAUT-DE BROISE

—

M. DCCC. VC.

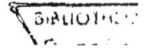

INVENTAIRE

DES

TITRES, PAPIERS & ENSEIGNEMENS

concernants

LA CURE D'ALENÇON

———

Orne .1

C 13

PRÉFACE

L'inventaire des titres concernant la cure d'Alençon par Pierre Belard, que la *Société historique et archéologique de l'Orne* publie aujourd'hui, forme un volume de 144 feuillets écrits des deux côtés du papier, de 285 sur 180 millimètres.

Il appartient à la ville d'Alençon et il figure sous le n° 178 du catalogue des manuscrits de sa bibliothèque dressé par M. Henri Omont (1).

Il est écrit en entier de la main de Belard, ainsi qu'il est facile de s'en convaincre en le comparant avec les signatures assez nombreuses qui se trouvent sur les registres de l'hospice. Il en existait une copie dans le cabinet d'Odolant Desnos, qui lui a fait de nombreux emprunts pour ses *Mémoires historiques sur la ville d'Alençon et sur ses Seigneurs.*

Le titre porte la date de 1720, mais de nombreuses additions, faites de la même écriture, relatent des évènements qui se sont passés en 1724, 1725, 1726 et même 1727. Il paraît bien probable que Belard a travaillé à ses recherches jusqu'à sa mort arrivée en 1729. Ainsi s'explique que plusieurs de ses articles ont reçu des suppléments importants à la fin du volume. La succursale de St-Léonard et l'hôpital en ont chacun deux, indépendamment de la notice principale. Pour faciliter les recherches, nous avons cru devoir modifier, à l'impression, l'ordre des matières et réunir sous un seul titre tout ce qui a trait au même objet.

C'est le seul changement que nous ayons fait au manuscrit, dont nous ayons tenu à respecter l'orthographe, souvent bien défectueuse.

(1) Catalogue général des manuscrits des bibliothèques publiques de France. Départements. T. II.

Les notes ont été puisées à des sources différentes, que nous avons indiquées chaque fois. Disons cependant ici que nous nous sommes beaucoup servi de trois manuscrits de la riche bibliothèque de M. de La Sicotière.

Brière. *Histoire d'Alençon, 1709-1732.* Papier, 17 sur 12 cent. 94 feuillets écrits au recto et au verso.

Le Queu. *Notes historiques sur Alençon, 1756-1775.* Recueil de feuillets de toute dimension.

Le Conte de La Vererie. *Notes historiques sur Alençon.* Papier, 25 sur 18 centimètres.

M. de la Sicotière, auquel la *Société historique* aurait désiré confier la publication du manuscrit de Belard, et qui avec sa parfaite connaissance de l'histoire d'Alençon, l'eût enrichi de notes intéressantes, déclina la proposition de ses collègues, mais il s'empressa, avec son obligeance habituelle, de mettre à la disposition de celui qui fut désigné à son défaut, les manuscrits qu'il croyait susceptibles de lui fournir sur l'histoire locale, des renseignements encore inédits.

L'abbé Laurent a publié en 1856, dans le *Journal d'Alençon,* une notice sur Belard, qui n'a pas, croyons-nous, été tirée à part. Nous pensons être agréable au lecteur en reproduisant cette œuvre peu connue, du savant auteur de Marguerite de Lorraine.

La salle des séances de la commission administrative de l'hospice d'Alençon renferme, entre autres portraits historiques, celui de Belard. Il n'est pas signé, fort médiocrement peint et assez mal conservé. Nous avons profité cependant de la permission que Messieurs les Administrateurs nous ont gracieusement accordée pour le reproduire par la phototypie, et le placer en tête du volume. Il porte dans l'angle gauche, l'inscription suivante :

Maitre Pierre Blar, Docteur de Sorbonne, Curé d'Allençon, Bienfaicteur de l'Hopital général de cette Ville, décédé le 11 Juillet 1729.

Le Queu en avait fait une gouache que nous avons vue dans la collection de portraits normands, réunis par M. de La Sicotière.

Enfin la communauté de la Providence d'Alençon, qui doit tant à Belard, possède aussi son portrait.

E. L.

NOTICE

SUR L'ABBE BELARD

Curé d'Alençon

(1694-1729)

Par l'Abbé LAURENT

—

« M. Belard, dit Od. Desnos, gouverna pendant trente-cinq ans la cure de Notre-Dame avec le zèle et la vigilance d'un vrai pasteur. Il doit être regardé comme un des bienfaiteurs de la ville d'Alençon » (T. Ier, p. 71). La mémoire de ce bon prêtre bénie de son troupeau se rattache à toutes les institutions charitables qui datent de cette époque. C'est pour ce motif que nous avons pensé à recueillir les principaux détails de sa vie trop négligée jusqu'à ce jour par les historiens d'Alençon. La plupart des faits que nous allons raconter sont extraits de notes manuscrites rédigées par l'abbé Jean Chaplain, prêtre habitué de Notre-Dame d'Alençon, mort après 1770.

Il faut se rappeler qu'avant la Révolution toute la partie de la ville située en deçà de la Sarthe ne formait qu'une paroisse sous le nom de Notre-Dame d'Alençon. Saint-Pierre de Montsort dépendait du Mans ; Saint-Léonard et Courteille n'étaient que des annexes. Au mois de juin 1694, la cure d'Alençon devint vacante par la mort de M. Pierre Chenard. Ce bénéfice étant à la présentation de l'abbé de Lonlai, celui-ci désigna l'abbé Grégoire Morel, d'Alençon, docteur en philosophie de l'Université de Caen, qui avait rempli durant quelques années les fonctions de vicaire dans l'église Saint-Médard, à Paris.

Le duché d'Alençon était alors gouverné par Élisabeth d'Orléans, duchesse de Guise. Elle avait fixé sa résidence à Alençon après la mort de son époux et s'était établie, en 1675, dans l'hôtel de la Bénardière qui devint plus tard l'hôtel de l'Intendance et ensuite de la Préfecture. Cette princesse, aussi pieuse que charitable, n'approuva pas ce choix du présentateur ; elle lui déclara qu'elle ne voulait point comme curé un enfant de la ville et l'engagea à désigner de préférence M. Belard, qui résidait alors à Saint-Sulpice de Paris. L'abbé de Lonlai se rendit aux désirs de la duchesse de Guise et M. Belard prit possession de la cure d'Alençon le jour de Saint-Pierre (29 juin 1694) par procuration donnée à M. L. Guilloré, alors vicaire de Notre-Dame.

Madame de Guise avait-elle indiqué le véritable motif qui lui faisait désirer l'exclusion de l'abbé Morel ? N'avait-elle point des craintes qu'il fut favorable aux doctrines Jansénistes ? Nous sommes d'autant plus portés à le croire que cet ecclésiastique, durant son séjour à Paris, avait eu de fréquents rapports avec Port-Royal et particulièrement avec le célèbre Nicole, et que plus tard, pendant les quarante-six ans qu'il passa sur le diocèse de Bayeux dans la cure de Saint-Germain-le-Vassou, il ne laissa échapper aucune occasion de manifester ses opinions et notamment son opposition à la bulle *Unigenitus* (Od. Desnos, t. II, p. 587). Quoi qu'il en soit, Morel adressa une consultation à la Sorbonne et aux plus célèbres avocats en matières bénéficiales pour leur exposer l'affaire comme elle s'était passée. Il lui fut répondu « que le patron ecclésiastique n'avait pu varier et que le second pourvu ne pouvait en conscience garder le bénéfice ». L'abbé Morel cependant eut la prudence de ne pas s'engager dans un procès douteux ; il se contenta d'écrire une lettre à Mme de Guise en lui adressant les consultations, et M. Belard garda la cure.

Pierre Belard, né à Rouen, avait fait à Paris de brillantes études. Reçu docteur en Sorbonne, il s'était adjoint au clergé de la congrégation de Saint-Sulpice, lorsqu'il fut appelé à Alençon. Il est probable que la duchesse s'était assuré de son mérite lorsqu'elle résidait à la Cour. Le nouveau curé était âgé de trente-deux ans. La gouvernante d'Alençon ne s'était point trompée dans ses espérances ; elle trouva dans le jeune pasteur un zèle, un dévouement, une charité qui ne se démentirent jamais et rendirent féconde en bonnes œuvres sa longue administration.

Élisabeth d'Orléans s'était appliquée à rétablir l'ordre dans le gouvernement de l'Hôtel-Dieu tombé dans le plus triste état depuis qu'il avait été pillé par les protestants en 1562. Mme de Guise, après avoir donné à cet hospice, en 1696, un règlement qui porta son nom, fit bâtir en 1693 la chapelle que l'on voit encore et finit par confier le soin des malades à des Sœurs de Charité qu'elle appela au nombre de seize, leur ayant assuré par son testament une rente de 2,000 livres. M. Belard, quoiqu'il n'eut aucune fortune personnelle, constitua en faveur de l'hospice le revenu nécessaire pour l'entretien d'une autre sœur destinée à distribuer la portion des malades.

Pendant les dernières années du xviie siècle et les premières du xviiie, le curé d'Alençon partagea ses soins entre le troupeau qui lui était confié, le service des pauvres et l'embellissement de son église.

Les notes que nous avons entre les mains ne commencent d'une manière suivie qu'en 1690. Les détails nous manquent sur cette première période de la vie du bon curé. Nous savons seulement qu'après la mort de la duchesse de Guise, sa protectrice, arrivée à Versailles, le 16 mars 1696, il se trouva exposé à de fâcheux désagréments auxquels il ne fut pas insensible. Voici quelle en fut l'occasion.

L'abbé Morel, dont nous avons parlé, avait été chargé de faire l'oraison funèbre de Mgr Savary, évêque de Séez. Il la prononça le 24 septembre 1698, dans l'église Notre-Dame d'Alençon. M. Belard, fort mécontent du discours de l'orateur, n'hésita pas à le signaler dans son prône le dimanche suivant. Il reprocha au prédicateur d'avoir plutôt fait une satire du prélat que son éloge et d'avoir insulté la mémoire de Mme de Guise. L'abbé Morel porta plainte de cette censure devant l'official de Séez, qui condamna, le 18 mai 1699, le bon M. Belard « à être blâmé avec défense d'en user ainsi à l'avenir et permit au sieur Morel d'en faire inscrire l'acte sur les registres de l'officialité ». Les deux parties se portèrent comme appelantes, mais des amis communs intervinrent pour les arranger, et l'affaire fut assoupie par une transaction.

Le charitable pasteur eut bientôt l'occasion d'oublier ces désagréments en se livrant à toute l'ardeur de son zèle. Les rigueurs d'un hiver exceptionnel, appelé le *grand hiver* dans les mémoires du temps, amenèrent, en 1709, une cruelle et longue disette. Le blé se vendit à Alençon jusqu'à 7 livres le boisseau d'alors (2 décalitres) au lieu de 35 sols, prix courant, et le cidre 14 sols le pot dans les auberges. Notre pays tira des grains au printemps de Granville et du Mont-Saint-Michel ; mais on fut obligé de les amener sous bonne escorte pour les soustraire au pillage. Et quand en mars 1710, quarante-deux mille boisseaux arrivèrent d'Écosse à Alençon, on fit des feux de joie aux quatre portes de la ville ; on chanta le *Te Deum* et les litanies de la Vierge dans les églises. Pendant ce temps, une affreuse épidémie décimait les populations affamées. Le chapitre de Séez perdit douze de ses membres au nombre desquels le neveu de l'évêque, l'abbé de Saint-Firmin ; le prélat lui-même, Mgr d'Aquin, succomba à la contagion, le 17 mai 1709.

On peut croire que M. Belard redoubla de dévouement et de charité pour assister ses paroissiens contre le double fléau qui les frappait. Une des plus fécondes et des plus durables créations de ce bon curé date de cette époque. L'année 1640 avait vu se former à Alençon, sous le nom de *Providence*, une communauté de filles pieuses destinées à recueillir les enfants pauvres et à les former au travail. En 1709, le curé d'Alençon, voulant assurer un asile toujours ouvert aux nombreuses petites filles que leurs parents ne pouvaient surveiller, convertit la communauté de la *Providence* en une congrégation religieuse et acheta pour elle de son argent, en 1722, une vaste maison où les bonnes sœurs établirent un ouvroir pour les enfants pauvres de la ville d'Alençon. Les *Dames de la Providence*, qui se livrent à l'éducation seulement depuis 1829, n'ont commencé qu'en 1848 à former des filiations qui, déjà nombreuses, s'accroissent encore chaque année. Ces bonnes religieuses dirigent en même temps plusieurs salles d'asile. Elles ont, en outre, ouvert à Alençon un pensionnat aujourd'hui très florissant, ainsi qu'une institution spéciale pour l'éducation des sourds-muets, institution qui manquait au département de l'Orne et qui a mérité pleinement la confiance et reçu les encouragements de l'administration et du conseil général.

Nous avons dit que l'évêque de Séez, Mgr Louis d'Aquin, était mort de la contagion le 17 mai 1709. L'oraison funèbre du prélat fut prononcée dans l'église paroissiale de Notre-Dame par le P. Benoit, de Rouen, gardien des Capucins d'Alençon. L'orateur, s'adressant au clergé de la paroisse, traçait de son digne chef ce portrait non moins exact qu'honorable à la mémoire de M. Belard :

« On peut dire avec justice qu'il n'a pas moins fait dans cette
« ville depuis qu'il en est le pasteur, par son zèle selon la science,
« par sa vigilante attention sur son troupeau, par sa profonde
« érudition, enfin par cette piété agissante qui le consume pour
« défendre la gloire et la foi de Jésus-Christ, que Simon, fils
« d'Omar, ne fit dans Jérusalem pour soutenir la maison du
« Seigneur » (*Oraison funèbre de Monseigneur d'Aquin*,
p. 34).

Plein d'un actif dévouement pour les œuvres charitables. M. Belard ne montrait pas un moindre zèle dans l'accomplissement de tous ses devoirs pastoraux. En 1712, il plaça dans son église de nouveaux fonds baptismaux plus riches que les anciens. En 1716, il fit construire avec le concours empressé des paroissiens un fort bel autel en pierre blanche dans la chapelle du Rosaire. Cet autel fut détruit après l'incendie de 1744. « Le tableau de la Sainte Vierge était surmonté d'une grande couronne ». En 1724, les pauvres et les mendiants ayant été accueillis au château dans les bâtiments du *Vieux-Moulin*, la chapelle fut bénie par le curé d'Alençon.

Lorsqu'un grand serviteur de Dieu appartenant à un ordre religieux reçoit à Rome les honneurs de la béatification ou de la canonisation, il est d'usage que la fête du bienheureux ou du saint soit célébrée pendant plusieurs jours avec une grande solennité dans toutes les maisons de l'Ordre. Trois cérémonies de ce genre furent accomplies à Alençon à de courts intervalles. Nous devons en dire quelques mots parce que c'était toujours au vénérable curé de Notre-Dame que revenait l'honneur de présider à l'ouverture de ces touchantes solennités.

En 1714, le 22 avril, les Pères Capucins célébrèrent avec une grande pompe la fête de saint Félix de Cantalice. L'église était tendue de draperies dans toute sa hauteur. Le général de l'Ordre, Jean Léopold, prince du sang impérial d'Autriche, se trouva présent avec cent treize capucins qui s'étaient rendus à Alençon pour assister au chapitre général. Le clergé de Notre-Dame et celui de Saint-Léonard allèrent en procession à l'église des bons pères, qui vinrent processionnellement au-devant du clergé de la paroisse. M. le Curé officiait à l'ouverture de la cérémonie. Le dernier jour, les Pères Capucins se rendirent en procession à l'église de la paroisse pour y suspendre la bannière du saint. Des cérémonies semblables furent célébrées le 30 mai 1715, jour de l'Ascension, dans l'église des Dames de Sainte-Claire, pour la canonisation de sainte Catherine de Bologne ; quarante Pères Cordeliers y assistaient ; et, le 7 janvier 1717, chez les Jésuites, en l'honneur du bienheureux Jean-François Regis. La fête s'ouvrait toujours sous la présidence de M. Belard, et la bannière était portée après la cérémonie à l'église de Notre-Dame où elle était suspendue dans le chœur.

Le duché d'Alençon, retourné à la couronne après la mort de Mme de Guise, avait été donné en apanage, en 1710, au duc de Berry, troisième fils du Dauphin, fils de Louis XIV. Le jeune prince étant mort quelque temps après avec la plupart des membres de la famille royale, un service solennel fut célébré pour lui le 1er septembre 1714, dans l'église de Notre-Dame d'Alençon. Mgr Turgot, évêque de Séez, se rendit dans cette ville pour présider à la cérémonie funèbre.

M. Belard, dont l'activité et le dévouement ne faisaient que s'accroître avec l'âge, procura en 1721 à ses paroissiens les avantages d'une mission qui s'ouvrit à Notre-Dame, le 23 février. Elle fut prêchée par le R. P. Sandret, jésuite, le même qui avait évangélisé Mortagne, Saint-Pierre-sur-Dives et Falaise en 1708, Séez et Almenesches en 1709, Argentan en 1708, 1720 et 1730. Ce bon prêtre était l'apôtre du diocèse de Séez. Le 3 décembre 1724, ouverture d'un jubilé de quinze jours accordé par Innocent XI. Le grand jubilé de 1725 ne fut publié en France qu'en 1727, sous le pontificat de Benoît XIII ; la publication de la bulle avait été retardée par les formalités à remplir devant le parlement de Paris. Les exercices du jubilé s'ouvrirent à Notre-Dame d'Alençon le 3 juin et se terminèrent le 3 août par une procession générale dans toute la ville. Cinq autres processions s'étaient faites auparavant pour visiter les quatre églises indiquées comme stations. M. Belard, consultant son zèle plus que ses forces présida lui-même à toutes les cérémonies du jubilé et donna encore, dans cette circonstance, au clergé de la paroisse l'exemple de la ferveur et du dévouement apostolique.

Les dernières années du ministère de M. Belard furent éprouvées par des fléaux non moins cruels que ceux qui avaient frappé son troupeau au commencement du siècle. On sait quelle profonde perturbation fut causée en 1720 dans toute la France par la banqueroute de Law. La valeur de l'argent ayant été considérablement dépréciée par la circulation du papier monnaie, le prix des choses s'éleva en proportion. « Dans ce temps, tout était d'une cherté excessive, dit un témoin contemporain, que si le bon Dieu n'avait pas donné abondance de grains et de fruits, on aurait péri de besoin. Les veaux étaient à 25 ou 30 livres, la toile ordinaire à 3 l. l'aune, ce qui dérangea si fort le cours ordinaire de la marchandise qu'on fut longtemps sans la voir redescendre au prix où elle était auparavant » (Remarques sur le couvent de Sainte-Claire d'Argentan, Mss.). Mais le mal était porté à son comble par la mauvaise récolte de 1725 et la misère devint aussi grande qu'en 1709 « les mois d'avril, juin et juillet ayant été très pluvieux, les biens de la terre furent gravement compromis. Alors des prières publiques furent ordonnées. A partir du 19 juin, la paroisse de Notre-Dame alla en procession tous les dimanches et fêtes à la chapelle de Notre-Dame de Grâce. Mgr l'évêque de Séez ordonna l'indulgence des quarante heures à toutes les églises de la ville. Il fallut faire la garde nuit et jour dans Alençon, à cause de la cherté du blé qui valait de 6 à 7 l. le boisseau. Les hommes de garde allaient au-devant des boulangers étrangers les jours de marché. M. de Pommereul, intendant de la généralité, ordonna que le pain serait vendu au poids. La foire de Guibray fut renvoyée au 15 septembre à cause de la récolte qui n'était pas faite. Le 16 septembre, on finit les processions ; le Saint-Sacrement fut exposé et on chanta le *Te Deum* (Mss. Chaplain). Ces terribles calamités furent une nouvelle occasion pour M. Belard de se dévouer sans aucune réserve à l'assistance et au salut de son troupeau. Sa compatissante charité semblait s'accroître avec les besoins publics. Il fut, en 1725, un des fondateurs les plus actifs et les plus généreux de l'hôpital général auquel, dès cette époque, il forma le dessein de léguer avant sa mort tout ce qu'il possédait.

X

Les communautés religieuses eurent beaucoup à souffrir dans ce temps malheureux. Leurs revenus se composant en grande partie des dots des religieuses converties en rentes, elles avaient été remboursées par les familles de la plupart de ces rentes au moyen du papier-monnaie qui n'avait plus dans les dernières années de son cours qu'une valeur fictive. Ainsi la communauté de Sainte-Claire-d'Argentan reçut comme remboursement 70.000 liv. en papier; les bonnes religieuses en purent écouler 20.000 liv. et il leur en resta 50.000 qui « après plusieurs liquidations, ne leur produisirent que 2.503 liv. en espèces sonnantes. » Les maisons religieuses d'Alençon se trouvèrent dans le même cas. Mgr de Turgot dut se transporter dans cette ville, au mois de juillet 1726 pour mettre ordre à leurs affaires. Il décida qu'un certain nombre de religieuses rentreraient dans leurs familles jusqu'à ce que les monastères se retrouvassent en état de les recevoir. Il en sortit ainsi de quinze à vingt de la seule communauté des Filles-de-Notre-Dame. Elles n'y rentrèrent qu'en 1729.

Mgr de Turgot se trouvant pour cette cause à Alençon, assista le 9 Juillet 1726 à la première des quatre processions ordonnées par le roi Louis XV pour attirer les bénédictions du ciel sur son gouvernement. L'abbé Chaplain raconte dans ses notes que M. Belard s'étant revêtu de l'étole pour la procession, se plaça à côté de Monseigneur ; mais que le prélat lui ordonna d'ôter son étole ce que le bon curé fit aussitôt; mais par obéissance, ajoute le narrateur, n'y étant pas obligé comme il le fit voir ensuite à Monseigneur de Séez. » Aux quatre temps du mois de septembre suivant, M. Belard, sur la demande de Mgr de Turgot qui était dangereusement malade, célébra à Notre-Dame les exercices des quarante heures, pour demander à Dieu le rétablissement de la santé du prélat ; mais celui-ci mourut le vendredi 19 au matin, et sa cérémonie ne fut pas terminée. Le 31 février 1728, un service solennel fut célébré pour le défunt dans l'église d'Alençon. « Toute l'église était tendue de noir ; le *Dies iræ* fut chanté en musique et M. le doyen fit à l'offertoire l'offrande du pain et du vin. » L'oraison funèbre fut prononcée par le P. Lemée, jésuite, le plus célèbre prédicateur de la ville. Il avait pris pour texte ces paroles d'Isaïe : *Viæ ejus pulchræ et semitæ ejus pacificæ* (1).

(1) Ces paroles ne sont point du prophète Isaïe, mais du roi Salomon, qui dit dans ses proverbes : « *Viæ ejus viæ pulchræ, et omnes semitæ ejus pacificæ.* Ses voies furent toutes belles et tous ses sentiers pacifiques. (Prov. III. 17.)

Les travaux et les inquiétudes d'un ministère si actif et si éprouvé avaient affaibli insensiblement la santé de M. Belard; ses forces déclinaient de jour en jour. Mgr Lallement consacré à Paris évêque de Séez le 23 janvier 1729, arriva à Alençon le 19 mars suivant pour visiter la principale ville de son diocèse et faire rentrer dans leurs couvents les religieuses qui en étaient sorties en 1726. Le prélat descendit chez son frère, M. Lallemant de Levignen, intendant de la généralité. M. Belart, quoique déjà bien souffrant, eut la force de se mettre à la tête du clergé de la ville pour aller saluer le nouvel Évêque ; mais il ne tarda pas à se sentir gravement malade, et il demanda les derniers Sacrements qu'il reçut le jour même de la *Quasimodo*, des mains de M. L. Guilloré devenu archidiacre de Séez. Le bon curé se voyant près de sa fin fit don à son église de deux chandeliers d'argent servant aux acolytes, des ornements, canons d'autel dorés, surplis, étoles et autres objets propres au culte, qui lui appartenaient (1). Le 5 juillet il résigna son bénéfice en faveur de M. Guilloré et mourut le lundi 11 du même mois vers les 11 heures du matin, étant âgé de 67 ans. Il avait administré la paroisse durant 35 années.

Les obsèques du bon curé furent célébrées le lendemain au milieu d'un immense concours. Pendant la journée du lundi quatre prêtres se tinrent continuellement auprès du corps pour y réciter l'office funèbre ; ils se relevaient de deux heures en deux heures. Les quatre cloches que l'église Notre-Dame possédait alors, étaient sonnées à chaque heure. Le convoi partit à neuf heures du matin pour se rendre à l'église et traversa les principales rues de la ville. Toute la population était accourue pour rendre ses derniers devoirs au pasteur vénéré qui n'avait jamais cessé d'être, durant sa longue administration, le père des indigents, l'appui des faibles, le conseiller et l'ami de tous. Les pauvres de l'Hôtel-Dieu et de l'Hôpital général suivaient le cortège, « chargés chacun d'une miche de pain, qui leur avait été distribuée par la volonté du défunt. » Vingt-quatre d'entre eux revêtus de serge portaient des flambeaux. La cérémonie était présidée par M. Guilloré, ami de M. Bélard. Le corps fut inhumé au milieu de la chapelle du Rosaire, en partie sous le marchepied de l'autel. Cette

_____

(1) Le testament de l'abbé Belard, en date du 17 juin 1729, existe aux Archives de l'Orne.

chapelle, fondée par Marguerite de Lorraine, duchesse d'Alençon, et appelée pour ce motif la *Chapelle de Madame,* n'avait point encore servi pour les sépultures. Elle fut destinée, dès cette époque, à la sépulture des ecclésiastiques de la paroisse. Comme en 1745, lors de la reconstruction du chœur, la chapelle du Rosaire dut être raccourcie de onze pieds du côté du sommet, pour la remettre de même longueur que celle qui lui correspond, il paraît certain que la tombe de M. Belard ne se trouve plus maintenant dans l'enceinte de l'église.

Le dimanche suivant, l'oraison funèbre du défunt fut prêchée, dans l'église Notre-Dame par le P. Lemée. L'orateur rappela aux paroissiens, avec une vive émotion, les vertus et les touchants exemples de leur bon curé. « On l'a vu, leur disait-il, constamment fidèle aux obligations du ministère pastoral, instruire son peuple sans relâche avec des paroles simples, familières, mais solides, édifiantes et pleines de piété.... Ses mœurs furent toujours graves et édifiantes. Évitant les entretiens du monde, il menait une vie sobre et retirée, toujours attentif à son église et à son troupeau, ne s'en éloignant que lorsqu'il y était contraint et ne le quittant jamais qu'à regret... » (Mss. Chaplain).

M. l'abbé Poupard, vicaire de la paroisse, étant monté en chaire après le prédicateur, donna lecture des dernières volontés du défunt qui avaient toutes pour but les intérêts de son église, le salut de ses paroissiens et l'assistance des pauvres. M. Belard « ne possédant ni terres ni maisons », léguait à l'hôpital général tous ses meubles, vaisselle, argent, etc. Il suppliait les habitants d'Alençon de lui pardonner ses vivacités d'humeur, leur promettant de ne point les oublier devant Dieu. Il terminait en faisant des vœux pour qu'il lui fût donné un digne successeur...... Cette lecture, écoutée avec une attention religieuse, renouvela les regrets et fit couler les larmes du troupeau désolé.

M. Belard a laissé un manuscrit intéressant, souvent cité par Odolant Desnos, et que possède aujourd'hui la bibliothèque d'Alençon. Il avait pour titre : *Inventaire des titres et papiers concernant la cure d'Alençon avec un mémoire précis de toutes choses, 1720.* Le bon curé avait fondé dans l'église Notre-Dame, pour la Saint-Pierre, jour de sa fête, une messe avec exposition et salut du Saint-Sacrement.

Nous avons dit que M. Belard, quelques jours avant sa mort,

résigna la cure d'Alençon à M. Guilloré, archidiacre de Séez.
M. Henri Bourget, licencié du diocèse d'Avranches, fut désigné
pour successeur. Le nouveau curé vint prendre possession de son
bénéfice le 27 janvier 1730 et fut reçu au son des cloches. M. Guilloré de son côté, croyant avoir des droits réels à la succession de
M. Belard, se présenta à Notre-Dame le 13 mars suivant, et voulut aussi prendre possession de la cure. L'auteur des notes manuscrites qui nous ont fourni presque tous les détails de cet article a soin de remarquer que l'archidiacre de Séez était né à Alençon, et que, par un fâcheux présage, il se présenta pour réclamer
la mise en possession de la cure un jour de Carème où il était dit
dans l'évangile : *Nullus est propheta in patria sua* (nul n'est
prophète dans son pays). Toujours est-il qu'un procès s'étant
élevé entre les deux prétendants, le jugement définitif fut rendu
par la Cour du Parlement, au mois d'août 1732, en faveur de
M. Bourget qui officia, pour la première fois seulement, le 15
de ce mois, le jour de l'Assomption.

(*Journal d'Alençon et du département de l'Orne,*
25 septembre 1856).

AVERTISSEMENT

On n'annonce rien dans ce memoire dont on n'aye veu les titres certains ou dans les papiers de la cure qu'on a ramassez, ou dans d'autres endroits qu'on indiquera dans la suitte.

DE L'ORIGINE DE LA CURE D'ALENÇON ET DE SES DÉPENDANCES

—

On ne scait pas, depuis quand, comment, ou par qui l'église d'Alençon a commencé. Le plus vieux monument qui en parle est un petit livre in-4° fort ancien qui est de différentes écritures, mesme sans commencement, lacéré en plusieurs endroits, qu'on trouve dans le chartrier de l'abbaye de Lonlay, et que les religieux qualifient de Cartulaire, quoiqu'il ne soit revestu d'aucune authorité, étant une simple compilation faite par des inconnus sans datte et sans seing. (1).

Par ce prétendu Cartulaire (fol. 36, v°), il parait qu'en 1150 il y avoit à Alençon deux églises possedées par Gerard et Raoul *(Radulphus)* qui estoint apparemment deux prestres séculiers ; que ces deux églises furent données à l'abbé et aux moines de Lonlay, pour être possédées par eux après la mort des dits Gerard et Raoul, de manière que l'abbé et les moines présenteroint à l'évèque de Séez des vicaires perpétuels pour desservir les dites églises qui recevoint le soin des ames de la main de l'Évêque, aux quels l'abbé et les moines donneront un nécessaire suffisant du bénéfice des quelles églises, et le reste appartiendra aux moines.

(1) L'abbaye de Lonlay, dont l'église devenue paroissiale subsiste encore au bourg de Lonlay, canton de Domfront (Orne), appartenait à l'ordre de St-Benoît, congrégation de St-Maur. Elle était située dans le doyenné de Passais et dépendait du diocèse du Mans. Elle avait été fondée vers 1025 par Guillaume Talvas, comte de Bellême.

Les archivés départementales de l'Orne ont recueilli une partie du chartrier de cette abbaye, 944 pièces et 21 registres analysés sous les n°ˢ 462 à 508, série H, de l'inventaire sommaire rédigé par M. Louis Duval, mais le Cartulaire ne s'y trouve pas. Il n'existe pas non plus à la bibliothèque nationale.

(Artur Dumonstier, Neustria pia, p. 424. Bry de la Clergerie, histoire des pays et comté du Perche et duché d'Alençon, p. 43. de La Sicotière, rapport à M. le Préfet de l'Orne, sur l'abbaye et l'église de Lonlay. Renault, notice historique sur l'abbaye de Lonlay. Bull. mon. T. VI, p. 163. Hippolyte Sauvage, Notre-Dame de Lonlay, son abbaye, ses monuments, son histoire. Le Faverais, histoire de Lonlay-l'Abbaye.)

1

C'estoit le comte d'Alençon qui nommoit à ces églises et le comte, fit, dit-on, cette donation à l'abbaye pour le rachat de ses péchés. Ce qu'on dit, que ce fut le comte Guillaume Talvast ne peut pas être, parceque dans le livre intitulé *Neustria pia*, il est dit que c'est Guillaume Talvast qui a fondé l'abbaye de Lonlay en 1026 et conséquemment 150 ans avant la donation de Froger. Cependant, par l'acte inséré dans le sus dit Cartulaire, il paroit que c'est Froger, évêque de Séez (1), en 1158, qui donna à la dite abbaye, du consentement du roy d'Angleterre (2) et de l'archevêque de Roüen, en aumosne perpetuelle les dites églises aux conditions sus dites en présence de l'archevêque de Roüen (3), des évêques du Mans (4), de Bayeux (5), etc., mais on croit que cette donation n'est qu'une confirmation de celle faite par les comtes d'Alençon, quoiqu'il n'en soit pas parlé, parcequ'on ne croit pas que l'évêque de Séez aye jamais eu la nomination des dites églises et que l'acte de sa donation a pour titre : confirmation de l'évêque de Séez des églises d'Alençon, *confirmatio episcopi sagiensis de ecclesiis de Alenconio* (folio 36, r°).

Le chapitre de Séez confirme pareillement la donation faite par Froger des églises d'Alençon à l'abbaye de Lonlay dont ils ont esté thesmoins.

En conséquence de cette donation, l'abbaye de Lonlay présenta à l'évêque Lisiard (6), qui vivait en 1190, Grégoire pour deservir la vicairie de Nostre-Dame d'Alençon en la place du dit Raoul et l'Évêque luy donna une comission, dans laquelle, parlant de cette vicairie, il dit *alteram vicariam de Alenconio* (fol. 35, v°), ce qui fait connaitre qu'il y en avoit une autre. Il n'est pas dit dans les actes cy dessus quelle estoit cette autre vicairie, mais dans d'autres actes, inserez dans le dit Cartulaire, il est parlé dè l'église de Saint-Léonard d'Alençon, comme dans l'acte du dit Cartulaire, sous ce titre *Confirmationes episcoporum sagiensis diœcesis ecclesiarum, nostrarum* ou on lit ces mots : *Ecclesiam beatæ Mariæ de Alenconio et ecclesiam sancti Leonardi* (folio 33). Il

(1) Froger évêque de Séez 1157-1184.
(2) Henri II Plantagen-t, roi d'Angleterre 1154-1199.
(3) Huges III, archevêque de Rouen 1128-1164.
(4) Guillaume de Passavant. évêque du Mans 1144-1187.
(5) Philippe d'Harcourt, évêque de Bayeux, 1142-1163.
(6) Lisiard évêque de Séez 1188-1201.

faut observer que dans cet acte il est dit que Guillaume est fondateur de l'abbaye de Lonlay, ce qui a fait croire à plusieurs que
Saint-Léonard et Nostre-Dame étoient autre fois deux églises
égales, et ce qui a donné matière à des procez dont on parlera
dans la suite.

Si ces deux églises estoient autrefois paroissialles et indepen-
dantes, il est certain que, de temps immémorial, elles ne le sont
plus, et qu'au moins on a fait une réunion des deux, de manière
que l'église Nostre-Dame est demeurée seule paroissialle et Saint-
Léonard est devenue succursalle.

On peut le conjecturer par un acte du dit chartrier, *par lequel
le chapitre de Séez ratifie et approuve l'union et l'augmentation faite par J...* (1), *évêque de Séez, des églises d'Alençon*
(folio 36, vo), comme il est contenu plus amplement dans les
lettres du dit évêque. On ne scait pas quelle est cette union des
églises d'Alençon, à moins que ce ne soit l'union de l'église
Nostre-Dame et de Saint-Léonard en une, comme elle est de
temps immémorial ; on ne scait pas non plus quel est cet évêque
J..., et depuis Froger, il n'y en a pas dont le nom commence
par J, sinon Jean de Bernières en 1290. L'acte de la dite union
n'est pas dans le dit Cartulaire.

Depuis ce temps-là, il n'est plus parlé de la cure d'Alençon,
que comme d'une unique paroisse pour toute la ville (2), comme
dans l'accord du curé avec le prieur en 1571 (3) où il est dit que
la cure est divisée en deux églises, dans la fondation de Sainte-
Claire, en 1510 (4), dans l'arrest de l'eschiquier en 1573 (5) dans
l'histoire du Perche et d'Alençon de la Clergerie en 1620, et en
1618 dans la visite épiscopale de l'évêque Le Camus (6), dans
l'acte de la quelle l'évêque reconnait les deux églises d'Alençon
regies sous mesme droit et titre de cure en une mesme personne
bien que divisée de lieux (7).

---

(1) Jean de Bernières évêque de Séez 1278-1294.

(2) En 1499, dans la fondation de Jean le Boulanger pour la confrairie Nostre-
Dame, il est dit m^{tre} Edmond Clément, curé d'Alençon (Note de Belard).

(3) V. Article du prieur.

(4) V. Article Sainte-Claire.

(5) V. Article Confrairies.

(6) Jacques Camus de Pontcarré évêque de Séez 1614-1650.

(7) V. Article Visites.

En 1627, par suite de prise de possession de Jullien Paquier qui prend possession des deux églises, ce qui a esté observé par ses successeurs, et ensuite des trois églises par le dernier curé.

. Il ne paroît par aucun acte que les religieux de l'abbaye de Lonlay ayent deservi le dit bénéfice. L'acte de leur Cartulaire y est contraire.

Il paroît seulement par différents titres que le dit bénéfice a esté possedé par plusieurs moines Jacobins d'Argentan, comme frère Gervais Chollet en 1571 et frère Macé Bigot en 1617. Il y a eu mesme en 1627 Jullien Paquier qui avait esté Cordelier, à ce qu'on dit. Il n'y a aucun titre où les curez d'Alençon ayent jamais esté appelez vicaires perpetuels, ny leur bénéfice une vicairie, sinon dans le prétendu Cartulaire de Lonlay. Au contraire, dans tous les actes, les visa, les prises de possession, les transactions mesme passées avec les prieurs et autres titres où ils sont denommez, ils sont toujours appelez curez sans aucune modification ; et ils sont appelez non seulement curez de Nostre-Dame, mais simplement curez d'Alençon, ce qui fait voir qu'il ny en avoit qu'un, car ainsy qu'en 1530 Henry, duc d'Alençon (1), nomme pour président de l'hospital Me Pierre Caroli, *curé de nostre ville d'Alençon* : en 1625, l'Évêque appele Tuaudière, *curé du dit lieu d'Alençon*; en 1627 dans la prise de posession de Jullien Paquier, l'acte porte *la cure et bénéfice rectorial de la ville d'Alençon*.

La paroisse d'Alençon s'étend du costé du faux bourg Saint-Blaise jusqu'au champ appelé.... tirant du costé de Valfram-bert (2), du costé de Casant et de Courteilles jusqu'à la ferme appelée le Hommet (3), limitrophe à Serizé ; du costé de Lancrel jusqu'à la maison au dessus le moulin des Chatelets, limitrophe à Damigny ; du costé du faux bourg de la Croix aux chevaux, jusqu'au champ appelé....

Du costé de la porte de Sarthe jusqu'au milieu de la rivière. Le grand moulin est de la dite paroisse. Du costé de la porte de

(1) Marguerite d'Angoulême veuve de Charles IV, duc d'Alençon, épousa en secondes noces, le 27 janvier 1526, Henri II, roi de Navarre. François Ier, son frère, lui donna à cette occasion l'usufruit du duché d'Alençon et du comté du Perche

(2) Valframbert, commune du canton (Est) d'Alençon.

(3) Lomet, ferme dans la commune de Cérisé, canton (Est) d'Alençon.

la Barre jusqu'à la ferme du Pomeret (1). Et de l'autre costé jusqu'à la fin du faux bourg de Villeneuve (2), limitrophe de Condé.

Tout ce territoire estoit partagé de temps immémorial en deux districs, celuy de Nostre-Dame, qui comprend tout à l'exception de ce qui est au dela de la riviere de Briante, et mesme renferme la ferme de la Breviette (3) et des Planches (4), et de celuy de Saint-Léonard qui comprend le reste. En 1679, on a érigé un troisieme distric par l'érection de la succursalle de Courteilles, dont le distric comprend seulement le bourg de Courteilles, dont on parlera dans la suite.

La cure est à la nomination de l'abbaye de Lonlay. C'est l'abbé qui l'a dans son partage, c'est luy qui a nommé le dernier curé. Cela est reconnu par l'acte de visite de 1618. Cependant il y a dans les registres du secrétariat de Séez du 10 février 1509, à Mᵉ Jean N. un *visa ad presentationem regis et dominæ ducissæ* (5) *de Alenconio.*

Le 12 may 1593, l'Évêque confère la dite cure à Mᵉ Jean de Saint-Denis, vacante par la mort du frère Gervais Cholet, et déclare que la présentation luy en est dévolüe, à cause de la longue vacance.

Il n'y a qu'un presbytère pour le curé, il n'y en a pas pour le vicaire de Saint-Léonard. Le presbytère a esté embelly par Mᵉ Le Chevalier, qui pendant qu'il fut curé fit faire l'escalier tel qu'il est, aux frais de la ville en 1679. Car auparavant, on montait dans les deux corps de logis par deux différentes montées de pierres. Avant luy, le curé Paquier 3ᵉ avoit fait boiser la chambre telle quelle est.

Cest en particulier le curé Belard qui l'a reparé et avant luy le bastiment de derriere estoit basti à l'antique et le toit en occupoit une partie de la cour et du jardin. En 1698, le curé l'a reduit en mansarde, a fait ensuite le cabinet sur le jardin et plusieurs autres décorations à l'un et l'autre bastiment qui ont couté plus de 2000 l.

(1) Le Pommeret, ferme transformée en usine sur le chemin de Saint-Germain-du-Corbéis.

(2) Villeneuve, hameau sur le chemin de Condé-sur-Sarthe.

(3) La Brebiette, ferme sur le chemin des Planches.

(4) Les Planches, ferme sur le chemin du même nom.

(5) Marguerite de Lorraine, veuve de René duc d'Alençon, administra le Duché pendant la minorité de son fils Charles IV.

La salle a esté boisée en 17:8. Le curé obtint de la ville permission de réduire son presbytère en mansarde. Il a tout fait à ses dépens en 1698.

Les religieux de Perseigne prétendent que le presbytère dépend de leur fief, et en ont demandé l'aveu au curé Belard, qui l'a refusé, les religieux ayant perdu leur posession.

ORDRE DES CUREZ D'ALENÇON (1).

—

Le plus ancien curé dont on trouve le nom dans les titres de la cure après Gérard et Grégoire, dont il est parlé dans le prétendu Cartulaire de Lonlay, est en 1406, maitre Guillaume Gasteligneul. Il en est parlé dans des fondations où il se trouve present.

En 1500, maitre Edmond Clément estoit curé d'Alençon. Il en est parlé aussi dans des contracts de fondation.

En 1508, maitre Guillaume..... Il en est parlé dans un visa de 1509 pour le suivant.

En 1510, maitre Jean Maignan, docteur en théologie, qui avoit pris la collation dès 1509. C'est luy qui a fait la transaction pour l'établissement du monastère de Sainte-Claire.

En 1530, maitre Pierre Caroly, docteur en théologie, conseiller et aumosnier de Henry, roy de Navarre, duc d'Alençon, estoit curé. C'est luy que le dit duc d'Alençon fit un des presidents de l'hospital.

En 1538, estait curé maitre Mathurin Quillet. Il en est parlé dans des fondations.

Maitre André Fermin, bachelier en 1550 (2).

En 1560, estait curé maitre Lucas Caget, dont il est parlé dans l'acte et procès verbal de l'insulte faite à Sainte Claire par les huguenots.

En 1571. estait curé frère Gervais Cholet, jacobin d'Argentan. C'est luy qui a fait la première transaction avec le prieur pour la portion congrue.

(1) La liste chronologique des curés d'Alençon, qui n'avait jamais été imprimée, a été publiée par M. de La Sicotière dans les notes de la nouvelle édition d'Odolant Desnos, t. I⁺ʳ, p. 131.

(2) André Fremi dit Fermin.

Après la mort du dit Gervais Cholet, le bénéfice fut si long-temps vacant que l'évêque, le 12 may 1593, nomma par un droit dévolu maitre Jean de Saint- Denis, mais on ne voit pas que le dit de Saint-Denis aye jouy du bénéfice, car au frère Cholet succéda en 1593 Macé Bigot, aussi religieux jacobin d'Argentan; c'est sous luy qu'a commencé la confrerie de la Charité.

Ce frère Macé Bigot resigna son benefice à maitre Pierre Gaulard en 1618, qui estoit vicaire de Saint-Léonard, à 200 livres de pansion. Il en avoit les provisions de Rome en 1618, et cepen_ dant il ne paroit pas qu'il en aye pris posession, ou quil en aye jouy long temps, car le premier may 1619 maitre Salomon Tuau-dière prit posession de ce bénéfice, et il est dit que ce fut par la résignation de Pierre Gaulard et de frère Macé Bigot. Ce Tuau-dière avoit esté curé dans le diocese du Mans et doyen rural de la Ferté-Bernard et de Beaumont-la-duché ; ensuitte en 1612, il fut receu en la congrégation des Pères de l'Oratoire, qui s'etoit établie à Paris en 1611.

Ce fut l'évêque Camus qui l'en tira pour luy faire avoir la cure d'Alençon.

En 1626, à Tuaudière succeda Pierre Favey de Paisnel, lequel résigna son bénéfice en 1627 à Jullien Paquier avec pansion de 300 livres, outre celle de 200 livres à frère Bigot. C'est ce Paquier qu'on dit avoir esté cordelier, au moins novice. Il portait une grande barbe et il demeuroit à la Chaussée, d'où il ne venoit ordinairement à l'église paroissiale que le samedy au soir, couchoit dans la chambre sur la sacristie et retournoit chez luy après les vespres du dimanche.

Le dit Jullien Paquier resigne sa cure à Jullien Paquier, son nepveu, en 1646, et se reserve 400 livres de pansion. Ce Jullien Paquier second est celuy qu'on appelle communément *la grande barbe*. Il avoit esté vicaire de Saint-Léonard depuis 1628 jusqu'en 1634. Il fut déposé par l'Évêque qui ordonna au curé d'en pré-senter un autre. Estant curé, il eut beaucoup de mauvaises affaires fondées sur sa mauvaise conduite. Il fut prisonnier à l'of-ficialité de Séez. Il fut mis prisonnier à Séez par sentence de Dufriche official le 6 août 1652, et n'en sortit que le 25 août 1653, après une sentence en ces termes

« Nous disons que les prisons seront ouvertes au dit Pasquier

« renvoyé sans le condamner ny l'absoudre, et néanmoins à luy
« fait deffences de frequenter les denommées N. N. N. et autres et
« vaudra la presente sentence de monition canonique et, outre quil
« luy sera par nous donné avis lors de la prononciation de la pré-
« sente, de permuter ou resigner le dit bénéfice pour éviter à la
« continuation du scandale. »

Le curé en ayant appelé à la métropole, intervint sentence le
18 juillet 1657 en ces termes :

« Avons le dit Paquier déclaré suffisamment atteint et con-
« vaincu d'avoir donné scandale par la hantise des femmes et
« filles mentionnées au procès, irrevérence en son ministère,
« pour réparation de quoy ayant égard à sa longue détention en
« prison, l'avons condamné à jeuner pendant un an tous les ven-
« dredis au pain et à l'eau et à réciter le *miserere* à genoux
« devant le crucifix et en 50 livres d'amende. »

Les partisans de M. Lenoir furent ses principaux adversaires,
on dévoluta son bénéfice, mais par le credit des Jésuites, il se tira
de tout et fut paisible. Il estoit d'une humeur fort fâcheuse, amateur de la compagnie, diseur de bons mots, quil portait jusques
dans la chaire de vérité. Il est mort le 3ᵉ juillet 1671. L'acte de
son inhumation porte que ce fut le curé de Forges, doyen, qui en
fit la cérémonie, qu'il se trouva 75 ecclesiastiques et plus de 2000
habitants. Il estoit aimé parce qu'il estoit populaire.

En 1671, succéda à Julien Pasquier second, Julien 3ᵉ par résignation de son oncle. Il avoit longtemps travaillé à Paris en
qualité de vicaire en la paroisse de Saint-Cosme. Il estoit docteur
en droit de la faculté de Paris et pendant huit années qu'il a esté
curé, il mit la paroisse dans un meilleur ordre. Il reforma les
cérémonies du divin office, il s'appliqua à la décoration de
l'église et repara ce que la simplicité et l'ignorance des temps
passez avoit introduit et toléré de défauts et d'abus.

C'est luy qui par l'authorité de S. A. R. madame de Guise, duchesse d'Alençon, fit transporter du milieu du chœur de N. D. le
mausolée des ducs (1) pour le placer au costé où il est aujourd'hui.

(1) Il s'agit ici du mausolée de René duc d'Alençon mort en 1492 et de Marguerite
de Lorraine son épouse.
Placé d'abord à l'entrée de l'ancien chœur, il fut transporté en 1676 dans le

Il a fait faire les chaizes du chœur, la balustrade, le marchepied et le tabernacle, il a fait agrandir la fenestre du chœur du costé de l'épitre, fait faire le tableau du bon pasteur dans la chapelle de Sainte-Cécile et la contretable. Il a fait boiser la chambre du presbytère sur le jardin.

Ce fut de son temps que M⁻ François Fouquet, arch. de Narbonne, vint à Alençon ou le roy l'avoit relegué et où il est mort ; Que son A. R. madame de Guise, duchesse d'Alençon, y vint demeurer. Il avoit de beaux talents pour la chaire, il avoit du monde et de la politesse ; mais il estoit trop rempli de luy mesme et de sa place, ce qui luy attira beaucoup d'affaires. Il se brouilla avec Mgr l'archevêque de Narbonne, dont il ne ménagea pas l'amitié et les aumosnes, avec madame de Guise et S. A. R. madame la Grande Duchesse (1), sa sœur, dont on dit qu'il blasma indiscretement les habillemens en chaire ; avec l'évèque Forcoal, par l'appel comme d'abus qu'il interjeta de ses mandements, etc. avec les frères de Charité, etc. Tout cela luy attira un exil de la part du roy à Jargeau, proche Orléans (2) en 1678, où il mourut aprez six mois, regretté de beaucoup de ses paroissiens.

A Julien Paquier 3ᵉ succeda M⁻ Enguerrand Chevalier, supérieur et comme second fondateur du séminaire de Séez 3), homme d'une grande piété et d'un grand zèle, grand vicaire de Séez. Il resta peu à Alençon dans le doute où il estoit s'il conserveroit son

sanctuaire du côté de l'évangile, puis en 1750 dans un oratoire pratiqué exprès du côté de l'évangile dans la partie de la nef qui venait d'être rétablie.

Ce curieux monument, que l'on a attribué quelque fois à Michel Colomb, a été détruit le 8 Septembre 1792 (Histoire de Marguerite de Lorraine par l'abbé Laurent p. 41. (Note de M. de La Sicotière).

(1) Marguerite Louise d'Orléans, fille de Gaston Jean Baptiste de France duc d'Orléans, de Chartres, de Valois et d'Alençon et de Marguerite de Lorraine, naquit le 28 Juillet 1645, épousa le 19 Avril 1661 Cosme de Médicis IIIᵉ du nom Grand-Duc de Toscane et mourut à Paris le 17 Septembre 1721 (Dict. de Moreri).

(2) Jargeau, chef-lieu de canton de l'arrondissement d'Orléans (Loiret).

(3) Le grand séminaire de Seez fondé vers la fin de l'épiscopat de Camus, de Pontcarré par Pierre Pavy, ancien curé de Macé, eut pour second fondateur et supérieur Enguerrand Chevalier, archidiacre de Bellesmois (1681-1697) qui en acheva la construction avec les ressources de sa propre fortune et les secours qu'il obtint de personnes vertueuses, et le laissa à sa mort doté de plus de deux mille livres.

(Marais et H. Beaudouin, Essai historique sur la cathédrale et le chapitre de Séez p. 195).

. Enguerrand Chevalier est l'auteur du *Chrestien champêtre* (Caen. Poisson, 1672, in-18) d'*OEuvres spiaituelles* en prose et en vers, 1721, dont M. de La Sicotière possédé le manuscrit.

séminaire preferablement à sa cure. Pendant l'année qu'il y fut, il obtint de la ville de quoy faire bastir l'escalier du presbytère qui y est a present, par ce qu'auparavant il n'y avoit pas d'escalier ny de galerie qui communiqua aux deux appartements. Comme il estoit missionnaire, il faisoit de fréquentes et de longues prédications qui fatiguoint le peuple qui l'appeloit par raillerie *pate noire*. Et comme on estoit persuadé qu'il avoit eu part à l'exil de son prédecesseur, il n'estoit pas aimé ; d'ailleurs comme il estoit plus souvent à Séez qu'à sa cure, S. A. R. madame de Guise luy proposa d'opter. Il préfera son séminaire et remit son bénéfice entre les mains de Mad⁰ de Guise, en faveur de Mʳ Pierre Chenard qui luy succéda en 1679.

Ce Pierre Chenard estoit bachelier en théologie de la faculté de Paris. Il estoit parisien, il avoit demeuré en la communauté de Saint-Sulpice, il fut curé de la cure d'Ambrières, diocèse du Mans, et de là transferé à celle d'Alençon.

Il avoit de très belle qualitez, avoit un port et une mine majestueuse, belle voix, une énonciation aisée, un entretien agréable, un cœur droit, une religion très pure, des mœurs très innocentes, amateur du bon ordre, du chant et des cérémonies de l'église, de la solide piété et d'une direction très épurée.

Tout cela luy attira l'estime et la confiance de Mᵉ de Guise qui s'attacha à sa personne et à son église.

Pour sa personne, elle luy donna pendant sa vie 600 livres de pansion, avec un logement considérable C'est celuy qu'occupe à présent la communauté de l'Union Chrétienne où il est mort. Outre plusieurs gratifications annuelles, comme le chauffage et autres, elle le protegoit envers tous et contre tous ; et a souvent sollicité l'authorité mesme du roy pour finir ses affaires dont nous parlerons ensuite.

Pour son église, elle l'a ornée d'ornements considérables, estant avant elle fort pauvre, et le secouroit considérablement dans le soulagement des pauvres. On l'accusoit d'être fier et de compromettre trop aisement l'authorité de la princesse et, quoiqu'il hait le procez, soutenu de cette authorité, il vouloit tout avoir sans procez. Il fut d'abord confesseur de S. A. R., mais ensuite rebutée des affaires en quoy il la compromctoit, elle le quita.

Les affaires qu'il eut furent spécialement avec l'évêque de Séez, Savary, sur plusieurs sujets et en particulier au sujet de la succursalle Saint-Léonard, de la nomination du vicaire, du changement des districs, etc. dont on parlera dans les articles suivants.

L'évêque chercha à l'humilier et à le chagriner en toute occasion et il n'avoit pas assez de fermeté pour se soutenir sans la protection de la princesse sans la compromettre.

Il engagea S. A. R. à faire la fondation des cinq messes dont il sera parlé. C'est sous luy que commence en 1684 le concordat des prestres de N.-D. Ils le firent pour lui faire de la peine et pour se liguer contre luy, à la sollicitation du nommé Gougeon, prestre sacriste, avec qui il avoit quelque question. Il n'eut pas la force de s'y opposer et de l'arreter dans son principe. Il s'y fit inscrire.

Il mourut en 1694, le 2 juin, âgé de 48 ans, regreté de tous les gens de bien et dans la réputation d'un homme aumonier et irréprochable. L'évêque assista à son inhumation et S A. R. luy donna des larmes.

Après sa mort, l'abbé de Lonlay présenta d'abord à Mᵉ de Guise le prestre Grégoire Morel, docteur en théologie d'Alençon, homme suspect pour la doctrine dont il sera parlé plus loin.

Mᵉ de Guise en demanda un autre. L'abbé présenta en second lieu Mᵉ Michel du Perche, prestre d'Alençon, cy devant vicaire de N.-D. et alors curé de Domphromp̃t. Mᵉ de Guise en demanda encore un autre (il est à présent prieur d'Alençon). S. A. R. fit dire à l'abbé de Lonlay quelle méritoit bien qu'il luy donna une presentation en blanc. Il le fit. Elle la fit remplir du nom de Pierre Belard, docteur en Sorbonne, originaire de Rouen, agé de 30 ans, à présent curé ; après l'avoir demandé aux supérieurs de Saint-Sulpice ou il demeuroit dans la communauté des prestres et elle luy écrivit qu'il trouveroit en elle une amie comme une ouaille, ce qu'il a éprouvé.

Il arriva à Alençon, le 14 juillet 1694. S. A. R. lui avoit fait préparer un lict dans son presbytere et luy donna à manger à la table de ses 1ᵉʳˢ officiers, jusqu'à ce qu'il s'en retira au mois d'octobre. Il s'accommoda avec les héritiers de son prédécesseur à la somme de 600 livres pour le reste de l'année. Il prit aussy le déport (1) pour pareille somme de 600 livres et logea dans son

(1) Déport, en matière bénéficiale. Droit que les archidiacres ou les évêques ont.

presbytère environ un an. Aprez quoy S. A. R. luy donna la maison d'Osé derrière la grande église, dont elle payoit le loüage. Elle luy fit payer la mesme pansion qu'à son prédécesseur depuis le jour de sa mort et elle eut pour luy les mesmes égards.

La princesse estant morte le 18 mars 1696, sa pansion cessa et ses présents; le loüage de la maison qu'elle donnoit au curé tomba sur luy. Il fut obligé de songer à rentrer dans son presbytère, le bail estant fini en 1698. Il le fit réparer et embellir auparavant, ce qui luy a couté en différentes reprises environ 1800 l.

Depuis 26 ans qu'il est curé, il a fait différentes choses pour le bien de son bénéfice, l'honneur et la décoration de son église et l'utilité publique insérez dans les différents articles de ce mémoire.

DE L'ÉGLISE PAROISSIALE NOSTRE-DAME
ET DE SON THRÉSOR

—

L'église paroissiale d'Alençon a toujours esté sous le titre de l'invocation de la Sainte-Vierge, tous les titres le prouvent. Ce qu'avance le nommé Lorphelin, diacre d'Alençon, dans un mauvais livre qu'il a fait imprimer il y a trente-cinq ans, que l'église Nostre-Dame estoit autrefois sous le titre de Saint-Gilles, est une supposition sans fondement (1).

Le bastiment de l'église estoit autrefois très petit; ce sont les bourgeois qui en ont fait bastir la nef tel qu'il est aujourd'huy. La nef a 96 pieds de long sur 62 de large. Le prieur d'Alençon, qui estoit un moine de Lonlay, frère Pierre Chancé donna une partie de son jardin pour bastir l'aille droitte, par contrat devant notaires, le 30 septembre 1475, et ce moyennant une maison qu'on abandonne au dit prieur et à ses successeurs; le

en plusieurs diocèses, de jouir une année durant d'une cure qui est vacante par mort en la faisant desservir et aussi d'en jouir pendant le litige si elle est contestée. (Dict. de Trevoux).

(1) Antiquaire de la ville d'Alençon où factum historique pour l'église de Saint-Léonard d'Alençon, par Lorphelin Chaufailly, MVC LXXXV.

Réimpression publiée et annotée par L de La Sicotière, 1868, Alençon, De Broise, 46 pages in-8°. Extrait de l'*Annuaire de l'Orne*, pour 1868.

bastiment de cette nef a coûté......... en un temps ou les artisans ne gaignoint par jour que peu. Le tombeau des ducs estoit autrefois au milieu du chœur ; on montoit à l'autel par deux degrez de pierre qui estoint au costé du tombeau. C'est sous M. Paquier, curé d'Alençon, que, du consentement de S. A. R madame de Guise, on a mis le chœur en l'estat qu'il est aujourdhuy, en 1677.

Le prieur d'Alençon est chargé comme gros décimateur des réparations du chœur.

La chapelle du rosaire dite antiennement la chapelle Madame (1), parce que c'estoit la chapelle des ducs, a esté décorée en l'état quelle est en 1718 des questes que le curé a fait faire et de ses aumosnes. La contretable de pierre et le tabernacle, tel qu'il est, ont coûté 1700 livres. En 1723, le tableau a coûté 300 livres (2).

Les chapelles de la dite église appartiennent à différents particuliers ; les deux qui sont dans la chapelle du rosaire ont esté données aux propriétaires par les ducs. Celles qui sont dans les aisles appartiennent à ceux qui les ont fait batir, à ce qu'on dit, ou à leurs représentants. Celles de Saint Sebastien, de Saint Laurent et de Saint Nicolas ont esté fieffées par le thrésor à 3 livres par an requitables par 60 livres. Ce sont les propriétaires de ces chapelles qui les entretiennent et les reparent. La confrairie du rosaire entretient la vitre de celle du rosaire.

Il y avoit cy devant un confessionnal dans chaque chapelle ; plusieurs particuliers les ont retirez sans que le thrésor en aye rien dit, sinon qu'en 1678 le sieur du Rosey, ayant fait oster le confessionnal de la chapelle de Saint Jacques, fut condamné à le remettre par sentence du bailliage du mois d'octobre à la réquisition du Curé et des thresoriers par provision, ce qui a esté exécuté et le procès en demeure là.

Le distric de Nostre-Dame est séparé de celuy de Saint-Léonard par la rivière de Briante ; il s'étendait avant l'érection de la succursalle de Courteilles depuis la ferme du Lomet proche

(1) Elle est appelée chapelle Madame parce que c'etoit la chapelle des anciens ducs. Il y a une cheminée dans un pilier ; ils y faissé inhumer leurs domestiques. et apresent on n'y inhume personne (Note de Pelard).

(2) Toute cette partie de l'église a été reconstruite de 1746 à 1750 sur les plans de Perronnet, ingénieur des ponts et chaussées en la généralité d'Alençon (Cheguillaume. Les fonctionnaires de province au xviiie siècle, Perronet ingénieur de la généralité d'Alençon).

Serisé jusqu'au moulin des Châtelets inclusivement, et comprend la ferme des Planches et la maison de la Breviette ; apresent il va seulement jusqu'aux premières maisons. de Courteilles exclusivement. Dans la visite faite par le curé en 1702, il paroit qu'il y avoit dans ce distric 5400 habitants, dont 3670 communiants, 30 prestres, 26 clercs de la paroisse, sans les étrangers.

Le thrésor est composé de 3 marguilliers, un prestre, un officier et un marchand. On les choisissoit cy devant à la Trinité et estoint nommez par le *Général* à la porte de l'église, en présence du maire ; depuis deux ans, on a arreté dans l'assemblée de ville qu'on les nommeroit le dernier dimanche de décembre pour commencer leur gestion au 1er janvier, et qu'on en nommeroit un tous les ans pour servir trois ans.

Le thresor a un revenu suffisant pour remplir ses charges ordinaires ; c'est la ville qui fournit aux extraordinaires par une imposition sur tous les habitans, comme cela est arrivé spécialement en 1691 et 1712 par arrest du conseil.

Le thresor dans l'affaire des bancs, des fondations et autres matières importantes ne fait rien sans le Curé, c'est une posession non contestée. Elle est fondée sur le droit commun ; le sieur Curé a sur cela l'ordonnance de visite de M. le cardinal de Noailles, archevesque de Paris en 1707, confirmée par... [1].

En 1635, dans le compte, il est alloué l'achapt de deux breviaires pour le thresor.

En 1649, ordonné par M. l'archidiacre que les confrairies qui fairont faire des services payeront 20 sous pour le prêt des ornements.

Dans la visite de 1618, il est ordonné que le cimetière [2] sera entouré de murailles de six pieds de haut et fermé de portes et cerures, et les voisins d'y celuy poursuivis pour boucher les portes et fenêtres de dessus le dit cimetière.

Item. Il est deffendu de faire queste pendant le service, sinòn

---

(1) Il manque ici un feuillet dans le manuscrit. D'après Odolant Desnos, « le « successeur de Belard dans la cure d'Alençon, Henri-Julien Bourget, homme d'un « caractère inquiet, turbulent et processif, a mutilé cet ouvrage en quelques « endroits qui ne se conciliaient pas avec ses prétentions. » (*Mémoires historiques sur Alençon et sur ses seigneurs*, t. I, p. 72).

(2) Le cimetière était alors auprès de l'église où se trouve aujourd'hui la place de la Madeleine. Il fut transféré en 1778 dans le cimetière St Blaise.

pour le thrésor, pour les prisonniers et pour la confrairie de charité, seulement pendant leurs messes et autres occasions par la permission du curé et marguilliers.

Dans la visite de 1708, il est ordonné de faire plusieurs choses qui ne sont pas exécutées, une contretable convenable au maitre autel, de faire à la sacristie une autre porte affin qu'on n'y entre pas par le chœur.

De reporter les fonds baptismaux au bas de l'église dans une chapelle. Cela n'a pas esté exécuté, on s'est contenté de les mettre au lieu ou ils sont aujourdhuy.

Le sieur Curé aura une clef du chartrier du thrésor et on faira en sa présence un nouvel inventaire des titres.

On reformera les bancs et les stales du chœur qui ont le dos tourné vers l'autel, on a reformé les stales et quelques bancs, il en reste encore quel qu'autres.

Le vicaire de Nostre-Dame (1) est comme celuy des autres vicairies du diocèse. Il est reglé dans les ordonnances de visite de 1708 qu'il aura double rétribution. L'église a esté longtemps sans en avoir. L'évêque de Séez obligea le curé en 1693 d'en prendre un.

Le revenu du thresor consiste dans plusieurs morceaux de terre, dans plusieurs rentes, la fieffe des bans, les questes et le casuel des fosses, des tentures aux inhumations et prets des ornemens.

A l'égard des fosses, dans un memoire d'inhumation en 1612, il est employé pour la fosse au thresor 30 sous. Il n'est pas parlé d'ornements.

En 1633 a esté fait un réglement pour le droit des fosses dans l'église à raison 3 livres 10 sous pour les grandes personnes et 40 sous pour celles au-dessous de 20 ans. Cela s'execute.

En 1721, l'évêque de Séez, en conséquence d'un arrest du parlement (2), donné pour la province, a fixé le droit des fosses dans l'église à 30 livres.

(1) L'archevêque de Paris, dans l'acord fait avec l'évêque de Séez et le curé d'Alençon, ordonna que le curé aurait un vicaire à Nostre-Dame dont la rétribution serait concertée sur un fond dont l'évêque conviendrait avec le curé, sans que le curé en fut chargé au-delà de son pouvoir Ce l'année 1692 (Note de Belard).

(2) Arrêt du Parlement de Normandie portant défense aux curés, vicaires et marguilliers de la campagne d'accorder la sépulture aux roturiers dans les églises,

Dans le réglement de 1651, il n'est accordé aux thresors pour pret des ornements, chapes, chasubles et tunique que 20 sous tant pour l'entèrement, que pour les autres services. Cela est augmenté depuis à 40 sous.

La confrerie des Tanneurs, dite de l'Angevine, estoit autrefois obligée à l'entretien et réparation de trois vitres de l'église par un acte de 1510, qui est dans le chartrier du thresor. Cela est apresent reduit à la vitre de dessus l'orgue qu'ils entretiennent et cela a esté jugé par différentes sentences (1).

Le buffet d'orgues qui a esté fait en 16.. a esté augmenté et embelly en 1720. Les soufflets qui estoint cy devant derrière le buffet, ont esté portez dans une chambre faite expres sur le bas costé. Il en a couté pour la dépense faite en 1720 et 1721 environ 2500 livres dont le curé a donné 1000 livres aux conditions de lui en faire la rente au denier 25 à fond perdu, à commencer au 1er janvier 1721. Le reste a esté payé par le thresor (2).

Pour le pain de communion et les messes de dimanches et festes, le thresor donnait ordinairement 5 boisseaux de bled. En 1682, on acheta des fers et le sacriste s'en chargea et on donnait 12 livres pour le pain nécessaire, en 1684, on donnait 20 livres, en 1700, 24 et apresent 20 livres, quand il y a de l'extra-ordinaire on augmente.

Par la revision qui a esté faite en 1718 de la fieffe des bancs, bancelles et chapelles de la dite église, le tout se monte par an à 492 livres 14 sols 6 deniers.

Il y a eu procez entre le nommé Boulet, advocat, et le sieur

qu'ils n'aient un titre à cet effet, et que leurs corps ne soient dans un cercueil de bois et en outre de ne les y inhumer dans le cas ou ils seront décédés d'une maladie de la nature de celles que l'on nomme *populaires* qui se communiquent facilement. (26 mai 1721).

(1) La confrérie de l'Angevine était celle de tous les corps d'état appartenant à l'industrie du cuir. Sur un petit panneau, à droite du vitrail, on voit des tanneurs entourant une cuve et des bourreliers travaillant à une selle; sur un autre, à gauche, deux cordonniers dans une modeste échoppe, qu'orne magnifiquement une statuette de l'amour, peinte en grisaille. (de La Sicotière, *Notice sur les vitraux de l'église N.-D d'Alençon. Bull. mon. T, VIII. p*, 105).

V. aussi *Portail et vitraux de l'église Notre-Dame d'Alençon*, par Mme G. Despierres. Paris, E. Plon, Nourrit et Cie, 1891, br. in-8° de 24 pages.

(2) V. Les orgues de Notre-Dame d'Alençon, par Mme G. Despierres. Argentan, impr. du *Journal de l'Orne*, 1888, br. in-4° de 13 pages.

Pailliard du Bourgueil, escuyer, au sujet du passage des bancs. Boulay prétendait que, suivant sa posession, du Bourgueil luy devoit passage par dessus son banc ; du Bourgueil s'est deffendu, disant qu'il y avoit un passage par dans l'allée, Boulay a fait venir les thrésoriers en cause. Par arrêt du parlement en 1729, Boulay a esté condamné aux dépens de toutes les parties, mais depuis, le dit Boulay a esté authorisé par sentence du bailliage du 24 avril 1724 de faire oster les bancelles qui empeschoint son passage, a quoy le thresor a esté condamné aux depens et ce qui a esté exécuté.

L'ÉGLISE SAINT-LÉONARD (1)

--

Cette église est ancienne. Les habitans du distric de cette église prétendent quelle est comprise dans les églises dont parle le Cartulaire de Lonlay qui furent données à l'abbaye du dit Lonlay par le comte d'Alençon sous Froger, évèque de Séez, en 1150 (2). Car quoique l'église ne soit pas nommée dans cet acte elle l'est dans d'autres du mesme Cartulaire, par ou les dits habitants veulent prouver qu'elle est paroissiale, comme il sera dit plus au long cy aprez. Tel est l'acte intitulé dans le Cartulaire *confirmationes episcoporum sagiensis diœcesis*, ou on lit ces mots : *ecclesiam beatæ Mariæ de Alenconio et ecclesiam sancti Leonardi*. Quoiqu'il en soit, il est certain que de temps immémorial cette église n'est qu'une succursalle dépendante de l'église paroissiale Nostre-Dame, soit qu'elle soit telle dans son origine, ou qu'elle le soit devenue par l'union des églises dont il est parlé dans le dit prétendu Cartulaire.

Tout ce qui paroit d'anciens titres et d'anciens usages prouvent manifestement que cette église n'est qu'une chapelle succursalle,

(1) V. Saint-Léonard d'Alençon, par M. l'abbé Hommey. Alençon, Renaut-De Broise, 24 p. in-8".

(2) Le P. Pommeraye marqué le commencement de l'épiscopat de Froger en 1158. Voyez son catalogue des Euesques de la Pronince, au commencement de son recueil des conciles prouinciaux de Normandie. Le P. Bessin le marque en 1159, Voyez le catalogue des Euesques de Séez en son recueil in-f° des conciles et synodes de Normandie (Note d'une écriture inconnue sur le manuscrit de Belard).

2

ou aide de l'église paroissiale. Elle n'a pas de fonds baptismaux, elle n'a pas de curé ou de vicaire perpétuel en titre, son vicaire n'a pas de presbytère, il ne paye pas de décimes, il est amovible. Le curé de Nostre-Dame va quand il veut faire l'office dans cette église, le vicaire luy quitte l'étolle et la place, il jouit des revenus et honoraires de l'église, c'est le thresor de Nostre-Dame qui fournit le luminaire de la chapelle Saint-Léonard, il fait quester dans cette église pour le luminaire de la paroisse.

Cette église de Saint-Léonard est appelée dans d'anciennes fondations et anciens titres chapelle, comme dans la fondation de Sainte-Claire en 1510 et dans plusieurs autres.

En 1571, dans l'accord du curé avec le prieur, elle fait partie de la cure d'Alençon qui est, dit-on, divisée en deux églises.

En 1573, dans l'arrest de l'échiquier, elle est appelée *secours* de l'église Nostre-Dame.

Dans les visites de 1618, 1625 et autres postérieures, elle est appelée succursalle, et il est dit que la cure est divisée en deux églises sous le mesme titre de bénéfice.

Les commissions du vicaire portent toutes que c'est un vicariat dépendant de l'église Nostre-Dame, amovible. On a de ces commissions depuis 1604 jusqu'à aujourd'huy.

Le distric de cette église est borné d'ancien temps par la rivière de Briante. Cependant, il y a deux ou trois maisons au bout du fauxbourg de Lancrel, au dela de la rivière de Briante, qui sont du distric de Nostre-Dame, la Breviette, les Planches, etc.

En 1679, le curé Chenard pour oster aux habitants de cette succursalle le dessein de l'ériger en paroisse, et sous prétexte de l'érection de la nouvelle succursalle de Courteilles, engagea l'évèque Forcoal (1) par le moyen deson Altesse royale madame de Guise, a diminuer le distric de Saint-Léonard, de manière que ce distric fut partagé par le ruisseau de la rue de Sarthe jusqu'au chateau qui devint du distric de Nostre-Dame. Il y eut appel comme d'abus de cette sentence que les habitants n'osèrent poursuivre pendant la vie de Son Altesse royale. Mais aprez sa mort, cet appel a esté jugé par arret du parlement, en may 1700 et l'ancien distric rétabli. Ce fut le Curé qui soutint ce procez contre les habitans et quoiqu'il perdit son procez, il ne fut condamné à rien.

(1) Forcoul, évèque de Séez 1673-1682.

Il y a dans ce distric 3269 personnes dont 2336 communians, selon la supputation qu'en fit le curé dans la visite qu'il en a faite en 1703, de manière qu'il y a 2135 personnes dans le distric Nostre-Dame, plus que dans celuy de Saint-Léonard et ainsy, il y a un tiers moins de personnes dans le distric de Saint-Léonard que dans celuy de Notre-Dame (1).

L'église de Saint-Léonard a 137 pieds de longueur sur 61 de largeur dedans en dedans. Elle a de hauteur jusqu'au lambri 70 pieds et depuis le lambri jusqu'au faite, 9 pieds. Il y a dans la dite église 13 autels, compris 11 chapelles. Dans une des chapelles sous l'invocation de Saint-Louis, il y a une cheminée dans le mur qu'on croit avoir servi aux ducs et duchesses et on y voit l'empreinte de leurs armes.

Ce que dit le sieur Lorphelin dans son livret qu'au lieu de l'église de Saint-Léonard, c'estoit autre fois la chapelle de Saint-Martin, auprès de laquelle le duc René et la duchesse sa mère (2) firent bastir l'église de Saint-Léonard est une supposition qui n'a nul fondement, car ceste succursalle a toujours esté sous l'invocation de Saint-Léonard, dans laquelle il y a depuis longtemps une chapelle de Saint-Martin, qui en est comme deuxième patron. L'église, telle quelle est, a esté bastie il y a environ .... ans, à l'exception de la voute, qui n'a esté faite qu'en 1655. Anciennement l'autel du chœur estoit l'autel de Saint-Léonard, qui est aujourd'huy derrière le chœur ; on a fait depuis environ 40 ans une contretable qui sépare l'un de l'autre.

Le vicaire de Saint-Léonard est nommé par le curé. Il n'en est rien dit dans les commissions, mais c'est un usage fondé sur le droit commun que les évèques mesme ont reconnu. Car l'évèque Le Camus, le 7 août 1634, après avoir déposé Me Jullien Paquier, vicaire de Saint-Léonard et depuis curé de Nostre-Dame, enjoignit par sentence au curé d'Alençon, son oncle, de luy présenter un prestre idoine pour déservir la dite vicairie. Cette sentence fut signifiée au curé par le doyen curé de Cerisé.

En 1627, dans l'accord entre le Curé et Manger, vicaire, il est

(1) En 1722, il y a 15 prestres, 4 clercs, outre les étrangers. (Note de Belard).
(2) Erreur. Lorphelin Champfailly ne parle pas de la mère de René, mais de son épouse Ce furent en effet René et Marguerite de Lorraine qui commencèrent, vers 1489, l'église Saint-Léonard.

stipulé qu'en cas que le vicaire ne paye pas ce dont on est convenu, le Curé poura nommer un autre vicaire.

„ Dans les accords que le Curé a fait avec les dits vicaires pour la rétribution des dits vicaires et les droits rectoriaux, les vicaires reconnaissent qu'ils sont vicaires par la nomination du Curé; tel est l'accord fait avec le sieur Poulain en 1649, avec le sieur Guilloré en 1708, avec le sieur Poitevin en 1711, avec le sieur Cheré en 1717.

En 1649, François le Comte, vicaire et pourveu de la cure de Beru (1) fait signifier pas huissier au curé d'Alençon qu'il ne prétend plus à l'avenir faire les fonctions de vicaire.

En conséquence de quoy, le Curé présenta pour le dit vicariat Pierre Chevallier, lequel s'estant pourveu par devant le sieur de la Ville, grand vicaire pour l'absence de l'Évêque, il luy refusa sa commission, disant qu'il avoit nommé un autre vicaire ; pour quoy le dit Chevallier se pourveu à la cour de parlement et y appela Me Charles Poulain, à qui le grand vicaire avoit donné une commission, et le curé d'Alençon de sa part apela comme d'abus de la dite nomination par l'Évêque. La cause fut plaidée le 23 décembre 1649; et la cour ordonna que les parties auroint audience sur l'apel comme d'abus après les Rois et adjuge la recréance (2) au dit Poulain.

Il faut observer que le dit Chevalier s'estait engagé par son accord fait avec le curé par devant notaire à poursuivre ce proces à ses dépens. Il faut encore observer que l'évêque en agissait ainsy à cause qu'il estoit mécontent du curé, qu'il avoit esté obligé de destituer du vicariat de Saint-Léonard et ne vouloit pas qu'il en mit un au lieu d'ou il avoit esté exclus.

Entre temps, le Curé s'accommoda avec le dit Poulain et ils ne retournèrent pas à Rouen. L'accord fut que le Curé fairoit un traité avec Poulain pour ses droits, par lequel le dit Poulain reconnaitroit qu'il estoit vicaire par la nomination du dit Curé, ce qui fut fait. Le dit Poulain mourut en 1682. Après sa mort,

(1) Berus, commune du canton de Saint-Paterne, arrondissement de Mamers (Sarthe).

(2) Recréance se disait autrefois de toute sorte de jouissance qu'on adjugeait par provision, soit en matière de complainte et de réintegrande à l'égard des héritages, soit en matière de saisie pour les fruits des loyers, des pensions, du bétail, etc. (Dict. de Trévoux).

Me Michel Treson, prestre sacriste, desservit le vicariat par interim sans commission par écrit; et en 1684 pendant la vacance du siege, le Curé présenta aux grands vicaires Me Joseph Maillard, prestre suisse. Sa commission porte : *de consensu rectoris et juxta concordatum inter rectorem dictœ parochiœ et ipsum vicarium.* Ce qui prouve que le Curé en estoit convenu avec luy, avant d'estre reçu par les grands vicaires.

Il faut observer que cette commission et la suivante furent données du consentement de Mathurin Savary nommé à l'évèché. Car les grands vicaires luy en ayant écrit et envoyé les titres du Curé, il leur répondit le 30 janvier 1683 que le vicariat de Saint-Léonard n'avoit rien de different d'un vicariat ordinaire et que sur la présentation du Curé, il falloit donner une commission en la mesme forme que celle dont on luy avoit envoyé cinq extraits.

En 1685, le Curé présenta aux grands vicaires Gerard Brives, prestre de Toulouse. Il eut sa commission qui porte : *in subsidium et de consensu rectoris.*

Mais en 1688, le Curé ayant présenté aux grands vicaires le sieur Maulin, il mit sa nomination au greffe du secrétariat; avant qu'il eut obtenu sa commission, l'évèque en donna une au sieur Marie qu'il avoit choisi et ce fut là un commencement de troubles, qui n'ont fini qu'avec la vie du sieur Chenard, curé.

Il protesta contre la nomination faite par le sieur Savary et fit signifier au sieur Marie de Precaré aussy sa protestation, lequel estant intimidé se retira sans deservir le dit vicariat qui fut encore deservi par interim par le sieur Treson, pendant qu'on tacha d'ajuster ceste affaire dans laquelle son altesse royale prit les interests du Curé.

Le different duroit encore en 1692, lorsque l'archevèque de Paris (1) voulut bien entrer dans cette affaire ; on dit que ce fut par ordre du roy à la prière de Madame de Guise. L'Évèque et le Curé se trouvèrent chez l'archevèque le 28 janvier 1692.

Ils deduisirent leurs raisons et l'Archevèque fit convenir l'Évèque avec M. le Curé en ces termes : *c'est à scavoir que M. le Curé d'Alençon ne pourra choisir aucun vicaire pour Saint-Léonard qui ne soit agréable à mon dit seigneur, lequel luy donnera, quand il luy sera proposé par le dit sieur curé, une commis-*

(1) François du Harlay de Champvallon, archevèque de Paris, de 1671 à 1695.

sion de vicariat conçue dans les termes que mes seigneurs les évêques de Seez ont donné aux vicaires de Saint-Léonard et non autrement.

L'Archevêque mit au bas de cet accommodement, de sa main, c'est la le sentiment de l'archevêque de Paris. F. archevêque de Paris. L'Évêque y souscrivit de sa main en ces termes : J'y souscris très volontiers et de la conformer à celle accordée par M. Camus, évêque de Séez, mon prédécesseur, le 28 décembre 1648. Math., évêque de Séez. Cependant l'Évêque se plaignit d'avoir esté forcé et surpris et, sans avoir égard au dit accord, voulut nommer un vicaire, prétendant que c'estoit son droit comme celui de ses prédécesseurs.

C'est ce que répondit de sa part M. de Marivin, chanoine de Séez, au Curé, le 19 octobre 1692, ajoutant que le Curé n'avoit qu'à menager son temporel avec le vicaire qu'il luy designeroit. Pour quoy le dit Marivin conseille au Curé de prendre de la main de l'Évêque celuy qu'il voudra.

Le Curé consentit que le sieur Besnard de Séez, présentement curé de Saint-Pierre, grand vicaire, une des créatures de l'Évêque qui le fit venir d'Angers d'ou il est docteur, fut nommé au vicariat. L'Évêque lui donna une commission contraire aux anciennes. Le dit Besnard, estant arrivé à Alençon, le 12 décembre 1692, avec l'official, secrétaire et aumosnier de l'Évêque, le Curé le conduisit avec eux à Saint-Léonard pour le faire connaître pour vicaire. Il y a esté jusqu'à Pasques 1705 et en sa place fut nommé Me Michel Treson, de commun accord entre l'Évêque et le Curé. Il a vécu jusqu'à mars 1708. Auquel temps, le Curé présenta à l'évêque d'Aquin Me Louis Guilloré, à présent grand archidiacre et grand vicaire. Il fit apparoir à l'Évêque de l'accord fait par monseigneur l'Archevêque et y consentit. Lequel Guilloré convient dans son traité avoir esté nommé par le Curé.

En 1711, succède à Guilloré René le Poitevin, par la présentation faite à Monseigneur Turgot par le Curé, comme le reconnoit le dit Poitevin dans son traité, ou il faut observer que dans la commission du dit Poitevin il est dit qu'il succède à Michel Treson, quoique Guilloré aye servi trois ans, parce que Guilloré n'avoit pu obtenir de commission de vicaire et servoit sans commission ; par ce que l'évêque d'Aquin avoit d'autres veues qu'il suspendoit d'exécuter.

En 1717, le dit Poitevin ayant esté destitué, le Curé presenta Me Jean Chené à Mônseigneur Turgot. Le dit Chené reconnoît par son traité avec le curé d'Alençon qu'il a esté présenté par luy et desert aujourd'huy le dit vicariat. En 1727, le sieur Bidon est présenté à Monseigneur l'Évêque par le Curé et le sieur Bidon le reconnoit dans son accord.

La commission des dits vicaires a varié. La plus ancienne qu'on aye pu trouver est de 1604 à Pierre Gaulard. Elle porte : *Commissio ecclesiæ sancti Leonardi de Alenconio in subsidium rectoris beatæ Mariæ de Alenconio.*

En 1627, celle de Me Mauger porte : *Commissio vicariatus sancti Leonardi, a sola beatæ Mariæ parochiali ecclesia dependentis et ad nutum Domini episcopi Sagiensis amovibilis decreta per D. Sagiensem episcopum ad beneplacitum sine prejudicio parochiali.*

En 1628, la commission de Julien Paquier porte les mêmes termes et ajoute : *ad beneplacitum ei ad nutum revereudissimi episcopi.*

En 1634, la commission de Jean Le Maitre ajoute : *ad domini episcopi, seu alterius ad id potestatem habentis beneplacitum et revocationem et in subsidium rectoris.*

En 1648, la commission de François Lecomte porte les mêmes termes, scavoir : *Commissio vicariatus sancti Leonardi Alenconiensis a sola beatæ Mariæ parochiali ecclesia dependentis et ad nutum D. Sagiensis episcopi amovibilis quem tenebat N. decreta Francisco Lecomte, citra prejudicium dictæ parochialis ecclesiæ et in subsidium rectoris, ad beneplacitum D. Sagiensis episcopi aut alterius ad id potestatem habentis, præsentibus....* L'évêque Savary est convenu de se conformer à cette commission.

En 1649, la commission de Charles Poulain est conçue dans les mêmes termes et ajoute seulement : *revocationem.*

En 1684, la commission donnée par les grands vicaires à Joseph Maillard porte : *Commissio vicariatus pro districtu ecclesiæ S. Leonardi succursalis seu annexæ parochialis ecclesiæ beatæ Mariæ civitatis Alenconiensis concessa sine ulla temporis limitatione Magistro N. in subsidium et de consensu rectoris dictæ parochiæ, in sequendo statuta a proxime defuncto Sagiensi episcopo facta ratione ejusdem*

annexæ, *et ea lege ut nullum in dicta ecclesia succursali bap-
tismi sacramentum administret, neque alias fonctiones exer-
ceat quæ et exerceri consueverunt, et juxta concordatum inter
rectorem dictæ parochiæ et ipsum vicarium.*

En 1685, celle de Gérard Brice porte : *Commissio succursalis
ecclesiæ seu pro districtu S. Leonardi concessa per Dominos....
Magistro N. in subsidium et de consensu rectoris et ea lege ut
absolvat a casibus reservatis neque confessiones monialium
audiat, et citra ullam cum dicto rectore dispensationem super
residentia personali aut super suis pastoralibus functionibus
exercendis.*

En 1688, Mathurin Savary, nommé à l'évêché de Séez (1), se fit
representer requeste par quelques habitants de Saint-Léonard,
par laquelle ils énoncent que leur église est mal servie et comme,
dit l'évèque, *il nous appartient par le droit ancien et immémorial de nos prédécesseurs de nommer un vicaire*, il nomme
pour vicaire Alexandre Marie pour autant de temps qu'il luy
plaira à aide et secours du curé de Nostre-Dame.

En 1692, l'évèque Savary donna à Thomas Besnard une commission en ces termes : *Mathurinus... dilecto Thomæ Besnard
vicariatum S. Leonardi ab ecclesia beatæ Mariæ dependentem
ad beneplacitum nostrum et successorum nostrorum modo
amovibilem et cui Michaelem Treson commiseramus, in subsidium rectoris dictæ ecclesiæ.*

Lorsque le Curé alla faire connoitre le dit Besnard pour
vicaire à Saint-Léonard, comme on lut la dite commission, il se
tut par respect ; mais alla protester contre devant les juges le
mesme jour, 12 décembre 1692, a cité dans sa protestation l'accord
fait cy devant avec l'Évèque par l'entremise de l'archevèque de
Paris, à qui le Curé fit aussy sa remontrance. Et alors recommencèrent la division entre l'Évèque et le Curé qui furent enfin
terminez au mois de mars 1693, parce qu'alors l'Évèque souscrivit à l'accomodement fait cy devant comme il est dit cy dessus, et
s'engagea à ne donner aux vicaires de Saint-Léonard que des

(1) Mathurin Savary, nommé par le roi évêque de Séez, le 27 mai 1682, ne pou-
vant obtenir des bulles à cause des différents qui existaient alors entre la France
et le Saint-Siège, administra le diocèse pendant dix ans, en vertu des pouvoirs
qui lui furent conférés par le Chapitre Il fut sacré à Paris le 24 août 1692 et il
mourut à Séez le 18 août 1698. (Fisquet, la France pontificale, diocèse de Séez,
p. 71).

commissions conformes à celles de ses prédécesseurs et nommément à celle de 1648 et en consequence reforma celle du sieur Besnard et luy en donna une autre conforme à celle de 1648, le 16 may 1693.

En 1695, l'évêque Savary en donna une toute semblable à Michel Treson, mais l'évêque d'Aquin en 1700 (1), à l'insceu du Curé, en donna une nouvelle au dit Treson ou après ces parolles *ad beneplacitum nostrum et revocationem*, il omet celles cy ; et *alterius ad id potestatem habentis*; et en 1703 il luy en donna une prorogation en ces termes : *Nos prorogamus facultatem ex altera parte descriptam iisdem conditionibus.*

Le Curé n'eut pas connaissance de cette nouvelle commission qui ne luy pouvoit porter préjudice ayant la première donnée par Mᵉ Savary.

En 1708, Mᵉ Louis Guilloré, vicaire, n'a servi qu'avec une commission verballe, l'Évêque ayant bien promis de luy en donner une et ne l'a pas fait, ne voulant pas apparemment en donner une conforme et craignant d'en donner une autre.

En 1711, le vicaire Poitevin reçoit de l'évêque Turgot une commission semblable à celle de 1648.

En 1717, le vicaire Chené en a receu une pareille.

En 1727, le vicaire Bidon en a receu une pareille.

Il paroit par toutes les commissions que les vicaires sont amovibles *ad nutum* de l'Évêque. C'est une question si c'est aussy *ad nutum* du Curé. Il le prétend, fondé sur le droit commun et sur les termes *et alterius ad id potestatem habentis*, qui se trouvent dans les commissions au moins depuis 1634. Il n'y a cependant nul exemple que le Curé aye destitué ou renvoyé aucun vicaire, et il y en a deux que l'Évêque l'a fait; le 1ᵉʳ est de 1634, l'évêque Le Camus destitue le vicaire Jullien Paquier par une ordonnance qu'il rendit, pour plusieurs grandes fautes et délits prétendus, par luy commis contre sa qualité de prestre, aux faits de sa charge dont il auroit esté accusé et poursuivi devant l'official, des quelles fautes il n'estoit pas encore purgé ; pour quoy il luy deffend de faire aucunes fonctions de vicaire jusqu'à ce qu'il se soit purgé ou qu'autrement n'en soit ordonné. Le dit Jullien Paquier ne fut pas rétabli dans le dit vicariat.

(1) Louis d'Aquin, évêque de Séez, 1690-1710.

Le second exemple est de 1717. Le vicaire Poitevin avoit donné au Curé differens sujets de plainte. L'Évêque l'en avoit averti sans qu'il en fut meilleur ; enfin la cause du concordat de Saint-Léonard estant survenue et le vicaire ayant appelé comme d'abus avec quelqu'autres prestres de l'ordonnance de l'Évêque, il commit le sieur curé de Condé, doyen d'Alençon, pour déclarer et signifier au dit vicaire qu'il revoquoit la commission qu'il luy avoit donnée du dit vicariat, avec deffenses d'en faire aucunes fonctions et mesme de confesser, de prescher dans le diocèse. Cela luy fut signifié le 8 avril 1717 par le doyen. Et depuis ce temps-là le dit vicaire n'a exercé aucune fonction

Le vicaire de la dite succursale Saint-Léonard n'avoit autre fois aucun revenu fixe ; c'estoit le Curé qui convenoit avec luy, et luy abandonnoit ses droits en tout ou partie.

Depuis que le Roy, en 1682, a ajugé 150 livres de portion congrue aux vicaires, il les a demandez aux prieur et moines de Lonlay, gros décimateurs, comme il sera dit dans l'article de la portion congrue

En 1627, le curé Paquier Ier fait un accord avec Macé Mauger, vicaire, par lequel le dit Mauger s'oblige à deservir le dit vicariat, par ce qu'il jouira de tous les revenus appartenant à la dite charge comme en ont jouy les précédents vicaires, à condition que le Curé ne pourra estre empesché en les fonctions qu'il voudra faire en la dite chapelle Saint-Léouard, et le curé se réserve ses droits d'assistance aux enterrements et services funèbres et 135 livres par an qui seront payez de 3 mois en 3 mois par avance, durant les vies de F. Bigot et P. Favey cy devant curez, pour aider à payer la pension dont le bénéfice est chargé et sans que la dite somme de 135 livres soit diminuée par le déceds de l'un ou de l'autre Bigot et Favey, et sera continuée pour le tout jusqu'aprez le déceds de tous les deux ; advenants lesquels déceds, le dit vicaire sera déchargé de la somme de 35 livres par an pendant la vie du sieur curé et de ceux qui lui succederont par résignation et non autrement.

En 1635, le Curé convient avec Jean Le Maître, vicaire, sous le bon plaisir de l'Évêque pour le dit vicariat, et le vicaire s'oblige envers le dit Guré de luy payer par an 50 livres de pansion, moyennant quoy le Curé consent quil soit vicaire.

En 1648, le curé d'Alençon fait un accord avec le sieur Le Comte, à 100 livres par an.

En 1649, le Curé fait un accord par devant notaire, le 25ᵉ octobre, par lequel P. Chevalier, qu'il nomme vicaire, s'engage de payer au dit Curé par an 150 livres pendant la vie du Curé et de ceux qui luy pouront succéder.

En 1650, le Curé fait un accord avec Poulain, vicaire, par lequel le vicaire s'oblige de payer au Curé la somme de 100 livres par an pour contribuer aux charges de la cure.

En 1682, le sieur Treson deservit le vicariat par interim; le curé Chenard recevoit les casuels du dit vicariat par les mains du dit Treson, qui en estoit comptable. Tous les articles des registres sont paraphez par le Curé et est marqué ce que le vicaire a receu. Le Curé luy en cédoit dit-on la moitié. Or il faut remarquer qu'en ce temps la, les honoraires de ce distric estoint fort peu de choses à cause du retranchement du distric.

En 1684 et 1685, on ne scait pas quel accord le Curé fit avec Maillard et Brice, il est parlé dans la convention de Maillard d'un accord fait avec le Curé.

En 1688, le sieur Treson déservit le vicariat comme auparavant.

En 1692, on ne scait pas quel accord fit le Curé avec le vicaire Besnard. L'Évêque fit mander au Curé par le chanoine Marivin qu'il pouvoit ménager son temporel avec le vicaire, qu'il ne luy convenoit pas d'entrer dans ce détail. Mais en novembre de la mesme année, il fit une visite à Saint-Léonard ou, entr'autres choses, il ordonna que, lors qu'on transporteroit un mort du distric de Nᵉ Dᵉ à l'église Saint-Léonard, la cire seroit partagée par égalité et la retribution payée par moitié à chacune des deux églises.

Cette ordonnance fut signifiée au Curé le 10 janvier 1693. Le Curé protesta contre la dite ordonnance et s'y opposa, comme faite au préjudice de ses droits rectoriaux et temporel de sa cure. On ne scait pas si cette protestation et opposition fut signifiée; mais comme le Curé s'en plaignit à l'archevêque de Paris, l'affaire fut terminée par sa médiation et l'Évêque convint de révoquer son ordonnance dans la nouvelle commission qu'il donneroit au sieur Besnard, vicaire. C'est ce qui fit dans la dite commission du 16 may 1697, dans laquelle il employa ces mots : *à l'égard des émoluments entre M. le curé et le dit vicaire de Saint-Léonard, il en sera usé comme cy devant entre les curez du dit Alençon et les dits vicaires de Saint-Léonard, sans que l'ordonnance donnée par nous cy devant y puisse apporter la moindre altération.*

En 1695, le Curé ne fit aucun traité avec le vicaire Treson, à cause de la modicité des casuels ; mais le distric ayant esté restabli en 1680, le Curé proposa au dit vicaire de traiter avec luy et sur son refus, il luy fit signifier par huissier, le 26 may 1700, par lequel il luy fait deffenses de percevoir les droits, rétributions et casuels attribuez aux fonctions rectoriales, soit que le Curé les exerce par luy mesme ou par le dit vicaire, sauf au dit sieur vicaire de jouir pour sa subsistance et pour la récompense des charges attachées au vicariat, de la portion congrue et des rétributions qui competent au vicaire, en sa qualité, sans préjudicier aux droits du curé. Et, comme le dit vicaire n'eut pas d'égard à la dite signification, le Curé le fit assigner au bailliage où enfin il fut rendu une sentence le 12ᵉ août 1700, par la quelle le Curé est maintenu dans la posession et jouissance de ses droits rectoriaux en la dite succursalle. Deffenses au vicaire de s'immiscer à les recevoir, sauf à se retirer par devant le Curé pour estre pourveu à sa subsistance, avec dépens.

Le vicaire en appela au parlement et le Curé luy ayant fait signifier des lettres d'anticipation, le vicaire fit un accord avec le Curé, par lequel le Curé, en exécution de la dite sentence, promet payer au dit vicaire par an 100 livres en outre les 100 livres qu'il reçoit du Prieur en sa qualité de vicaire et ses autres rétributions casuelles du dit vicariat, les droits rectoriaux reservez. Laquelle somme de 100 livres promise par le dit Curé le vicaire se payera par ses mains sur les droits rectoriaux qu'il poura recevoir, que le Curé se reserve en leur entier dans la dite succursalle pour en disposer à sa volonté, comme de revenu de son bénéfice ; de tous lesquels droits, le vicaire sera tenu d'en comter tous les trois mois au dit sieur Curé selon le papier journal qu'il en dressera en sa conscience, moyennant quoy le vicaire se désiste de l'appel interjeté.... fait ce 1ᵉʳ novembre 1700. Ce qui a esté exécuté jusqu'à sa mort en 1708.

En 1708, le Curé convient avec le vicaire Guilloré qu'il luy abandonne tous les droits rectoriaux de la dite succursalle, par ce que le dit vicaire payera au Curé 100 livres par an et en outre luy abandonne pareille somme de 100 livres de la portion congrue que le Prieur fait au dit vicaire. Ce qui a esté exécuté.

En 1711, le Curé convient avec le vicaire Poitevin de luy lesser percevoir tous les droits rectoriaux et la portion congrue, dont la moitié demeurera entre ses mains pour rétribution de ses fonctions et l'autre retournera au Curé, dont il comtera avec luy de trois en trois mois, fait le 1er janvier 1711.

Le 17e juill. 1713, le Curé convient avec le mesme de luy donner tous les ans 200 livres, y compris la portion congrue, par ce que le Curé jouira de tous les droits rectoriaux et que le vicaire luy tiendra comte de ceux quil percevra.

Le 1er febrier 1714, le Curé fait un autre accord avec le mesme, par lequel il abandonne au dit vicaire tous ses droits rectoriaux, par ce que le vicaire s'engage de luy payer 100 livres par an, et de le lesser jouir en outre de la portion congrue.

Le 31 may 1717, le Curé convient avec le vicaire Chené de luy payer par an la somme de 350 livres qu'il recevra par ses mains, parce quil abandonnera au sieur Curé généralement tout ce qu'il recevra, non pour les droits rectoriaux, mais pour messes, assistance, etc. Ce qui s'execute apresent.

La condition des vicaires, selon l'accord fait avec Treson, Guilloré et Poitevin, pouvoit aller à 500 livres par an.

Le vicaire quitte la place et l'estolle au Curé, quand il veut faire ses fonctions. Cela est stipulé par abondance de droit dans les accords ; et le vicaire ne porte pas l'estolle en présence du Curé.

Dans l'interim de la vacance du vicariat, c'est le Curé qui commet un presire avec lequel il convient.

Le vicaire est chapelain né de la confrerie de Tous-Saints. Il n'a qu'une simple rétribution pour l'ordinaire, à l'exception de quelques fondations ou il est stipulé qu'il aura le double, tant dans les fondations de la dite confrerie que du thresor, qui sont nombreuses.

Le service de la dite église ou chapelle succursalle estoit réduit cy devant à peu de choses En 1655, les thrésoriers de la dite église présentèrent requeste au seigneur Évèque (1) expositive que les jours de festes, ils n'avoint pas de messes hautes ny vespres, pour quoy demandoint d'en avoir. La requeste fut communiquée au Curé qui y consentit, pourveu que le vicaire et les presires n'exigeassent rien de luy ; pour ce et veu la déclaration des dits

(1) François Rouxel de Médavy, évèque de Seez, 1651-1671.

vicaires et prestres qui ne demandoint aucune augmentation de
la part du Curé, l'Évèque ordonne qu'il sera fait en la dite église
pareil service es jours de festes qu'il doit estre fait dans les
paroisses du diocèse, le 21 juin 1655. Cela n'a pas esté exécuté
longtemps ; car bientost aprez on fut obligé de differer la messe
de la confrerie de Tous-Saints jusqu'à dix heures, les jours de festes,
pour servir de messe de paroisse. Ce qui s'est pratiqué jusqu'en
1711, que les marguilliers entrautres choses demandèrent par
requeste à l'évèque de Séez quon fit le service les jours de festes
dans la dite église comme dans les autres paroisses du diocèse.
Ils l'avoint tenté du temps de l'évèque d'Aquin et ne l'avoint pas
obtenu ; mais l'évèque Turgot (1) fit communiquer la requeste au
Curé, qui fit ses responses, qui attirèrent des repliques et des
ripostes. Et enfin l'Évèque croyant par la donner la paix au Curé,
en accordant à ce peuple naturellement inquiet et entreprenant
plus qu'il n'avoit droit de demander, dans son acte de visite de 1713,
il prononce ainsy, art. 2, *sur la demande faite au sieur curé
d'une grande messe paroissialle, veu ce qui resulte de l'ordonnance de Mgr le Camus de 1618 et de celle de M. de Médavy et
ayant égard que le sieur curé perçoit les droits rectoriaux dans
la dite église et que, partant, il est obligé d'en faire acquitter
les charges dont la grande messe paroissialle est une des principales. Nous disons que le dit curé sera tenu de faire célébrer
par le dit sieur vicaire la grande messe, à l'intention des habitants aux jours de festes solennisées comme aux jours de
dimanche.*

Le Curé avoit consulté cette question en Sorbonne, scavoir
mesme si le Curé estoit obligé de faire dire dans cette succursalle
les messes du dimanche à l'intention des habitants, n'estant pas
payé pour cela ; le conseil respondit que, si les habiiants n'entretiennent pas leur vicaire, il n'est pas tenu de dire la messe pour
eux, mais la peut dire pour d'autres. Signé de Precelles.

Depuis l'ordonnance de l'Évèque de 1713, le Curé consulta à
Rouen. Le conseil respondit sur l'article des messes : qu'il est
bien juste que les messes se disent à l'intention des habitants qui
payent la dixme et les droits curiaux (L'advocat qui respond
suppose que c'est l'usage d'en dire depuis 1655). Signé Chevalier.

Les choses subsistent ainsy.

(1) Dominique Barnabé Turgot de Saint-Clair, évèque de Seez, 1710-1727.

A l'égard des autres offices, il a esté ordonné par le mesme acte de visite qu'on se conformera pour la prédication et le service divin à ce qui se pratique dans l'église paroissiale N^e D^e. La prédication ne se faisoit autrefois dans cette succursalle que le jour de Saint-Léonard et le jour de Saint-Etienne, auquel jour le prédicateur de l'avent faisoit la prédication à Saint-Léonard. Il est arrivé sur cela bien du changement.

Il n'y a pas de fonds baptismaux dans cette église, ny aucun registre de baptesmes, ny anciens, ny modernes. Ce qu'a dit le sieur Lorphelin dans son livret qu'il y en avoit autrefois est une supposition. En 1716, les habitants de Saint-Léonard déterrerent un vieux bénitier qu'ils voulurent faire passer pour un fond baptismal.

Quoiqu'ils n'ayent pas de fonds baptismaux, cependant Lorphelin prétend qu'ils estoint en posession de faire l'eau bénite de Pasques et de la Pentecoste comme s'ils avoint des fonds, à l'exception qu'ils n'employent pas les saintes huiles. Comme cela est contraire à la rubrique et à l'esprit de l'église, le curé Chenard sy opposa en 1684, la veille de la Pentecoste et envoya le sieur Goujeon, prestre et sacriste de N^e D^e, pour l'empescher, et qui à cet effect emporta le cierge pascal, et, depuis ce temps-là, on s'estoit contenté de faire à St Léonard l'eau bénite commune, les dits jours de veille de Pasques et de Pentecoste.

Mais il arriva en 1710 que le vicaire Guilloré, par inadvertance, dit-il, et par préoccupation, fit l'eau bénite les veilles de Pasques et de Pentecoste, comme on l'a fait dans les paroisses, sans toutes fois d'huiles saintes. Le Curé n'en fut pas averti; mais ayant sceu que le vicaire Poitevin, à Pasques 1711, avoit fait l'eau bénite de la mesme manière, il s'en plaignit à Guilloré devenu grand vicaire, luy écrivit en son nom et en celuy de Besnard aussi grand vicaire et autrefois vicaire de Saint-Léonard, qu'il estoit contre le droit, la rubrique et l'usage de faire ainsy la bénédiction de l'eau, qu'il ne falloit pas suivre son exemple par ce qu'il l'avoit fait par surprise. Cela n'empescha pas que le peuple et les prestres n'obligèrent le vicaire de continuer et en firent un article de leurs plaintes dans la requeste qu'ils présentèrent cette année. Le Curé y respondit et l'Évêque y statua dans sa visite de 1713, en ces termes :

Nous disons que n'ayant pas trouvé dans la dlte église de fonds baptismaux, il ne sera rien innové à cet égard et voulant donner aux peuples de cette église un themoignage de nostre bonté paternelle et satisfaire à l'extrême désir qu'ils y ont marqué de voir restablir l'usage dans lequel ils estoint que la bénédiction de l'eau fut faite les samedis de Pasques et Pentecoste, nous 'avons cru devoir accorder cette consolation aux peuples de cette église, sans que néanmoins la dite bénédiction puisse jamais et sous quelque prétexte que ce soit, estre regardée comme la bénédiction solennelle qui se fait dans les églises paroissialles et dans celles ou il y a des fonds baptismaux.

Le conseil, que le curé a consulté à Rouen sur cela, a respondu : l'article de la bénédiction de l'eau n'a pas esté jugé dans les reigles; n'y ayant pas de fonds baptismaux, on ne devoit pas accorder cette liberté; cependant l'ordonnance s'exécute depuis.

Les habitants de ce distric ont depuis longtemps le dessein de faire ériger leur église en paroisse (1); ils ne perdent aucune occasion de le tenter; c'est ce qu'ils firent spécialement en 1688. Ils présentèrent à cet effect une requeste à l'Évèque et se servirent de l'occasion des troubles qu'il avoit avec le Curé. Ils en écrivirent au conseil, faisant connoitre que l'église N° D° estoit trop petite, eu égard au grand nombre de Nouveaux Catholiques revenus à l'église. La lettre écrite en cour fut renvoyée à l'Intendant (2) qui la communiqua à l'Évèque et demanda un mémoire et son avis. Le corps de ville fut informé de cette démarche qu'il désaprouva et estant assemblé délibera : 1° de protester contre les dites requestes et de faire signifier la dite protestation à l'abbé Savary, nommé à l'évêché de Séez; 2° de presenter requeste à M. l'Intendant pour luy demander acte du desaveu que les habitants font contre ceux qui demanderoint une deuxième paroisse et de l'opposition qu'ils déclarent y former. Cela fut exécuté; et la requeste à M. l'Intendant fut signée par tous les notables de la ville et l'affaire en demeura là.

(1) Il faut voir l'arrest du parlement de 1681 qui casse la sentence de l'évèque de Séez qui avoit érigé en paroisse la chapelle de Barville (Note de Belard).

(2) Michel-André Jubert de Bouville, chevalier, marquis de Bizy, Intendant de la Généralité d'Alençon 1682-1689.

(Louis Duval. *État de la Généralité d'Alençon*, p. LIII).

En 1700, l'arrest qu'ils obtinrent pour le rétablissement de leur distric, leur donna une nouvelle envie de s'ériger en paroisse et, prenant occasion de la donation prétendue des églises d'Alençon à l'abbaye de Lonlay dont il a esté parlé cy dessus, ils engagèrent le prestre Quillet d'obtenir de Rome un *pourveu* de la cure de St-Léonard vacante ; l'ayant obtenu, il en prit posession. Le Curé s'y opposa ; on plaida au bailliage et le dit Quillet fut débouté avec dépens par une sentence du 12 feb. 1701, dont il a appelé au parlement, où la cause est pendante depuis ce temps là, estant apointée en 1718, sans que la sentence de l'apointé soit encore levée.

En 1703, ils firent une assemblée tumultueuse à l'issue de la messe paroissialle dans la sacristie, où ayant assemblé le peuple, sous un faux énoncé, ils firent signer plusieurs personnes pour demander une nouvelle paroisse et portèrent le papier à signer dans les maisons. Le Prieur et le Curé qui en furent avertis protestèrent contre la dite assemblée et les signatures. Il fut fait deffenses aux dits habitants, par le lieutenant général, à la réquisition du procureur du roy, de faire telles assemblées. Ce qui fut lu à l'issue de la messe paroissialle de St-Léonard, le 6e may 1703.

L'Évèque, dans son ordonnance de visite de 1713, outre les deux articles cy dessus, ordonna plusieurs autres choses pour juger les demandes respectives des Curé et marguilliers.

3° *Sur la demande faite d'un vicaire perpétuel, nous disons que, veu les difficultez qui s'y rencontreroint, la dite église restera telle qu'elle est desservie par un vicaire amovible.*

4° *Que les marguilliers présenteront seulement au curé les fondations par eux acceptées, afin que du tout il aye connaissance, et à l'égard des fondations et concessions de bancs qu'elles seront faites et acceptées suivant les formalitez prescrites dans les assemblées qui seront tenues à cet effect en la présence du sieur Curé, ou lui duement requis de s'y trouver par les marguilliers de la dite église.*

Qu'il sera fait un inventaire exact des titres et papiers qui sera déposé avec les dits papiers dans le chartrier qui sera fermé à deux clefs différentes, dont l'une sera donnée au sieur Curé et l'autre au thrésorier en charge.

Que le 1er dimanche de chaque mois, à l'issue de vespres, il sera tenu une assemblée ordinaire en laquelle le sieur Curé as-

sistera, si bon luy semble, et qu'en cas d'assemblée extraordi-
naire, il en sera averti par le bedeau; les résolutions de toutes
lesquelles assemblées seront acceptées à la pluralité des voix.

Lorsque le dit Curé voudra se trouver à quelque office public
dans la dite église, il se fera conduire, s'il le veut, par le be-
deau de N^e D^e jusqu'à Saint-Léonard. et le bedeau de la dite
église sera obligé de le conduire partout où il ira dans la dite
église, et le conduire jusqu'à la porte, lorsqu'il s'en retournera.

Le Curé fut surpris de cette ordonnance que l'Évêque avoit
faite d'abord tout autrement, et qu'il consentit enfin dans les
termes susdits, à la sollicitation de quelques partisans de cette
succursalle, et dans l'espérance que cela metroit la paix entre le
Curé et les marguilliers.

Le Curé se consulta à Rouen, et on ne luy conseilla pas d'en
appeler. Il s'en plaignit cependant à l'Évêque en des termes très
forts, luy disant qu'il avoit accordé à cette succursalle plus de
graces qu'elle n'en avoit reçu depuis son establissement....

Le Curé cependant n'a pas lessé d'exécuter ce qui le regarde;
mais les marguilliers n'ont pas exécuté ce qui regarde les délibérations qu'ils ne doivent pas faire sans luy.

En septembre 1698, le Curé ayant demandé aux marguilliers
la communication des comptes du chartrier, il en fut refusé, pourquoy il présenta sa requeste au baillif, qui luy en accorda com-
pulsoire et ordonnance de venir par devers luy en cas de refus.
Ce qu'estant signifié aux thrésoriers, ils y consentirent.

Le vicaire est chapelain de Tous-Saints et les vicaires se succè-
dent les uns aux autres sans nomination. Cette confrerie a
plusieurs fondations dont il sera parlé dans les mémoires
suivants.

C'estoit S. A. R. made de Guise qui nommoit le sacriste de
de St-Léonard; elle nomma Mr Couronnel en 1695; mais, estant
mort en 1710, c'est le *General*, assemblé à l'issue de la messe
paroissialle, en présence de M. le Curé, qui a nommé le prestre
Treson qui l'a encore. En 1720, dame Jeanne Gerard, épouse
de Jacques Hebert de St-Gervais, a donné 1000 livres au thresor
pour fonder un salut du St-Sacrement tous les premiers dimanches de chaque mois. Les thrésoriers ont présenté leur requeste à
l'Évêque à cet effect qui la fait communiquer au Curé et, sur la response et consentement du Curé, la fondation a esté receue, quoi-

quelle soit fort onereuse au thresor. Le Curé a renoncé à ses honoraires dans le consentement qu'il a donné ; et le premier salut a esté fait par le Curé, le 5ᵉ may 1720.

En 1714, les Curé, vicaire et prestres de Sᵗ-Léonard sont convenus que les chapelains de Tous-Saints fairont tous les services de leur confrerie à l'exclusion de tous autres, et que les autres prestres habituez fairont conjointement et à tour de rolle, les services du thresor, encore qu'il soit porté par les fondations qu'ils seront faits par les chapelains. 2° Que tous enterrements, tant de ceux de la confrerie qu'autres, seront faits à tour de rolle par les chapelains et autres prestres jusqu'au nombre de huit ; duquel nombre, il y en aura une partie des chapelains pour servir pendant un mois, par ce qu'aussy les autres prestres seront obligez d'assister, à tour de rolle, aux convois et inhumations des frères de la confrerie, en quelque lieu qu'ils soient enterrez, suivant que les chapelains y sont obligez. Qu'il sera nommé un prestre pour faire la recepte, et un autre qui marquera les absents, qui payeront 2 sols par absence, à l'exception des malades ; lesquels 2 sous seront distribuez aux autres et aura le sacriste son droit d'assister à tous les services et inhumations dont il aura sa rétribution particulière, sans rien prétendre aux autres distributions des prestres.

C'est l'église Nᵉ Dᵉ qui de temps immémorial fournit à Saint-Léonard le cierge pascal, et deux cierges jaunes pour l'office paroissial de toute l'année. Comme en 1655, les thresoriers obtinrent permission de faire célébrer la messe haute et vespres les jours de feste à Sᵗ-Léonard, ceux de Nᵉ Dᵉ refusèrent de fournir le luminaire pour le dit service nouveau, sur quoy intervint sentence au bailliage, le 7ᵉ décembre 1655, par laquelle les thresoriers de Nᵉ Dᵉ y furent condamnez.

Le thresor de Nᵉ Dᵉ fait quester pour le luminaire de la Vierge tant à Nᵉ Dᵉ qu'à Sᵗ-Léonard, les jours des festes du Seigneur et de la Vierge. Mais depuis environ deux ans que les thresoriers de Sᵗ-Léonard, de leur chef, ont establi une queste pour la Vierge dans leur église, on n'y trouve plus rien pour la queste de Nᵉ Dᵉ et on la fait cesser.

Le thrésor de Sᵗ-Léonard, de temps immémorial, perçoit le luminaire des enterrements ou le cinquième flambeau. Le vicaire Guilloré l'ayant refusé en 1710, par ce qu'il vouloit que le thresor se régla avec la charité pour ne lesser prendre qu'un flambeau au lieu quon en prend deux, les thresoriers obtinrent une sentence contre luy avec dépens, par ce qu'il ne se deffendit pas.

En 1720, les thrésoriers ayant formé le dessein de refondre les deux cloches de l'église, le Curé engagea l'Évêque à faire dresser procez verbal de l'inscription de celle qu'on devoit refondre. Le Doyen en eut la commission, et par le procez verbal qu'il en dressa, il paroit que la petite cloche avoit esté fondue depuis environ 130 ans et la grosse, seulement depuis 40 ans. Sur la petite cloche estoit seulement inséré le nom du parein, de deux mareines et de Jean Houssemaine, thresorier. Sur la grosse estoit écrit le nom de M. Anguerand Le Chevalier, curé d'Alençon, des thrésoriers, pareins, sacriste, vicaire et fondeur. Sur ce procez verbal, l'Évêque adressa une commission au Curé pour benir les dites deux cloches et ordonna que le nom du Curé seroit mis sur l'une et l'autre, avec celuy des pareins et thresoriers.

Le Curé fit notifier aux marguilliers cette ordonnance à l'amiable et ayant dit qu'ils ne vouloient pas y déférer, il fut obligé de les assigner au bailliage, sur une requeste présentée à M. le lieutenant général qui ordonne que toutes choses, en attendant, tiendront estat. Mais les thrésoriers ayant appelé de cette ordonnance, le Curé fit assigner le fondeur qui fit défaut et cependant le juge ordonna qu'il metroit le nom du Curé sur les dites deux cloches. Dans la huitaine, les thresoriers presentent requeste au lieutenant général par laquelle ils se désistent de leur appel et consentent que le nom du sieur Curé soit inscript sur les deux cloches, sans que cela leur puisse préjudicier, et ensuite font fondre leurs cloches qui manquèrent et on trouve que, dans l'inscription, le nom du Curé n'est pas sur la petite. Cela donne occasion de suivre son instance au bailliage. Les thrésoriers demandent du délay. On leur accorde huitaine, et cependant on ordonne que le nom du Curé sera inscript sur les deux cloches. Les thrésoriers disent dans leurs deffenses qu'ils l'ont ordonné au fondeur qui s'y est engagé par écrit, et que c'est son affaire. Le Curé soutient qu'il n'a pas affaire au fondeur, mais aux marguilliers.

Entre temps, on refond les cloches, le 25ᵉ décembre 1720. Et elles sont encore manquées. Les thrésoriers les cassent sans qu'on en voye les inscriptions et le Curé est conseillé d'attendre la nouvelle fonte qu'on prépare pour voir ce qu'il doit faire, le 17

janv. 1721. Elles sont refondues le 17 may. Le nom et les qualitez
du Curé s'y trouvent; mais il y a une exception ensuite, *sans que
la qualité de Curé puisse préjudicier au thresor, ou a tout autre.*
Le Curé a méprisé cela, et en a fait la bénédiction le 21ᵉ may
1721. Et l'instance commencée en est demeurée là (1).

Le thrésor de Nᵉ Dᵉ, de temps immémorial, fournissoit le
cierge pascal, les   et deux cierges jaunes pour le service de
Sᵗ-Léonard, parce que de sa part, il faisoit quester les festes de
N. S. et de la Vierge en la dite église pour le luminaire de Nᵉ Dᵉ;
mais les thrésoriers de Sᵗ-Léonard s'estant opposez à cette queste,
et ensuite ayant introduit de leur chef une queste pour la Vierge
dans leur église en 1721, qui détruisoit celle de Nᵉ Dᵉ, les thrésoriers de Nᵉ Dᵉ ont cessé leur queste et ont refusé le luminaire
accoutumé, offrant de le fournir pourveu que les thrésoriers de
Sᵗ-Léonard fissent cesser leur queste. Cette contestation a duré
verbalement jusqu'en 1724, que les thrésoriers de Sᵗ-Léonard ont
assigné au bailliage ceux de Nᵉ Dᵉ en avril 1724. Les thresoriers
de Nᵉ Dᵉ ont fourny leur response et l'affaire en est demeurée là.

ÉGLISE DE SAINT-ROCH

Ceste église ou chapelle a esté érigée en 1680 pour servir de
seconde succursalle à l'église paroissialle Nostre-Dame.

Daniel Gautier, demeurant à Courteilles, faux bourg d'Alençon, avoit passé un contrat par devant les notaires d'Alençon, le
4 octobre 1679, confirmé le 4 décembre ensuivant, par lequel,
estant informé des desseins de son altesse royale madame de
Guise, duchesse d'Alençon, de faire bastir une chapelle au dit
lieu de Courteilles, déclare donner au prestre qui sera proposé

(1) Le 8 novembre 1720 les cloches de l'église de St-Léonard furent manquées
d'être fondues. Le 25 décembre le jour de Noël les dites cloches furent manquées
à sept heures du matin. Le 18 mai 1721 à deux heures après minuit les dites clo
ches furent refondues. Le 21 mai la cérémonie de la bénédiction des dites cloches
se fit par Messire Pierre Belard curé d'Alençon, et les habitants du district de St-
Léonard en firent les réjouissances. La refonte des dites cloches coûta aux dits ha
bitants plus de 2.500 livres. Et fut aussi augmenté d'un timbre à l'horloge avec
les deux demies qui sont au clocher.

(Brière. *Histoire d'Alençon* m. s. de la bibliothèque de M. de La Sicotière).

pour la célébration de la messe, les dimanches et festes, une partie de rente foncière de la somme de 80 livres sur Abraham Guillet, de la paroisse de Pacey avec garantie, à la charge par le dit chapelain de payer 20 sous de rente à la confrairie de la Charité, la nomination duquel chapelain il se reserve pendant sa vie et, aprez sa mort, la remet à son altesse royale, déclare en outre donner le fond nécessaire pour la construction de la dite chapelle devant sa maison où il demeure au lieu de la Boisselière et la commune du dit lieu; parce qu'aussy le prestre faira, à l'offertoire de chaque messe, prière et recommandation pour son altesse royale et pour luy, tant pendant leur vie qu'aprez leur mort en qualité de fondateur. Ce qui fut accepté par le curé de Cerisé au nom du chapelain futur.

Ensuite Mᵉ P. Chenard, curé d'Alençon, presenta sa requeste à l'évèque Forcoal, qui ordonna qu'on dresseroit procez verbal et le sieur Du Friche, grand archidiacre fut commis à cet effect.

Il paroit par ce procez verbal qu'il y avoit dans le bourg de Courteilles 60 feux et environ 300 communiants et que les maisons estoint distantes de l'église paroissialle d'une bonne demie lieue. Il y est observé qu'on trouva dans la maison de la Boisselière un reste de chapelle, un autel de pierre et une espèce de clocher.

Sur le dit procez verbal et sur l'audition des habitans du bourg et les parties ouyes, l'Évèque, par son ordonnance du 7 juillet 1680, permit au sieur Curé et autres personnes de piété de faire bastir une chapelle ou église au bourg et village de Courteilles, pour servir de deuxième aide et succursalle à l'église paroissialle et y estre fait le service paroissial et les saints sacrements administrez à la reserve de celuy de baptesme, aux habitants du dit village, par un prestre par luy commis et approuvé et qui sera ad nutum comme celuy de St-Léonard, au quel sera apliqué une subsistance raisonnable pour résider et faire sa demeure au dit lieu et par la mesme ordonnance l'Évèque réunit une partie du district de St-Léonard à celuy de Nostre-Dame pour dédommagement, ce qui fut lu au prône des églises par trois fois.

Le 8 août 1680, l'Évèque sur la requeste du dit Gaulier, expositive quil auroit plu à son altesse royale faire bastir la dite chapelle, reçoit et agrée la donation du dit Gaulier pour l'entretien du prestre, qui sera par luy nommé sa vie durant, pour faire le

service divin et administrer les sacrements à l'exception de celuy
de baptème, lequel sera agréé par le curé et ses successeurs,
mesme pendant la vie du dit Gautier, et faira le dit prestre la
recommandation pour son altesse royale ensuite pour le dit
Gautier comme un des bienfaiteurs.

Le 16 octobre 1680, par devant les notaires de Torigny (1), Henry
de Matignon, marquis de Lonray (2), sur la requeste presentée par
le dit Gautier, d'autant que le dit Courteilles dépend de la seigneurie de Lonray, remet et aumosne à perpétuité tous les droits
d'amortissement et d'indemnité qui luy peuvent competer sur le
fond sur lequel la dite chapelle sera construite, autant qu'il y en
aura de béni et de consacré, et aussy tout droit d'indemnité sur
les 80 livres de rente foncière donnée par le dit Gautier, parce
qu'en consideration de la dite remise sera fait à perpétuité par le
dit prestre prière et recommandation pendant la vie du dit seigneur et aprez sa mort pour luy et sa famille, tant en sa qualité
de seigneur du dit Courteilles que de bienfaiteur, laquelle obligation le dit Gautier faira inserer et ajouter dans l'acte ou permission accordée pour la construction de la dite chapelle et enregistrée dans le secrétariat de l'éveschê, et en outre que le dit
Gautier et habitants passeront un acte devant le sieur Curé, dans
lequel sera employée la permission de faire mettre en lieu émi-
nent les armes du dit seigneur et de sa famille, lequel acte fut
fait le 4 décembre, en présence du Curé, des vicaires et habitants
à l'issue de la messe paroissialle de Nostre-Dame.

Dès le 24e octobre 1680, le dit Gautier avoit nommé pour vicaire Me Michel Mesley, l'Évêque luy dona une commission en ces
termes : *curam animarum et regimen in spiritualibus capellæ
seu ecclesiæ sancti Rochi de Courteilles ab ecclesia parochiali
beatæ Mariæ Alenconiensis dependentis nobis per dominum
Gautier legitime presentato in subsidium rectoris alenconiensis, et de ejus consensu, per presentes ad beneplacitum nostrum valituras, nostro et alieno jure salvis committimus.*

(1) Torigni-sur-Vire. Chef-lieu de canton, arrondissement de Saint-Lô (Manche).
(2) Henri sire de Matignon et de la Roche-Guyon, comte de Thorigni, marquis
de Lonray, baron de Saint-Lô, de Moyon et de la Roche-Tesson, marquis de la
Luthumière etc , lieutenant général de la province de Normandie, gouverneur des
villes de Cherbourg, Granville et Saint-Lô, mestre de camp du régiment royal
cavalerie; né en 1633, mourut à Caen le 28 décembre 1682.

(*Dict. de Moreri*)

Comme le prieur d'Alençon, gros décimateur, ne fut pas appelé à l'érection de la dite chapelle, il appela dans la suite comme d'abus en   pour se dispenser de payer la portion congrue au dit vicaire. Cet appel comme d'abus n'a pas esté jugé, et le sieur Mesley soutint un procez contre le sieur Prieur au sujet de la portion congrue dont on parlera dans l'article des portions congrues.

En 1688, l'abbé Savary, nommé évêque de Séez, s'estant fait représenter la commission du dit sieur Mesley mit au bas *confirmamus et prorogamus ad beneplacitum nostrum.*

Sur quoy le sieur Mesley fit signifier au dit abbé et au curé d'Alençon que, bien que sa commission porte *ad beneplacitum episcopi,* ce terme suppose une malversation dont il n'est pas capable, pourquoy fait deffense au sieur Curé de passer outre au préjudice du pourveu de monseigneur l'évêque de Séez. Le dit Mesley prétendit, qu'ayant esté nommé par le fondateur qui estoit mort, on ne pouvoit le destituer qu'en lui faisant son procez.

Cependant ayant donné sujet de se plaindre de sa conduite, l'évêque Daquin, dans sa visite de 1708, le destitua par une ordonnance en ces termes : *ayant égard à la dureté d'oreilles et autres considérations avons remercié Me Michel Mesley, l'avons déchargé de confesser et des autres fonctions de vicaire et deffendons de s'immiscer dans la suite et lui enjoignons de se retirer pendant trois mois dans un de nos séminaires.* L'Évêque donna une commission au sieur de Bray que luy presente le curé.

Le sieur de Mesley ayant passé huit jours au séminaire en sortit de son chef et revint à Courteilles au temps de Pasques 1708, fit retirer le sieur de Bray et se mit en estat de faire ses fonctions. Mais l'Évêque luy ayant fait signifier en forme son ordonnance, luy ordonna encore 15 jours de séminaire par pénitence et le déclara suspens, jusqu'à ce qu'il eut obéi. Il en sortit le 22e juillet 1708, avec permission seulement de dire la messe dans l'étendue du diocese.

Ce fut en ces temps là que le dit Mesley fit assigner le sieur Curé au bailliage sous prétexte qu'il avoit fait deffense de payer au dit Mesley la rétribution du vicaire ; l'affaire ayant esté apointée, le sieur Mesley en appela au parlement et obtint un arrest sur requeste pour jouir par provision des fruits du dit vicariat ; mais le Curé s'estant opposé, le dit arrest fut raporté avec dépens et ordonné qu'on plaideroit sur l'appel.

Le 21 juin 1709 est intervenu arrest par lequel Mesley est condamné à sortir de la maison presbiterale de Courteilles et à rendre les titres avec dépens, ce qui luy fut signifié le 16 aout suivant.

La commission du sieur de Bray est conforme à celles des autres vicaires du diocèse, à l'exception de ces mots adjoutez : *in ecclesia Sancti Rochi succursali Beatæ Mariæ Alenconiensis ad onera vicario dicti loci imposita per litteras authenticas decessorum* (1) *nostrorum ad fundationem dictæ ecclesiæ ab ipsis datas*, le 10 Mars 1708. Les commissions données aux vicaires suivants sont conformes à celles des autres vicaires et l'église Saint-Roch est appelée succursalle de Nostre-Dame. En 1693, Savary évêque de Seez, par une ordonnance signée de luy et contre signée de son secrétaire, et munie de son sceau, déclare que, non obstant l'appel comme d'abus interjeté au parlement au sujet du changement des districs relatif à l'établissement de la succursale de Courteilles, il ne s'oppose pas à la présentation que le curé luy poura faire d'un sujet qui luy convienne pour le dit vicariat.

Le casuel ou droits rectoriaux de la dite église appartient au Curé, il en traite avec le vicaire à des sommes modiques pour maintenir son droit. Ces casuels sont quelquefois considérables, à cause des offrandes de Saint Roch. Le revenu du vicariat est de 150 livres tant en fondation qu'en supplément de portion congrue. Il a en outre ses messes libres, à l'exception des festes et dimanches, et double rétribution aux inhumations de la paroisse où il est appelé.

En 1711, le vicaire fut assigné pour donner déclaration à la Chambre des Comptes du revenu de la chapelle, mais, comme ceste assignation estoit sous un faux prétexte et sur la supposition d'un bénéfice, le sieur Curé en fit décharger le vicaire le 22 mars 1712.

En 1712 Marie Brossard, ayant légué par son testament au thrésor de Courteilles cinquante livres à la charge de luy faire célébrer par chacun an quatre messes basses scavoir : le 1er jour de l'an, la 2e feste de Pasques, le jour de Sainte-Marguerite et le jour des morts, les habitants, assemblez au son de la cloche à

(1) Decessor. Vulgo præcessor (du Cange).

l'issue de la grande messe en présence de M. le Curé, ont consenti l'exécution de la dite donation à l'exception seulement que les jours marquez par la fondation seront remis aux premiers jours qui ne seront pas festés, et ont consenti que la dite somme de 50 livres servit à faire un jardin au vicaire, qui seroit obligé d'acquiter la dite fondation, et entretenir les murailles du dit jardin. Ce qui a esté fait aussy du consentement d'Abraham Ruel seigneur de Courteilles, qui a bien voulu que sur le terrain qui est autour de la dite église, qu'il a dit lui appartenir, on prit 40 pieds de largeur sur vingt de longueur, à condition que le dit Ruel aura deux places de banc sans en payer aucun fieffe, le 9 octobre 1712.

Le thrésor n'a aucun revenu en fond, mais seulement en casuels des bancs, des sépultures, et des questes que les charges absorbent.

Il n'y a qu'un thrésorier choisi par la ville de trois ans en trois ans, il rend ses comtes au *Général* devant l'archidiacre.

Il y a un sécrétaire que le curé choisit et qui a 15 livres par an.

Dans la visite que le Curé a faite en 1703, il y avait 337 personnes et 207 communiants.

Dans la visite de l'Évèque de 1708. Il est ordonné que la porte de communication de la maison du vicaire dans la sacristie sera bouchée à peine d'interdit de la sacristie par le pas fait dans trois mois. On obligera les particuliers qui ont des bancs de paver dessous. Cela n'a pas été exécuté. Dans le comte rendu en 1697, veu et approuvé par l'évêque de Séez en 1703, il est ordonné que le thrésorier ne fera aucune dépense extraordinaire sans la participation du sieur Curé.

Que les questes seront mises entre les mains du marguillier en présence du vicaire, qui signera au registre où elles seront employées, que les thrésoriers fairont faire un estat des bancs et du nombre des places dont le thrésorier tiendra comte sur le pied de 3 livres, qu'on achetera un coffre auquel il sera mis deux serrures avec deux clefs, dont l'une sera entre les mains du Curé et l'autre donnée au thrésorier dans lequel seront les titres de la dite église.

Dans le comte rendu en 1712 il est ordonné qu'on ne sonnera pas à longs coups pour les morts qu'en payant 40 sols au thrésor et qu'on payera 10 sols pour le prêt des ornements. Ce comte a a esté approuvé par l'Évèque en 1713.

Dans le comte rendu en 1718 il est déffendu au marguillier de payer au secrétain 5 sols pour le port de la croix aux inhumations, d'autant que c'est aux parents riches des deffunts à les payer. Il n'y a pas encore de chartrier, tous les titres consistent dans les comtes et dans la fondation de quelques messes, que le Curé a entre ses mains avec les titres pour l'établissement de la succursale.

Les ornements de la chapelle ont esté donnéz par Mme de Guise. En 1724 on a donné la chappe qui a esté estimée à

desquelles on a trouvé en questes 40 livres. Le chapron de la chappe en petit point avec un Saint Roch a esté donné par Mme du Verger dame de Saint-Aubin. Le reste est venu de différens particuliers à la diligence de M. le Curé.

C'est le thrésor qui fait raccomoder le presbytère.

CHAPELLE SAINT-BLAISE ET CIMETIÈRE.

—

La chapelle Saint-Blaise (1) est ancienne. Il en est parlé dans la fondation de Sainte-Claire en 1510 ; il y avait autrefois trois autels, un principal dans le chœur qui est celuy de la paroisse et deux autres dans la nef, qui appartenoint aux deux chapelains titulaires de Saint-Blaise, qui sont deux bénéfices, dont le premier, qui est appelé *pro prima*, est à la nomination du duc d'Alençon, et l'autre *pro seconda* est à la nomination de la famille des Du Friche, de Séez. Le premier jouit d'un pré dans la prairie de Hambon et de quelques petites rentes, qui font en tout environ 150 livres de revenu et le chapelain est obligé à une messe tous les dimanches à la chapelle où on a coutume de donner de l'eau bénite. Le deuxième jouit d'un herbage dans les prez de Lancrel,

(1) La chapelle Saint-Blaise était située entre les routes de Paris et de Rouen, à l'entrée du champ de foire. Elle est détruite depuis longtemps, mais on la voit figurer encore sur le plan d'Alençon, par Le Queu, derrière l'obélisque élevé en 1738 par les soins de M. de Levignen, intendant de la généralité.
Le corps de M. Pierre Leconte, garde scel du Présidial d'Alençon, y fut inhumé le 12 mars 1750. C'était le père de M. Leconte de la Verrerie, auteur de précieuses notes manuscrites sur l'histoire d'Alençon, conservées dans la bibliothèque de M. de La Sicotière.

et son revenu est d'environ 120 livres et est obligé à une messe par semaine en la chapelle.

Comme les deux autels de la nef étoint sans décoration et que les chapelains n'y disoint pas la messe, l'évêque d'Aquin, dans sa visite de 1708, permit de réunir ces deux autels à l'autel principal, et transfera au dit autel les fondations et titres des deux autels, parceque les titulaires seront obligez de contribuer à l'entretien de celuy-là. Ce qui a esté exécuté. Il paroit qu'en 1657, il y a eu une contestation entre le Curé d'Alençon et Jacques Boucher se disant chapelain de la chapelle de Nostre-Dame-de-Grâce et aussy Me Charles du Friche, chapelain de Saint-Blaise *pro prima* et Me Nicolas Coronnel *pro secunda*.

Le sieur Curé prétendoit que les oblations des trois autels de Saint-Blaise luy appartenoint de temps immémorial, ainsi que dans les autres chapelles de sa paroisse à l'exception de celle de l'hospital, que les chapelains de Saint-Blaise n'ont droit que de dire une messe basse dans la dite chapelle, qu'il appelle annexe, succursale de sa paroisse.

Dans la transaction 1571, entre le Curé et le Prieur, il est parlé des oblations de Saint-Blaise qui sont au curé en partie. Les chapelains prétendoint que les oblations de Saint-Blaise devoint appartenir à la chapelle et être appliquées à sa réparation (1), à la diligence des chapelains et denient que la dite chapelle soit succursalle.

Le chapelain de Nostre-Dame-de-Grâce se plaignait en outre que le Curé avoit fait faire une porte de communication entre la dite chapelle de Saint-Blaise et celle de Nostre-Dame, à quoy répondit le Curé qu'il avait mis les choses au premier état.

L'évêque de Séez ordonna qu'on fairoit accession de lieu (2) dans la quinzaine, que par provision le curé faira reboucher dans huitaine l'ouverture qu'il a nouvellement faite, sauf à ordonner des deniers des oblations à qui il appartiendra, à faire droit sur les contestations ; pour quoy les parties renvoyées procéder par devant l'official.

(1) En 1714, au mois de janvier, « on commença à faire des réparations à la « chapelle Saint-Blaise qui s'en alloit en ruines tant en murailles, fenêtres, sta- « tues et ornements Cela se faisait d'offrandes des âmes pieuses. »
(Le Queu, *notes historiques sur Alençon*. M. s. appartenant à M. de La Sicotière).
(2) Accession de lieu, terme de pratique, descente et visite d'un lieu (*Dict. de Trevoux*).

Il faut observer que le chapelain de Nostre-Dame-de-Grâce se plaignoit encore que le Curé avoit transféré de la Chapelle de Nostre-Dame en celle de Saint-Blaise un tronc qu'il avoit ouvert. Le Curé convenoit que l'argent mis dans ce tronc ne lui appartenoit pas, et estoit pour la réparation de la chapelle. L'Évêque ordonna encore que ce tronc sera remis en sa première place.

On n'a que des copies des dites procédures non signées, et on ne scait ce qui a esté jugé. Il est seulement constant que le Curé est en possession de jouir des oblations de Saint-Blaise, et le Curé dans ses soutiens disoit que le dit Le Boucher prêtre les avoit mesme ramassées pour luy et mesme pour feu Michel Bigot Curé cy-devant. Ce que le dit Boucher reconnut. Ces oblations estoient considérables autrefois. Depuis ce temps là les Curéz ont jouy paisiblement des dites offrandes. On n'en donne communément que le jour de saint Blaise et aux stations de Pasques.

Les Curéz faisaient autrefois l'office en cette chapelle le jour du patron ; cela est réduit à une procession générale qu'on y fait la veille aprèz vespres de la paroisse, on chante en la dite chapelle l'antienne d'un martir avec le magnificat et l'oraison. Le jour on va processionnellement y chanter la messe.

A l'égard du cimetière il est ancien. C'était autrefois la sépulture commune des catholiques et des huguenots (1). Il y avoit un grand ormeau au milieu qui en faisoit le partage. Cela a duré jusqu'en 1637, que par arrêt du Conseil sur la requeste des catholiques, il fut défendu aux huguenots d'y enterrer leurs morts, leur permetant de convertir en cimetière une maison qu'ils avoint dans le mesme fauxbourg. M° Nicolas de la Ville, grand viçaire de Séez, en conséquence de cet arrêt déclara d'abord le dit cimetière pollu et deffendit l'usage d'iceluy pour les inhumations des catholiques, jusqu'à ce qu'il eut esté reconcilié, à laquelle fin il commit le Curé pour faire au plus tost la dite reconciliation sans aucunes exhumations, et en signe de la dite reconciliation

(1) MM. de Jamberville et de Heuderville, commissaires nommés par le roi pour l'exécution de l'édit de Nantes en Normandie, se rendirent à Alençon au mois de mai 1600, firent enregistrer et publier l'édit, ordonnèrent que l'exercice de la religion prétendue réformée se feroit dans l'enclos de la ville, et accordèrent aux huguenots une portion du cimetière de Saint-Blaise pour y enterrer leur morts. Les protestants furent privés, par un arrêt du parlement de Rouen du 23 octobre 1637, de la portion du cimetière de Saint-Blaise qui leur avait été accordée. (O. Desnos, *Mem. hist. sur Alençon et sur les anciens seigneurs.* T. 1, p. 93 et 94).

ordonna qu'on planteroit une croix dans le milieu de la dite partie du dit cimetière qui avoit servi à l'inhumation des huguenots
le 20 mars 1638. Le thrésor de Notre-Dame est chargé de la
réparation de la chapelle et du cimetière et jouit de la coupe des
arbres et du foin (1).

Dans la visite de 1708 l'Évêque, pour obvier à la prophanation
du dit cimetière, permit d'en retrancher une partie, de clore de
murailles celle qui restera, et de mettre le reste en labour, en
transportant dans l'enclos les os des fidelles. Cela a esté encore
ordonné dans la visite de 1713 et cela est difficile à exécuter.

CHAPELLE DE NOSTRE-DAME-DE-GRACE.

—

On ne sçait pas le temps de l'établissement de cette chapelle. Il
y a environ cent ans qu'on en trouve des vestiges dans les papiers.
Elle n'est pas un titre de bénéfice, elle n'a nul revenu attaché,
conséquemment elle n'a pas de chapelain en titre, elle est seulement desservie par un ecclésiastique commis par M. le Curé pour
chanter les litanies les festes et dimanches, et à qui le thrésor
donne quelque rétribution pour avoir soin des ornements. Ces
litanies ne sont pas fondées et sont de pure dévotion. On les dit
le soir en esté, et après les vespres de la paroisse. Le thrésor paye
celuy qui les chante parce qu'il a les questes qu'on fait pendant
ce temps la.

Il paroit par les papiers citez dans l'article de Saint-Blaise qu'il
y a eu autrefois contestation entre le Curé et Jean Boucher
prestre en 1657.

Le dit Boucher se qualifie dans ces papiers de chapelain de
Nostre-Dame-de-Grace, et dit qu'il est fondé en titre et posession,
et en cette qualité il intente action contre le sieur Curé au sujet
de cette chapelle et le Curé ne conteste pas les qualitez.

(1) Le cimetière fut reconcilié de nouveau en 1730 à la suite d'un duel où l'un
des adversaires fut tué. On y transfera en 1778 le cimetière Notre-Dame, Il fut
supprimé vers 1812.
(L. Duval, *Aperçus historiques sur le vieil Alençon*, p. 38 O. Desnos, *Mém. hist.*,
nouvelle édition, p. 124.

Le dit Boucher se plaint de ce que le Curé a fait une ouverture à la muraille pour passer de la chapelle Saint-Blaise à celle de Grace qui est un corps de bastiment séparé (1) et qui a sa porte par le cimetière, que le Curé a fait transporter dans la chapelle de Saint-Blaise un tronc qui estoit dans celle de Grace, dont il a pris les oblations, et celles dessus l'autel. Le Curé respond qu'il n'a fait que déboucher une porte ancienne bouchée depuis peu, attendu que la chapelle de Saint-Blaise n'estoit pas en réparation, que l'ayant fait réparer, il a esté en droit d'ouvrir cette ancienne porte parce que les deux chapelles ne sont qu'un corps d'église et ont communication par la muraille qui les sépare, n'y ayant pas dehors aucune entrée, que depuis environ 30 ans, laquelle doit estre fermée, que les oblations mises sur l'autel luy appartiennent, qu'à l'égard du tronc, il en a employé l'argent aux réparations de la chapelle Saint-Blaise.

Le dit Le Boucher soutient en outre qu'il peut dire des messes hautes dans la dite chapelle et trois services. Le Curé respond que le chaplain n'y a jamais fait aucun service que par son ordre, et, s'il y a quelque collation obtenue par quelque particuliers, c'est sans préjudice du droit du Curé qui est pourveu par sa prise de possession de toutes les chapelles dépendantes de sa paroisse.

L'Évèque renvoya l'affaire devant son official et fit fermer la porte par provision. On ne sait pas ce qui a esté jugé. Il y a apparence que le Curé eut un jugement favorable, car 1° il n'y a plus de porte à la chapelle de Grace par dans le cimetière ; elle n'est ouverte que par dans celle de Saint-Blaise ; 2° les oblations qu'on met sur l'autel ou qu'on quête appartiennent au Curé. Il les perçoit incontestablement et il a traité de celles qu'on met sur l'autel avec les marguilliers de la paroisse à la somme de 8 livres par an, ce qui a été exécuté depuis 1701 jusqu'en 1718, comme il paroit par les comptes ; 3° il n'y a plus de prestres qui se dise chapelain titulaire de Nostre-Dame-de-Grace et aucun prestre n'y fait de fonctions que par la permission du Curé.

(1) La chapelle de Notre-Dame-de-Grace était adossée à la chapelle Saint-Blaise Elle ne figure pas sous son nom sur le plan de Le Queu mais l'édifice indiqué comme étant la chapelle Saint-Blaise semble bien composé de deux constructions juxtaposées. On inhumait dans cette chapelle. Dans le mémoire de frais funéraires de Mme Clouet en 1765, nous relevons cet article : La fosse dans la chapelle de Grace 30 livres.

A l'égard des troncs, on sait que le Curé les ouvroit autrefois, mais comme de son aveu c'estoit pour l'entretien de la chapelle, le thrésor qui en est chargé, a le profit des troncs, et dans le comte de 1684 le thrésorier se charge du tronc de Saint-Blaise.

Pour les cierges qu'on met sur l'autel, après qu'on s'en est servi pour le service de la chapelle, le restant appartenoit cy devant au Curé. Il en jouissait avant l'accord verbal fait avec les marguilliers en 1701, depuis 1718 l'affaire n'est pas resglée.

Depuis juin 1718 le Curé fait ramasser les oblations; et en reçoit plus qu'il n'en recevoit du thrésor. Il fait dire aussy des *Evangiles* surtout le jour de Nostre-Dame-des-Neiges (1) et le jour de la Purification (2).

DE L'OFFICE ORDINAIRE DES ÉGLISES.

—

Il paroit par l'ordonnance de visite de 1618 qu'on regardoit les matines comme office ordinaire Dans le réglement de 1625 il est dit qu'on disoit matines les dimanches et festes; qu'on disoit les heures canoniales les jours de festes solennelles. L'Évèque ordonne que ce service ordinaire et paroissial sera continué en l'église Nostre-Dame, et mesme en la chapelle de Saint-Léonard selon l'usage ancien d'icelle. Ces matines ont esté dites jusque depuis environ 40 ans que le Curé les fit cesser, parce qu'il ne s'y trouvoit que quelques clercs, et que quelquefois le Curé estoit obligé de les chanter seul avec son sacriste. On ne scoit pas par quelle authorité le Curé les a retranchées. Celles des festes du Seigneur et de la Vierge ont resté.

En 1657 le sieur Duval, curé de Forges et doyen d'Alençon, faisant la visite, au lieu de l'archidiacre, se plaignit que les prestres habituez de l'église Nostre-Dame n'assistoint pas au service divin les festes et dimanches et que le Curé officiait souvent assisté seulement de deux ou trois prestres. Lesquels ecclésiastiques

(1) Notre-Dame-des-Neiges 5 août. C'est l'anniversaire de la fondation, dans des circonstances miraculeuses, de la basilique de Sainte-Marie-Majeure à Rome. (Baron de Bussierre. *Les sept basiliques de Rome*, t. II, p. 58).

(2) La Purification 2 février.

repondirent que la cause pour quoy ils n'assistaoint pas à matines, estoit parce qu'ils n'avoint aucune distribution, le sieur Curé retenant six vingt livres du sieur Prieur, et qu'ainsy c'est à luy à se faire assister. Sur quoy le dit doyen enjoint aux dits ecclésiastiques d'assister festes et dimanches au chœur, sauf à se faire payer de leur assistance ainsy qu'il appartiendra. Il faut observer que la prétention des dits ecclésiastiques n'avoit aucun fondement parce que les 120 livres que paye le Prieur est pour la portion congrue (1).

Dans l'acte de visite de 1718, les prestres des églises Nostre-Dame et Saint-Léonard avoint demandé estre conservez en leur droit contre le prieur d'Alençon obligé de leur délivrer chacune des cinq festes solennelles de l'année la somme de trois livres par chacune église, l'Évêque ordonne que la sentence sur ce donnée par son prédécesseur sera représentée pour leur estre pourveu ensemble sur leurs autres droits deubs par le dit Prieur aux dits prestres et sacriste d'icelles. On ne voit pas ce qui fut fait, il est seulement constant que le Prieur ne paye rien.

Dans le mesme acte de 1718, il est ordonné que la grande messe paroissialle des églises d'Alençon sera dite depuis Pasques jusqu'au 1er octobre à neuf heures, et depuis le 1er octobre jusqu'à Pasques à dix, que le prosne sera fait ès dites églises selon le manuel du Concile de Trente.

En 1680 l'Évêque écrit au Curé en ces termes : *Sachant l'incommodité que vous recevez du prosne qui se fait à présent dans votre église, contre l'ancien usage, au milieu de la grande messe et la pratique de plusieurs églises ou il se fait avant la messe paroissiale à la commodité des paroissiens et soulagement des curez, vous commencerez, s'il vous plaist, dimanche prochain cet antien et louable usage pour le continuer et le faire observer à Saint-Léonard; qui doit avoir une entière uniformité avec l'église Nostre-Dame.*

Je suis.... Jean, évêque de Séez, ce 23 may 1680.

On continua cependant à Saint-Léonard à faire le prosne au

(1) Par contrat du 30 septembre 1475 entre le prieur et les thrésoriers pour le bastiment de l'église, les thrésoriers se chargent d'acquiter le Prieur sa vie durant de tel droit que les chapelains demand' nt au dit Prieur pour les festes annuelles (Note de Belard).

4

milieu de la grande messe, ce qui a duré jusqu'en 1697, auquel temps on s'est conformé à Nostre-Dame pour le dire avant la grande messe.

Dans le mesme acte de 1718, il est enjoint aux prestres d'assister aux offices et déffendu de dire la messe pendant la messe paroissialle, ou autre service solennel à peine d'excommunication, sinon aprez la communion de la messe paroissialle. Les statuts synodaux de M. de Forcoal ont permis de dire des messes basses apréz la consécration.

Dans le mandement de 1693 fait par M. Savary et publié au synode de septembre, il est ordonné que pour conformer le service divin à celuy de la cathédrale, il sera fait un *ordo* tiré du bréviaire Romain moderne et du propre du diocèse, que l'office du samedy se dira comme le Romain de *Beataque*, celuy du jeudy sera semi-double du Saint-Sacrement, auquel cependant sera preferée la feste semi-double qui y tombera ou y sera transferée, qu'on ne faira pas d'octaves que celles du breviaire Romain, celle de Saint Gervais, et que dans les paroisses on supprimera celles des patrons locaux.

Le 10 avril 1677, l'Évêque de Séez, sur la remontrance à luy faite que les ecclésiastiques de Saint-Léonard passent le temps du prosne et de l'eau bénite dans la sacristie, s'entretenant de choses séculières, que quand ils célèbrent des grandes messes, ils font l'oblation du pain et du vin pendant que le chœur chante le symbole, que le samedy saint ils célèbrent des messes particulières, que le chœur retranche souvent une partie du traict de la sainte messe, ne chantant que le premier et dernier verset ; l'Évêque ordonne ce qui suit : *deffendons aux ecclésiastiques d'entrer à la sacristie sinon aux heures nécessaires, ordonnons que le statut cy-devant par nous fait pour le jeudi saint à l'égard des messes particulières sera aussy exécuté en tout son contenu le samedy saint, que l'oblation du pain et du vin se faira pendant que le chœur chante l'offertoire, et ne sera retranché aucun verset du traict de la sainte messe.*

Signé Jean (1) évêque de Séez, contre signé et scelle.

En 1698 l'Evèque fait l'ordonnance qui suit à tous les ecclésiastiques séculiers et réguliers de nostre diocèse.

(1) Jean de Forcoal, évêque de Séez.

Salut.... Nous désirons et vous mandons de prononcer et de tenir la main à faire prononcer secretement et à voix basse qui ne puisse estre entendue que du célebrant dans les messes basses et du diacre et sous-diacre dans les hautes, les paroles du Canon et mettons en suspense actuelle *ipso facto* ceux qui y manquent. Ce qui sera publié au prosne et affiché dans la sacristie.

Il est deffendu par la déclaration du 16 décembre 1698 de rien publier au prosne de prophane mesme pour les affaires du roy ; sur quoy y ayant quelque relaschement M. Pinon, intendant d'A-lençon, écrivit aux curez la lettre suivante du 24 juin 1700. *Le roy ayant esté informé que, sous prétexte que les paroissiens sortent de l'église aussitôt la messe finie, on se dispense dans plusieurs endroits d'observer la déclaration du 16 décembre 1698, qui ordonne qu'à l'avenir les publications ne pourront estre faites qu'à l'issue de la messe, Sa Majesté a ordonné que pour faire cesser ce prétexte, les curez avertiront dans tel temps de la messe qu'ils jugeront à propos, qu'ils ont des publications à faire à la porte de l'église.* PINON (1),

Par une lettre de l'Évèque de Séez de juin 1694 au vicaire d'Alençon, pendant la vacance, il est marqué ce qui suit : *Si on diffère de chanter le Te Deum d'Alençon il est à propos de différer ceux des paroisses du doyenné et des églises régulières, par ce qu'il n'y auroit pas de convenance que la campagne devançast la cérémonie de la ville. Signé Mathurin, év. de Séez.*

Dans la visite de 1713 à Saint-Léonard, il est ordonné ce qui suit : *Comme il nous appartient de droit de fixer l'heure du service divin et de la prédication, nous ordonnons que l'on se conformera sur cela dans la dite église à ce qui se pratique dans l'église paroissialle Nostre-Dame.*

Dans l'acte de visite de 1618 il il est fait mention de Marc Berot, musicien, et il est ordonné qu'il sera continué en l'église Nostre-Dame aux gages de 20 livres sur les thrésors des dites églises. Il parait par les comtes de Nostre-Dame qu'il a cessé en 1650. Cependant la musique a continué à Saint-Léonard les festes principalles jusqu'en 1676 ou environ. C'est tout ce qu'on a pu trouver dans les anciens titres. L'usage d'aujourd'hui est tel.

---

(1) Anne Pinon, chevalier. seigneur de Quincy, fut intendant d'Alençon de 1700 à 1702 (O. Desnos, *Mém. hist. sur Alençon et sur ses anciens seigneurs*, t. II, p. 454.

On ne chante matines que les festes du Seigneur et de la Vierge. Les matines se disent ordinairement après les premières vespres et les laudes à six heures du matin à Nostre-Dame, et à sept heures à Saint-Léonard, à l'exception des festes de Pasques et de la Pentecoste qu'on dit matines à cinq heures du matin, et du jour du Saint Sacrement qu'on dit matines et laudes la veille. On dit les heures canoniales les festes de Pasques, Pentecoste, le Saint Sacrement, l'Assomption, Toussaint, Noël et l'Épiphanie.

Les dimanches et festes on dit les premières vespres à deux heures, lorsqu'il n'y a pas de matines, sinon à deux heures et demie, les deuxièmes vespres après la prédication, sinon à deux heures et demie, le prosne à neuf heures, en suite la grande messe qu'on dit les festes à dix heures. La messe haute est précédée de la procession et cela est nouvellement prescrit par l'*ordo* de 1720.

On fait chaque soir le salut dans l'une et l'autre église à la fin du jour en hyver et à six heures et demie en esté. Il ne consistoit autrefois qu'en quelques antiennes au Saint Sacrement; le sacriste en estoit chargé et avoit 6 livres par an; cela se fait encore à Saint-Léonard, mais à Nostre-Dame depuis 1680 on fait une prière du soir en françois; on y donnoit la bénédiction du Saint Sacrement avec le ciboire, cela a cessé depuis trente ans, on se contente de chanter le *Tantum-ergo* avec l'oraison du Saint Sacrement et pour le roy; ce sont les chapelains de Mme de Guise qui le chantent tour à tour; et le sacriste ne cesse pas de jouir encore de sa rétribution.

Le jour des morts on dit matines la veille sans laudes à six heures au soir à Nostre-Dame et à huit heures à Saint-Léonard.

Pour Courteilles il n'y a rien de particulier : quand on fait des processions générales comme aux Rogations, le Saint Sacrement, l'Assomption, ou quand on chante le *Te Deum* pour quelque victoire, ou qu'on fait quelque cérémonie particulière, les prestres et vicaires des deux succursales se réunissent en clergé et en croix avec le Curé et le clergé de Nostre-Dame, et les vicaires quittent leur estole quand ils arrivent à Nostre-Dame. Il a esté ordonné par l'acte de visite de 1708 que dans toutes les cérémonies ecclésiastiques, où l'on marche la croix levée, elle sera portée par un ecclésiastique en surplis, avec deffense au Curé, vicaire et autres ecclésiastiques de marcher dans les dites cérémonies quand la croix sera portée par un laïque. Celui qui portera la dite croix aura 5 sols en outre de la rétribution ordinaire.

Les jours des Rogations et de Saint Marc, la procession part à 7 heures et va à Courteilles, à Saint-Blaise, à Saint-Léonard et à Sainte-Claire.

Les jours du Saint Sacrement, la procession part entre huit et neuf heures. Elle repose à Saint-Léonard et aux Jésuites, le jour de la feste, et le jour de l'octave aux religieuses Nostre-Dame et de Sainte-Claire. Le jour de l'Assomption la procession fait station à Sainte-Claire.

Les P. P. Capucins se trouvent aux processions du Saint Sacrement, de l'Assomption ; ils assistent au *Te Deum* et autres offices extraordinaires comme visites d'évêques, services des princes, etc. En 1710, dans la procession qu'on fit à Courteilles pour la maladie, ils y assistèrent (1).

On expose le Saint-Sacrement à Nostre-Dame le jour des Rois, depuis six heures du matin jusqu'à sept heures du soir, les trois jours gras idem, le jour de l'octave du Saint-Sacrement idem et le jour de l'Assomption. On fait le salut avec la procession le jour des Rois et les trois jours gras aprez vespres et on l'expose encore jusqu'à six heures et demie qu'on fait un petit salut. Les autres jours, on ne fait le salut qu'à six heures et demie.

(1) L'année 1709 fut remarquable par le froid et la disette.
« A la suite ds cette famine il survint de grandes maladies. C'était le *Pouryme*
« et des fièvres malignes qui enlevèrent beaucoup de monde et particulièrement
« tous les chefs de famille. Cette maladie prenait par une petite fièvre suivie par
« un grand mal de tète, deux jours après la fièvre remontait avec le délire et le
« *Pouryme* qui était un peu noir et en cinq ou six jours on était mort. Ceux qui
« n'en mouraient pas étaient pendant plus de deux mois sans pouvoir en revenir
« On faisait prendre l'émétique dans cette maladie.
« La maladie fut bien plus éprise à Séez qu'à Alençon et à Mamers. L'évêque de
« Séez en mourut et presque tous les chanoines du charbon et du scorbut. On
» faisait à Séez jusqu'à onze et douze enterrements par jour. Tout le monde sortait
« des villes et allait à la campagne pour éviter le mauvais air. Les pauvres étoient
« tous noirs de faim, on les trouvait morts partout, »
(LE QUEU. *Notes hist. sur Alençon,*)

Une maladie contagieuse régna dans la ville de Séez en 1710 pendant plusieurs mois. On enterra quatorze ou quinze personnes par jour. Le chapitre perdit douze de ses membres, Mgr d'Aquin en mourut le 17 mai.
(MAUREY D'ORVILLE. *Recherches historiques sur la ville,*
les évêques et le diocèse de Séez. p. 210).

Il est difficile de reconnaître à la lecture de la note de Le Queu le nom de la maladie qui fit tant de victimes à Alençon et à Séez Le mot *Pouryme* ne se trouve dans aucun dictionnaire. Cependant M. le docteur Beaudouin, que nous avons consulté, est porté à croire que c'était l'influenza.

On l'expose encore les premiers jeudis du mois à la messe haute et au salut, à la fin du jour en hyver et à six heures et demie en esté. Le salut se fait toujours avec la procession du Saint-Sacrement ; quand le premier jeudy est veille d'une grande feste, on remet l'exposition au lendemain.

L'Évèque de Séez en 1693 permet par une ordonnance particulière au Curé d'Alençon l'exposition du Saint-Sacrement les premiers jeudis, elle est cependant plus antienne et de temps immémorial on fait dans l'église Nostre-Dame l'exposition du Saint-Sacrement ces jours-là au salut. A l'égard des autres jours, il falloit en obtenir la permission chaque fois, mais Monseigneur l'évèque Turgot en a donné la permission generale au Curé, il y a plusieurs années. En 1720, dame Jeanne Gerard a fondé le salut des premiers dimanches du mois. (V. p. 34).

Pour saint Léonard, on expose le Saint-Sacrement les trois jours gras, l'octave du Saint-Sacrement, les jours de la Toussaint, de Saint-Léonard et de Saint-Estienne.

En 1682, l'évèque de Séez permet au Curé l'exposition du Saint-Sacrement en Nostre-Dame les trois jours gras avec indulgences de 40 jours, sans restriction de temps.

Pour Courteilles, on expose le Saint-Sacrement l'octave à la messe et au salut et le jour de Saint-Roch. Dans l'acte de visite de 1708, il est ordonné qu'on n'exposèra jamais le Saint-Sacrement qu'il n'y aye six cierges allumez et toujours au pied de l'autel deux ecclesiastiques en surpelis excepté dans le temps des offices publics, qu'il y aura dans la sacristie un tableau dans lequel seront inscrits les heures et les noms des ecclesiastiques, pour s'y trouver chacun selon son rang d'antiquité et que ceux qui ne pouroint pas se trouver à l'heure marquée auroint soin de changer avec un autre.

Il y a plusieurs autres offices et cérémonies dans la dite église connus par l'usage qui sont de pure dévotion, comme les O. de Noël, les saluts de Pasques et de la Pentecoste. Pour les offices qui sont fondez, on en parlera dans la suite.

Il y a eu quelque variété à Saint-Léonard dont on parlera en son lieu. On y expose le Saint-Sacrement les trois jours gras, parce qu'ils ont des indulgences de Rome pour sept ans. Il y a longtemps qu'ils estoint dans cet usage, on en a une bulle de 1657, cela avoit esté interrompu et cela a recommencé en 1706

Il s'agit de scavoir si leur bulle subsiste encore, car ils n'ont l'exposition qu'en cette consideration.

On a encore un antien usage dans cette église de faire une procession le jour de l'octave du Saint-Sacrement avec le Saint-Sacrement. On part à sept heures, on passe par la rue de la Bonnette et on retourne par les Estaux et autour du cimetière (1), ensuite on dit la messe haute. Les thrésoriers ont tenté autrefois d'obtenir permission de l'Évêque pour faire la dite procession dans tout le distric en passant par la Mairie et allant gaigner l'hospital, le Curé s'y est opposé.

Dans l'ordonnance de 1708, il est ordonné que le pain béni sera presenté les dimanches à l'autel par les fidelles qui le donneront avec la bienséance convenable, et suivant l'usage de l'église, et la bénédiction en sera pareillement faite à l'autel. On veillera à ce que la distribution s'en fasse avec modestie et silence.

Item qu'on aura un instrument de paix pour la donner au peuple, conformément à l'ordre general pour tout le diocèse, deffendu sous ce prétexte d'omettre l'offertoire et la recommandation des morts tant aux services des paroisses qu'à ceux des confrairies.

Item que les prestres ne se retireront pas dans la sacristie ny ailleurs pendant l'office de l'église. Qu'on ne s'entretiendra pas d'affaires ny de nouvelles dans la sacristie.

Que suivant l'antienne disposition des canons et des statuts du diocèse, on ne laissera pas entrer les femmes dans le sanctuaire lorsque le prestre célèbre ny dans le chœur, surtout dans les hautes chaises pendant l'office.

Qu'on arrangera tellement les offices et les instructions et l'administration des sacrements, que les églises ne soint pas ouvertes ny devant le jour ny aprez la nuit, à l'exception des messes fondées par son altesse royale.

(1) Le cimetière occupait autrefois la place Saint Léonard ; de petites croix en marquent la situation sur le plan de Le Queu.

En septembre 1755, on en recula les murs pour élargir la route de Bretagne qui passait alors par les rues de Saint-Léonard et de la Barre.

Il fut interdit le 5 juillet 1780, le même jour où fut béni le nouveau cimetière situé au haut du Parc, donné par la ville au district de Saint-Léonard. C'est toujours le même, mais très agrandi en 1870, qui sert aux inhumations de cette paroisse.

(Leconte de la Verrerie. *Notes historiques sur Alençon.* — Le Queu. *Notes historiques sur Alençon*).

Qu'il est deffendu aux prestres, sous peine de suspense par le fait, de célébrer la messe avec une soutane sans manche et sans une soutane toute entière et modeste. Pareillement deffendu de laisser dire la messe aux prestres du diocèse ou étrangers sans une soutane entière et décente.

Il paroit qu'on faisoit autrefois en l'église Nostre-Dame le jour de sa dédicace le 14 novembre de chaque année. Cela a cessé depuis longtemps. On fait St Léonard la teste de la dédicace le 19e juillet, ce qui est contre les statuts qui ordonnoint qu'on faira la feste de la dédicace des églises du diocèse , le mesme jour qui est le quatrième dimanche de septembre.

DE LA PRÉDICATION

Les PP. Capucins et les Jésuites partagent ensemble la chaire de Nostre-Dame pour la dominicalle (1), l'avent, le caresme et l'octave du Saint-Sacrement. Les Capucins ont janvier, les Jésuites febvrier et ainsy tour à tour les uns le caresme, l'avent et l'octave une année et les autres la suivante. On ne scait quand ny comment cela s'est introduit. Le thrésor ny le Curé ne donnent rien pas mesme la chambre, le bois ou la collation, c'est la communauté qui fournit à tout, et celuy qui prête sa maison est ordinairement exempt du logement des gens de guerre. On fait une queste par la ville le caresme et l'avent pour le prédicateur. C'est la communauté qui prie les quêteuses. Le Prieur donne tous les ans pour cela 60 l et cela est marqué dans les charges du Prieuré ; le fermier en est chargé dans son bail et est fort antien comme on dira article du Prieur. Depuis plus de 20 ans, M. de Pommereuil (2), intendant, a encore accordé au predicateur 50 l. par an sur les octrois de la ville.

Avant l'establissement de ces communautez, on ne scait pas quel estoit l'usage ; on dit que le prédicateur logoit dans une

(1) Dominicale. Cours de sermons pour les simples dimanches de l'année (Dict. de Trévoux).

(2) Jean-Baptiste de Pomereu, seigneur de la Brétesche, intendant d'Alençon, 1689-1700 (L. Duval. *État de la Généralité d'Alençon*, p. LXXII).

chambre appartenant à Hubert do.it la maison a une porte dans le cimetière.

Ces religieux ont presché d'abord à une heure les dimanches, ensuite à une heure et demie et enfin, par ordonnance de visite en 1708, à deux heures.

Il est ordonné dans la visite de 1718 que les jours ouvriers on commencera à sonner le sermon à sept heures, pour commencer à huit heures précises, apresent on commence à sonner à sept heures et demie, on finit à huit, et on presche ordinairement une demie heure aprez ou environ. Le prédicateur se repose les jeudis et les samedis. On preschoit autrefois les jours de festes du caresme et de l'avent à la mesme heure que les jours ouvriers. Il y a plus de 20 ans qu'on y presche l'aprez-disnée.

Le prédicateur prent la bénédiction du Curé la première fois qu'il presche au bas des marches du grand autel, cependant dans les derniers temps, le Curé la donne de sa place au prédicateur en chaire, quand c'est un prédicateur qui ne presche que quelque discours détaché.

Dans les jours où il y a quelque prédication extraordinaire, c'est le Curé qui prie le prédicateur, comme les jours gras, etc.

Pour Saint-Léonard, on ne preschoit autrefois que le jour du patron et le jour de Saint-Estienne, auquel le prédicateur de l'avent de Nostre-Dame va y prescher.

On y presche encore les trois jours gras à cause des indulgences. Cela est antien, on en a une bulle imprimée en 1657 et les trois prédicateurs y sont nommez. Cela a esté interrompu pendant longtemps et a esté enfin renouvelé en 1706 par une nouvelle bulle aprouvée de l'Évêque qui nomma d'office des prédicateurs.

Le sieur Château-Thierry, grand archidiacre, en estoit un qui en donna avis au Curé par sa lettre. Le second estoit le sieur Le Cesne, chapelain de l'hospital, qui estant désagréable au sieur Curé, il lui fit signifier le jour qu'il devoit prescher par exploit qu'il eut à déclarer par quelle authorité il prétendoit indépendamment de luy, prescher en son église succursalle Saint-Léonard et de montrer le pouvoir qu'il en avoit, estant de son devoir et de son intherest de ne permetre pas qu'aucun autre que luy choisisse des prédicateurs pour sa succursalle, estant en droit et en posession d'y en nommer quand il est necessaire; pour quoy il luy fait deffense de prescher dans ses églises sans montrer un pouvoir et mission suffisante par écrit, protestant qu'en cas que le dit sieur Le Cesne se presente pour prescher de se pourvoir où il appartiendra. A quoy le sieur Le Cesne respondit qu'il protestoit de nullité, ayant eu sa permission verbale et par écrit de Monseigneur l'Évèque de Seez et des sieurs marguilliers. Il prescha en effect, et la chose en demeura là, par ce qu'il a fallu avoir à faire à l'Évèque. Au reste, c'est le seul exemple qu'un predicateur aye presché en cette église sans être choisi par le Curé.

Il y a dans les papiers plusieurs lettres et reconnaissances de ce fait. Les marguilliers ont bien prétendu quelque fois avoir ce droit, mais ils ne l'ont jamais exécuté. En 1703, les marguilliers de Saint-Léonard engagèrent plusieurs nouveaux convertis du distric de présenter requeste à M. l'Évesque de Seez pour demander un pasteur et un prédicateur à Saint-Léonard, d'autant que l'église Nostre-Dame estoit trop petite pour tenir les habitants de la ville et qu'eux Nouveaux Catholiques estoint privez par là d'entendre la parolle de Dieu. Ils joignirent une lettre à cette requeste, par laquelle ils insinuoint d'en écrire au roy en cas de refus. L'Evèque renvoya la requeste au Curé et luy fit écrire par le sieur de Marivin, chanoine, qu'il ne pouvoit se dispenser d'y avoir égard, par ce que le refus déplairoit fort au roy; que cependant il ne vouloit pas préjudicier au Curé, qui pouvoit faire ses remontrances et dire ses raisons. Il les dit en effect, et les Nouveaux Catholiques, qu'on avoit fait signer par surprise, le reconnurent par une lettre qu'ils adressèrent à l'Évèque et on n'eut pas d'égard à cette requeste.

Mais à la fin de la mesme année 1703, les marguilliers présentèrent eux-mesmes leur requeste aux mesmes fins à l'Évèque, qui n'en estoit pas faché et estoit partie secrete, et ils demandoint qu'on prescha dans la dite église les jours de festes et dimanches des caresme et avent et toutes les festes solennelles. Elle fut communiquée au Curé à l'amiable, qui y fit sa reponse qu'il communiqua de mesme et il respondit qu'en 1655 les marguilliers de la mesme église avoint demandé la mesme chose par une requeste adressée à Mgr de Medavy, dont ils avoint esté refusez, parce qu'il y a assez de prédications dans la paroisse et qu'une instruction familière seroit plus nécessaire au peuple de ce distric qu'une prédication en forme.

Les thrésoriers repliquèrent et le Curé respondit encore et le tout fut communiqué à l'amiable. L'Évèque retint par devers luy tous ces écrits et sans rien statuer ny signifier, envoya le P Fortet de suite prescher à St-Léonard le caresme en 1704 avec une commission adressée au Curé d'Alençon Le mesme P. Fortet, qui favorisoit les habitants du distric, y prescha les festes principalles de l'année et mesme l'avent avec une commission seulement verballe, l'Évèque n'en ayant pas voulu donner par écrit, à cause des differents qu'il avoit alors avec le Curé sur d'autres matières. Le mesme père prescha le caresme en 1705 avec une commission adressée au vicaire, comme aussy l'avent ; il prescha sans commission les festes principales. En 1706, le père Denis, capucin, prescha le caresme avec une commission adressée au vicaire. On ne prescha pas cette année les festes principalles ; l'avent fut presché par le P. Boissé, jésuite, avec commission adressée au Curé ou au vicaire. En 1707, il n'y a pas eu de prédicateur ; depuis il y en a eu jusqu'à présent avec une commission adressée au Curé, comme il paroit par plusieurs commissions qui sont dans les papiers ; mais on n'a point presché que le caresme et l'avent, festes et dimanches et le jour de Saint-Léonard Pour Courteilles, on n'y presche que le jour du patron, et encore on y manque souvent, parce que le prone, que le Curé y fait le matin, tient lieu de prédication.

Le 12 janvier 1724, des personnes de piété qu'on ne nomme pas (c'est veufve Lamothe, libraire, aprésent femme de Brandin), ont donné 850 l. pour estre employez à la rétribution d'un prédicateur, qui preschera à Saint-Léonard à l'heure ordinaire les jours et festes de Nostre-Seigneur et de la Vierge, les dimanches de Quasimodo, du Saint-Sacrement et de Tous Saints, auquel prédicateur sera fourny une chambre, du bois, du vin et des biscuits avec quarante sols par chaque prédication ; lequel prédicateur sera pris dans les communautez des Jésuites et des Capucins et, en cas de refus ou d'obstacle, sera choisi par Monsieur le curé d'Alençon et thrésoriers de la dite église, ce qui a esté fait en présence et du consentement du curé d'Alençon, qui a agréé la dite fondation, sous le bon plaisir de Mgr l'évèque de Scez, aux conditions qu'en cas que la rente provenant du dit fond ne subsiste pas ou diminue considérablement, la présente fondation diminuera ou cessera à proportion.

Sur quoy les thrésoriers ayant présenté requeste à Mgr l'Évêque, il a donné son ordonnance le 1er août 1724, par laquelle il consent l'exécution de la dite fondation aux conditions de choisir les prédicateurs qu'il jugera à propos, ce qu'il se réserve expressément et à ses successeurs.

DE L'ADMINISTRATION DES SACREMENTS

—

Le saint baptesme n'est administré que dans l'église paroissialle. Il n'y a pas de fonds baptismaux dans les deux succursalles. Celle de saint Roch de Courteille a esté establie à cette condition expresse, que le sacrement de baptesme n'y seroit pas conféré de même qu'il n'est pas conféré dans celle de Saint-Léonard, où il n'y a jamais eu de fonds baptismaux, quoiqu'en dise Lorphelin dans son livret (1).

Cependant les thrésoriers de Saint Léonard en 1716 en faisant travailler aux piliers de leur orgue, ayant trouvé en terre quelques pierres, dont il y en avoit une en forme de cuve, prétendirent que c'estoit un antien fond baptismal. Ils en firent grande feste et présentèrent leur requeste pour en faire dresser procez verbal, qui fut fait par le lieutenant général le 15e juillet, en présence du procureur du roy et du curé d'Alençon qui fit ses soutiens. Ils ont tiré une copie du dit verbal qu'ils ont inséré dans le procez du sieur Quillet, pour la prétendue cure de Saint-Léonard dont on a parlé. Au fond, ces pierres ne sont que les restes d'un vieux bénitier mal fait qu'on a détruit pour en mettre deux plus propres. Ces pierres sont encore au bas de l'église (2).

Dans le mandement de 1693 lu au Synode, il est ordonné aux confesseurs de refuser l'absolution aux pères et mères qui négli-

(1) Antiquaire de la ville d'Alençon, p. 22 et 43.

(2) « L'an 1716, le mardi 21e jour de juillet, plusieurs artisans travailloient aux « orgues de l'église Saint-Léonard dont ils trouvèrent sous le pied d'icelles des « fonds de baptesme, par lequel les habitans du dit Saint-Léonard s'opposèrent « contre maistre Pierre Blard, curé d'Alençon Mais ils ne purent en venir à bout « (Brière. Histoire d'Alençon, p. 62. Ms. de la bibl. de M. de La Sicotière).

geront de faire baptiser leurs enfans trois jours aprez leur naissance et à ceux qui ayant obtenu la permission de les faire ondoyer différeront de leur faire administrer les cérémonies aprez le temps permis.

Dans la visite de 1708, il est ordonné au Curé d'avertir tous les ans au prone dans le caresme les parens de la nécessité où ils sont de faire suppléer les cérémonies de baptesme à leurs enfans, et en cas de refus de la part des parents d'en avertir l'Évêque. Cet article a esté renouvelé dans la visite de 1713.

Dans la dite visite de 1708, il est ordonné que les fonds baptismaux, qui estoint alors proche la chapelle de St-Sébastien d'une manière très négligée, seront mis à l'entrée de l'église à gauche, dans une chapelle, sans préjudicier aux propriétaires, qu'ils seront élevez et couverts de telle façon qu'on n'y puisse monter ny s'assoir, ny metre rien dessus de prophane et que la cuvette sera d'estain fin. Cet article n'a pas exécuté quand au lieu; mais, du consentement verbal de l'Évêque, ils ont esté transportez au lieu où ils sont aujourd'huy; on n'a pas mis une cuvette d'estain, parce que l'eau ne sy conserve pas si bien que dans le plomb; on s'est contenté de faire le couvercle d'estain (1). Dans l'ordonnance de 1618, il est deffendu d'avoir plus d'un parein ou une marreine.

Dans l'acte de visite de 1708, il est ordonné que la cérémonie de relever et purifier les femmes aprez leurs couches appartiendra aux pasteurs, et à l'avenir leur sera réservée dans cette paroisse comme en toutes les autres du diocèse. Ordonné que pour les honoraires de cette cérémonie, on suivra la règle générale du diocèse, où les honoraires ont esté fixez à 10 s. par les évêques.

Il y a cent ans, qu'il n'y avoit dans toute la paroisse d'Alençon qu'environ 270 baptesmes et il y en a à présent environ 370.

Eu égard au grand nombre de communiants de la paroisse, le Curé souffre que les religieux confessent à Pasques, comme dans le cours de l'année. Il se contente avant la quinzaine de Pasques d'avertir dans son prone ses paroissiens de leur devoir selon le canon du Concile de Latran et donne en général pouvoir de se confesser à tous les confesseurs de sa paroisse réguliers et autres.

(1) En 1712 furent faits les fonds de baptême dans l'église de N.-D. d'Alençon. Il y avait deux bonnes statues : l'une de saint Jean qui baptise Jésus-Christ et celle de Jésus modelées par Jean Roger, sculpteur. Elles ont été rompues lors de l'incendie de l'église (Le Queu. *Notes hist. sur Alençon*).

Le 30 mars 1624, Jacques Camus, évêque de Séez, fit publier à Alençon, comme dans tout son diocèse, deffenses à toutes personnes régulières et autres de confesser ny communier les habitants de la dite paroisse pendant la quinzaine sinon dans l'église paroissialle et celle de Saint-Léonard, à peine d'excommunication tant pour les confesseurs que les paroissiens. Les Capucins se soumirent, mais les Jésuites ne le voulurent pas. On ne scait pas ce qui fut fait. L'Évêque écrivit en mesme temps au Curé de dire aux prestres de ne confesser pas dans l'église passé neuf heures du soir et avant trois ou quatre heures du matin.

Dans le mandement de 1693, il est ordonné à tous les parois-siens d'aller à leur curé, lequel cependant ne doit pas refuser un billet pour un autre confesseur à luy connu, et en cas de refus, aprez une sommation verballe en présence de thesmoins, on s'adressera à l'Évesque par requeste pour y estre pourveu.

Item que le temps du domicile pour la Pasques sera au moins d'un mois.

A l'égard de la maladie, le Curé vouloit autrefois empescher les Jésuites de confesser sans sa permission d'autant que les évêques Savary et d'Aquin l'avoint assuré que leurs commissions ne leur donneroint aucun pouvoir en la maladie que du consentement du curé, et mesme en 1700 le Curé fit reconfesser par son vicaire une fille confessée par le père de Creil, comme il paroit par une lettre du dit père au Curé, mais comme ces PP. ne veulent pas s'assujetir à cela, que les peuples les souhaitent et qu'ils soulagent beaucoup le Curé pour les malades, il consent tacitement à ce qu'ils font. Les Capucins au contraire sont dans l'usage d'envoyer demander permission.

Il est d'usage antien qu'on peut faire sa communion pascalle dans celle des églises qu'on veut choisir; cela a esté reconnu et attesté par un acte des habitants en 1700; il est rare cependant qu'on quitte l'église paroissialle pour aller en la succursalle.

On présentoit autrefois du vin commun aprez la communion, cela a cessé en 1649 pour les grandes festes de l'année et continua seulement pour la communion pascalle; ce qui ne subsiste plus depuis environ 50 ans (1).

(1) Cet usage fut entièrement aboli en 1670 (O. Desnos. *Mém hist.*, second édition, p. 124). On lit à ce sujet la mention suivante à la page 37 de l'inventaire des titres de l'hospice d'Alençon dressé au siècle dernier:
« Rente d'un pot de vin *Clairet* par chacun an, la veille de Pasques, au bénéfice

Dans le temps de la communion pascalle, on demandoit aux communiants les droits rectoriaux, chacun les payoit à cinq deniers par chaque communiant selon l'usage.

Il y avoit aussy un clerc qui suivoit le prestre, qui communioit et recevoit les oblations des fidelles, cela se pratiquoit encore à Saint-Léonard en 1695 et aprésent cela est entièrement éteint, et depuis environ 40 ans, on se contente de faire ramasser par les maisons les dits droits rectoriaux et le curé Chenard les affermoit.

Comme bien des gens se dispensent de les payer, cela produit plus ou moins; en 1717, ils ont produit dans le distric de Nostre-Dame 36 l., en 1718, 35 l., en 1719, 29 l. Le curé jouissant, par ses mains, des honoraires de l'église Saint Léonard en retira 10 l. en 1695, suivant la quittance qu'il en donna par devant notaire à celuy qui les avoit ramassez. Autrefois le thrésor de Nostre-Dame prenoit la troisième partie de ces dons. En 1634, ce tiers n'alla qu'à 3 l.

Avant 1684, on marioit les dimanches comme les autres jours à Alençon, mais depuis on ne marie pas les dimanches. C'est un usage qui n'est fondé sur aucune loy. Les mariages sont célébrez dans l'église du distric où demeure la famille, à moins que le Curé n'en dispose autrement. Les bans sont publiez dans l'église du distric, et dans deux églises quand les contractans sont de différents districs, au quel cas ils payent en deux endroits.

Par le mandement de 1693, l'honoraire des mariages est fixé dans les campagnes à 30 s. et à 3 l. dans les villes, la messe comprise, à moins qu'il n'y aye quelqu'autre réglement particulier.

Item. Il est ordonné que nul ne pourra estre fiancé, au moins avant une publication de ban, que le domicile ne s'acquière que par une année, qu'aprez trois mois de délay. aprez la dernière publication, il faudra en renouveler une au moins, qu'on ne pourra épouser le soir ny avant le point du jour.

Dans les statuts de 1674, il faut qu'il y aye 8 jours d'intervalle entre la première et la dernière publication et on ne peut délivrer le certificat de la première publication que le lendemain.

---

de la *Maison-Dieu* pour être employé à la communion des pauvres, à laquelle rente défunt Gilles Vannier, chirurgien, a été condamné par sentence donnée en la juridiction du bailliage, le 19 janvier 1660, comme possédant une maison située rue des *Eslaux*, au droit de M. Clément de la Ville, prêtre, propriétaire de la dite maison, qui l'avait affectée par contrat ou transaction passé devant les tabellions d'Alençon, le 28 février 1551. »

L'Evêque en 1717 écrivit une lettre circulaire en ces termes :
Pour pouvoir marier les femmes des soldats, qui se disent veufves,
vous vous contenterez qu'elles ayent le certificat de la mort de
leurs maris délivré par le capitaine de la compagnie et approuvé
par le colonel du régiment, ou par le lieutenant-colonel, ou le
major en son absence.

En 1681, le Roy, par son ordonnance, a deffendu aux aumô-
niers servants à la suite des régiments de célébrer aucun mariage
des cavaliers et soldats avec les filles ou femmes domiciliées dans
les villes et places où ils seront en garnison pour quelque cause
ou occasion que ce puisse estre, à peine d'estre punis comme
fauteurs du crime de rapt. Ce qui fut lu au prône.

En 1682, M. le Guerchois, procureur général du parlement de
Normandie, écrit au procureur du roy d'Alençon, qu'encore bien
qu'on soit majeur à 20 ans, néanmoins pour les mariages on est
mineur jusqu'à 25 ans et qu'avant cet âge les parents peuvent
s'opposer et les mariages sont sujets à la délibération des parents
lorsque quelqu'un s'oppose. Le Curé cependant n'est pas obligé
de demander qu'on luy fasse voir en ce cas leur consentement,
comme l'ordonnance l'y oblige quand ils sont mineurs.

En 1691, le conseil de Mgr l'archevêque de Roüen, en respon-
dant au curé d'Alençon, est d'avis qu'on ne doit pas donner la
bénédiction nuptiale à un nouveau catholique qui ne fréquente
pas les sacremens et ne donne pas de marque de sa sincère conversion. Il appuye son sentiment sur la pratique constante de
leur diocèse, sur les sentences et les arrets qui ont jusques la
renvoyé aux curez ces nouveaux catholiques pour estre instruits
et, avant que de publier leurs bans, il faut qu'ils ayent fait leur
devoir et soient près de s'aprocher des sacrements. Mgr l'archevèque (1) a approuvé le mesme avis.

En 1697, le Roy créa des greffiers, des controlles des bans,
en 1701, obligea les contractans de déclarer leurs conditions
dans la publication des dits bans. Il estoit deffendu aux curez de
publier ou de marier sans cela à peine de respondre des dits
droits en leur propre nom et des amendes. Ce droit très onéreux
a cessé en 1707.

(1) Jacques-Nicolas Colbert, fils du célèbre ministre, fut nommé, en 1680, coad-
juteur de François-Rouxel de Médavy, archevêque de Rouen. Il lui succéda après
sa mort, en janvier 1691.

En 1683, le lieutenant général d'Alençon, à la réquisition du procureur du roy, fait deffenses de faire aucun charivari à l'occasion du mariage d'aucunes personnes, à peine de 100 l. d'amende, ce qui fut publié par les carfours.

L'honoraire des messes n'estoit autrefois que de 4 l. par an pour une messe par chaque semaine. Dans la confrairie de Saint-Jean, on fonde une chapellenie comme une espèce de bénéfice dont le chapelain n'a que 30 s. par an et est chargé de 12 messes, il y a environ 200 ans. Dans l'établissement de la confrairie de la Charité, il y a 100 ans, la rétribution des messes est de 5 s. Par le mandement de 1693, l'honoraire des basses messes est fixé à huit sols, celui des hautes à 12 s. et 3 s. pour les prestres assistants ; aujourd'huy on donne communément 10 s. pour les messes basses, mesme dans la confrairie de Charité.

Il est deffendu aux prestres de dire des messes basses pendant l'office de paroisse et de dire haut le canon de la messe Voir l'article de l'office divin, p. 51.

Tous les prestres n'ont pas le pouvoir d'administrer les sacrements. Outre la permission du Curé, les évèques ont voulu qu'on obtint leur consentement.

Dans l'acte de visite de 1618, l'Évêque commet trois prestres de Nostre-Dame, outre le Curé et le vicaire, et autant à Saint-Léonard. Son altesse royale madame de Guise fonde en 1680 cinq chapelains, à condition qu'ils seront obligez d'aider le Curé. L'évèque de Séez ne voulut pas consentir cette clause, à moins que la fondation ne fût agréée de luy, et en 1693, dans une commission qu'il donne pour deux prestres à cet effect, il parle ainsy : *pour le respect particulier que nous avons pour Son Altesse royale et à sa réquisition, nous permettrons au sieur Curé de se servir pour l'administration des sacremens des personnes de... prestres, chapelains dans l'église Nostre-Dame. De quoy nous donnons pouvoir pour cette fois seulement et sans tirer à conséquence pour l'avenir.* Et dans la visite de 1708, il est dit art. 14 : *les prestres chargez d'acquiter la fondation de son altesse royale seront, conformément à la fondation, obligez d'aider le sieur Curé dans ses fonctions, suivant les pouvoirs qu'ils ont reçeu de nous ou qu'ils en recevront.* Il exhorte encore dans l'article 15 ceux qui sont approuvez d'aider le Curé.

Par ordonnance de 1618, il est deffendu de porter le Saint-

5

Sacrement aux malades de nuit, sinon le cas de grande nécessité et surprise de maladie. Depuis ce temps-là, on avoit introduit de porter le Saint-Sacrement à minuit pour contenter la dévotion de ceux qui vouloint communier à jeun. Cela a esté aboli par le Curé en 1694.

Le Curé porte le Saint-Viatique de l'église Nostre-Dame dans le distric de Saint-Léonard, quand il le juge à propos, et prend mesme le Saint-Sacrement de l'église Nostre-Dame, de mesme qu'il porte la communion pascalle de l'église Nostre-Dame depuis 1695 dans les deux districs. Autrefois les gens d'église ne portoint pas le dais lorsqu'on porte le viatique, les parents ou les voisins du malade avoint soin de trouver des gens pour le porter, comme cela se fait encore à Saint-Léonard ; mais environ l'an 1680, on a commencé à Nostre-Dame à y engager les gens d'église ; on leur donna pour cela une espèce de tunique, et on en augmenta le nombre ; on comtoit que les parents du malade leur fairoint quelque gratification ; cela s'est pratiqué d'abord, et se pratique rarement aprésent, en sorte que les gens d'église n'ont rien de particulier pour cette charge qu'ils remplissent toujours à l'ordinaire. On leur a fait des tuniques rouges avec une image du Saint-Sacrement derrière le dos, en 1623.

FONDATIONS DES ÉGLISES

Il faut observer premièrement que, par l'article 53 des ordonnances de Blois, il est deffendu aux marguilliers des églises d'accepter aucunes fondations, sans appeler les Curez et avoir sur ce leur avis. Cela a esté ainsy ordonné par l'archevêque de Paris en 1707, dans sa visite de la paroisse de Saint-Jacques de la Boucherie et confirmé par arrèt du Parlement. Cela a esté pareillement ordonné par l'évèque de Séez, dans sa visite d'Alençon en 1708, article 41, tant pour les thrésors que pour les confrairies.

Il faut observer deuxiemement qu'on trouve peu d'antiennes fondations, parce que, comme elles sont devenues onéreuses à raison du peu d'argent qu'on en a donné dans son principe, ou elles ont cessé entièrement, ou elles sont réunies à d'autres.

On parlera dans l'article des confrairies des fondations qui les regardent en particulier. Dans l'acte de visite de 1708, il est ordonné : que les thrésoriers et administrateurs des confrairies seront tenus d'employer de l'avis des sieurs curez l'argent des fondations en fond ou rentes.

Qu'ils sera fait un nouveau tableau par les Curé et thrésoriers où seront employéez toutes les fondations, qui sera mis dans la sacristie.

L'église succursalle de Saint-Roch n'a aucune autre fondation que celle du sieur Gautier et celle de quatre messes par an dont il est parlé dans son article

L'église succursalle de Saint-Léonard en a grand nombre insérées dans le tableau qui est dans la sacristie. Comme ie Curé n'est pas d'intelligence avec les marguilliers, il n'a pas pu conférer le tableau avec les fondations dans leurs contracts et n'en peut rien dire.

En 1695, le Curé fut appelé pour la fondation de M. du Molant et en 1697 pour celle de M. Granger, les thrésoriers reçoivent les dites fondations sans appeler le Curé et le Curé le dissimule pour n'estre pas obligé d'avoir de nouveaux procez. Il y a plusieurs de ces fondations ou le vicaire a double droit.

A l'égard des fondations de l'église paroissialle, il y en a qui regardent le thrésor et d'autres qui regardent le Curé en particulier.

Celles qui regardent le thrésor sont dans le tableau de la sacristie, elles consistent en messes et services.

Pour les messes, il y avoit plusieurs fondations qui avoint esté omises et négligées à cause de la modicité de la rétribution. L'Evèque, en 1696, sur la remontrance du Curé et des thrésoriers, ordonne que pour supléer au passé en fairoit plusieurs services, et qu'à l'avenir on diroit une messe tous les vendredis à l'intention des fondateurs.

Il y avoit aussi plusieurs messes fondées en différents jours et heures, qui par là estoint exposées à estre facilement négligées, et dont le public ne recevoit aucune commodité, estant en des jours et des heures incertains. L'Evèque, en 1713, sur la requeste du Curé et des thrésoriers, a ordonné qu'à commencer le 1er avril 1714, on fairoit de ces messes plusieurs habitudes réglées pour toutes les semaines, et que pour la commodité du public toutes les messes seroint fixées à dix heures et demie, toutes les semaines. Ce qui s'exécute.

Il reste cependant encore quelques messes séparées, mais c'est le Curé qui les acquite scavoir : deux messes le 3 et 4 avril pour Marie de . . . . . dont le Curé a 2 l. et François Le Comte, deux messes le huit et neuf d'avril pour François Le Comte et Marie Pailliard, dont le Curé a deux livres. Six fondées par Renée Musserotte les premiers lundis, mercredis et vendredis de caresme dont le Curé a 6 livres; une pour Thomas le Cormier le 17 may dont le Curé a 12 sols, une le lendemain de l'Octave du Saint-Sacrement pour Renée 10 s., et deux en caresme aprez l'absoute pour Renée et pour l'âme du purgatoire la plus abandonnée, 2 livres. Il y a encore quelqu'autres messes qui ne [sont pas comprises dans la réduction et qui sont dans le tableau.

A l'égard des services, il y en a primo trois anciens qu'on appelle des obits dans les comtes, le premier le jour de saint Jacques saint Christophe, dont il y a 1 l. 2 s. de rétribution, le deuxième le jour de la Toussaint, dont il y a 1 l. de rétribution et le troisième le mercredy des Quatre-Temps de l'Avent, 23 s. Quoique ces obits fussent employez dans les comtes sous le nom du Curé et des prestres, cependant on ne put scavoir en 1694 en quoy ils consistoint et personne ne se souvenoit de les avoir veu dire. Ce qui obligea le Curé et les marguilliers en 1696 d'en faire l'exposé à l'Evèque et d'en demander la réduction, lequel a consenti verbalement que, veu la médiocrité du revenu, au lieu d'un obit, on se contenteroit de chanter un *Libera* à l'assistance de sept ou huit prestres. Ce qui s'exécute.

2° Le service fondé par les cordonniers en 1675 pour le jour des SS. Chrespin et Chrespinien par le Curé et 12 prestres. Le Curé fournit la cire et il a 5 l. 5 s. pour tout y compris deux messes hautes, et l'annonce au prône.

3° Un service le 12e janvier fondé en 1708 pour les Dubois par le Curé et sept prestres. Le Curé a 52 s. y compris sa messe.

·4° L'office canonial pendant l'Octave du Saint-Sacrement fondé en 1716 par Renée Pailliard, par le Curé et six prestres à son choix, dont le Curé a 4 l.

Il y a deux autres fondations particulières au Curé d'Alençon. La première est du duc et de la duchesse d'Alençon en 1510. Lesquels tant pour l'indemnité de l'establissement du monastère de Sainte-Claire, que pour la rétribution de trois messes par chaque sepmaine, donnent par un contract revestu de toutes les formalitez sur leur domaine la somme de 25 l. La dite fondation ainsy faite en exécution du veu qu'ils avoint fait à l'occasion de la maladie de leur fils, pour estre les dites trois messes dites par tel prestre que le Curé voudra choisir, une de Nostre Dame de Pitié, la deuxième de saint Ambroise et la troisième de saint Antoine de Padoue. Le 23 novembre 1690, les dites trois messes à la requeste du Curé d'Alençon ont esté réduites par l'Évêque en une par sepmaine en l'honneur de Nostre-Dame de Pitié et cela s'exécute encore.

La deuxième fondation est de feu Son Altesse Royale Madame de Guise, duchesse d'Alençon, laquelle le 23 août 1680 fonda par le contract le plus authentique cinq messes pour estre célébrées chaque jour de l'année en l'église Nostre-Dame, la première à 4 heures et demie pour Gaston de France, duc d'Orléans et d'Alençon, son père, la deuxième à six heures pour Marguerite de Loraine, sa mère, la troisième à neuf heures pour Joseph-Louis de Loraine, duc de Guise, son époux, la quatrième à dix heures pour le repos de son âme aprez sa mort et la cinquième à onze heures et demie de saint Roch, les jours que l'église ne sera pas empeschée, lesquelles messes seront dites par cinq prestres par elle nommez soit de la ville ou d'ailleurs, qui aideront à Monsieur le Curé à faire ses fonctions rectoriales et en l'administration des sacrements, et qui pouront estre par le dit Curé destituez s'il le juge à propos. Et, aprez sa mort, elle donne au sieur Curé et à ses successeurs le choix et la nomination des dits cinq prestres révocables par luy, à chacun desquels prestres elle donne la somme de 200 l. faisant ensemble celle de mil livres à prendre chacune année de quartier en quartier par les dits prestres sur leurs simples quittances avec un certificat du sieur Curé sur le fond provenant du revenu du tiers du domaine d'Alençon à elle appartenant en propriété, comme fille et héritière pour un tiers de feu mon dit seigneur le duc d'Orléans. Ce qui a esté confirmé et agréé par le roy au mois de septembre 1680, enregistré au parlement en novembre suivant, et au mois de décembre en la chambre des comtes et ensuite au bureau des finances d'Alençon.

Les évêques de Seez n'ont pas reçeu cette fondation. L'évêque Savary s'en plaignoit et voulut engager le Curé à luy presenter requeste pour la faire recevoir, auquel cas il y auroit mis des modifications. Le Curé a toujours refusé de le faire, et cela obligea l'Evêque à deffendre aux chapelains d'aider le Curé. Cela ne dura qu'un temps. L'évêque d'Aquin, dans sa visite de 1708, art. 14, ordonne que les prestres chargez de la fondation de Son Altesse royale seront obligez d'aider le sieur Curé selon les pouvoirs qu'ils recevront de luy.

En 1718, le sieur Chassevent, prestre, chargé de quelques messes fondées par Madame de Guise, ayant fait arrest entre les mains du receveur et assigné le Curé au bureau des finances, aux fins du payement de ses rétributions, par sentence du dit bureau, le Curé est délié de la dite assignation avec dépens, sauf au dit Chassevent à prendre intimation avec les autres prestres, qui ont dit les dites messes, pour régler ce que chacun en a dit selon les certificats qui en seront délivrez par le sieur Curé, à laquelle fin main-levée de l'arrest. Ce qui a esté exécuté.

Cette fondation n'est payée que tous les ans sur le domaine et encore difficilement. Il faut depuis peu que le procureur du roy du Bureau vise le certificat du Curé. Il en coute au receveur un droit de quittance. Sur la plainte portée à Son Altesse royale monseigneur le duc d'Orléans, que les chapelains des dites fondations n'estoint pas payez, il ordonna en décembre 1719 à M. de la Vrillière, sécretaire d'Estat, de mander à Monsieur l'intendant de faire payer. M. le garde des sceaux écrivit de mesme.

Comme ces messes sont onéreuses, à raison des charges, et du peu de revenu, le Curé a tenté cy-devant de les faire réduire ; on n'a pas voulu jusqu'àprésent y toucher, à cause que la dite fondation est trop moderne. Cependant mon dit sieur de la Vrillière mande en décembre 17⸴9 à Monsieur l'intendant de la part de Mgr le duc d'Orléans, régent du royaume, qu'il faut sur cela s'adresser à l'évêque diocezain, comme estant chose de sa compétence.

Dans l'arrest du parlement de Normandie en 1662, pour l'église de Saint-Jacques de Lisieux, il est ordonné que le Curé dans les fondations prendra pour deux, et que le vicaire aura le pas et préséance en présence et en l'absence du Curé et part à tous les profits de l'église par préférence à tous autres.

Quand le thrésor de Nostre-Dame fait faire quelque service, le vicaire a le double du prestre et le Curé le double du vicaire, à 5 s. pour l'avertissement au prône.

Le 1er décembre 1720, le revenu du thrésor et des confreries, estant extraordinairement diminué par la réduction des rentes et plusieurs amortissements, qu'on a esté obligé de replacer sur le roy en billets de banque au denier 40 et 50, on a esté obligé de réduire les fondations et, au lieu que le thrésor faisoit célébrer chaque jour deux messes, une à six heures et demie et l'autre à neuf heures et demie, on s'est contenté de faire célébrer celle de six heures et demie à l'intention des fondateurs suivant la délibération qui en a esté faite et on a réduit les autres fondations à proportion par provision, jusqu'à ce qu'on aye veu le produit des dites rentes constituées sur le roy.

En 1724, en reconnaissance des dons faits au thrésor par feu demoiselle Anne-Thérèse le Coutelier de Bonneboz, le thrésor de Nostre-Dame a délibéré et convenu qu'on fairoit annuellement et à perpétuité deux services consistants en vigiles à trois nocturnes, laudes et trois grandes messes avec les suffrages et recommandations, auxquels assisteront Mrs le Curé, vicaire, plusieurs thrésoriers, le sacriste, deux chantres, diacre, sous-diacre et trois autres prestres au choix de M. le Curé avec le clerc d'église, sinon un autre prestre, qu'on sonnera en vol avant les dits services et en coups pendant y celuy, qu'il y aura quatre cierges à l'autel et un sur la représentation (1) qu'on se servira des ornements communs blancs et rouges et des beaux noirs et qu'on metra la Croix d'argent et le bénitier d'argent, qu'on portera chapes et que les diacre et sous-diacre serviront seulement à la messe de *Requiem*, que pour la rétribution du dit service, il sera payé 12 s. par chaque messe, 1 l. 16 s. à M. le Curé, 15 s. au vicaire, 1 l. au sacriste, aux autres prestres 12 s., aux chantres 14 s., aux diacre et sous-diacre 10 s., aux secrétains 1 l., pour l'annonce au prône 5 s.

Le premier service sera célébré le 13 may, jour du décez de la dite demoiselle. Le deuxième, le 9 juillet, pour le repos de l'âme de Mre Charles le Coutelier, escuyer, sieur de Bonneboz, pour son épouse et autres parents, qu'en outre il sera célébré tous les

(1) Représentation se dit d'un faux cercueil de bois couvert d'un poêle de deuil autour duquel on allume des cierges lorsqu'on fait un service pour un mort.   (*Dictionnaire de Trévoux*).

ans sept messes basses au maître-autel à l'intention de la dite
deffuncte et de ses parens, pendant le caresme avec recommandation à l'offertoire et le *De Profundis* à la fin incontinent aprez
l'absolution. Pour lesquelles fondations le thrésor paye 30 l.

BANCS D'ÉGLISE

—

Une partie du revenu des thrésors consiste dans les fieffes des
bancs.

Dans l'église Nostre-Dame, les fieffes de chaque place estoint
antiennement à 5 s par an. On en a une de 1643 ; cela a duré
jusqu'en 1664, ou on fit une réforme générale des bancs en l'estat
quelle est aujourd'huy.

Chacun prit sa place, selon qu'il estoit en authorité, et les
bonnes places furent fieffées à 15 s. par an et les médiocres à 10,
ce qui subsiste. Ce furent les propriétaires qui firent faire les
bancs. Les uns amortirent leur place par une somme qu'ils donnèrent et les autres se sont contentez d'en faire la rente.

Tous ces bancs sont héréditaires dans les familles, c'est l'aisné
qui les possède. Le propriétaire, qui n'en jouit qu'à rente, est en
droit selon l'usage de transporter sa fieffe à un étranger, ce qu'il
fait du consentement du Curé et des marguilliers, c'est un abus
sur lequel on se recrie depuis longtemps et auquel on seroit bien
fondé de remédier suivant les consultations qu'on en a faites. Le
lieutenant général de l'avis du procureur du roy a ordonné en
1719 qu'aprez trois publications au prône de sa sentence, il seroit
permis de procéder à une nouvelle fieffe des bancs dont les propriétaires refuseroint ou différeroint de payer leurs rentes
annuelles.

Dans les fieffes antiennes il ne paroit pas que le Curé y entre
pour les authoriser. Cela paroit n'avoir commencé que depuis
que le Curé devint marguillier et ensuitte il a continué comme
Curé, et l'Evèque, dans son acte de visite de 1708, art. 48,
ordonne que lorsqu'il arrivera vaccance des bancs dans une des
églises, ils seront donnés à fieffe par le Curé et les thrésoriers,
cela s'exécute en l'église Nostre-Dame. Pour celle de Saint-

Léonard, les thrésoriers conservent leur antienne indépendance et n'appellent pas le Curé. Cependant on verra ci-aprez que l'Evêque ordonne en 1618 que le Curé et les marguilliers désigneroint une place de banc. A l'égard de Courteilles, comme il y a plus de place que de bancs, il est permis aux particuliers d'en placer un en payant 3 s. par place et fournissant le banc. Ce qui se fait sans fieffe.

Dans la visite de 1708, il fut ordonné que les bancs seroint uniformes et qu'on reformeroit plusieurs bancs de l'église Nostre-Dame, qui ont le dos tourné à l'autel pendant l'office. Cela a esté exécuté en partie.

Antiennement il y avoit un grand banc pour le Curé et les thrésoriers, on dit qu'il estoit contre la chapelle de la Trinité. Il en fut retiré par quelques thrésoriers qui cédèrent la place à d'autres particuliers ; on le mit contre la chapelle de Saint-Sébastien, il en a esté transféré en 1685 sous les orgues et enfin il a esté détruit par ce que c'estoit le réceptacle des mandiants.

Comme il est extraordinaire que les thrésoriers et le Curé n'ayent pas un banc de fabrique, l'Evêque ordonna en 1708, n° 49, que le banc qui estoit autrefois dans la nef de l'église pour le sieur Curé et les thrésoriers y sera restabli dans une place convenable. Cela n'a pas esté exécuté.

La fieffe des bancs de l'église paroissialle produit par an la somme d'environ 500 l., ceux de Saint-Léonard produisent la somme de   l., ceux de Saint-Roch de Courteilles la somme de 16 ou 17 l.

Il faut observer que dans les fieffes, il est ordinairement employé que l'église poura se resaisir quand elle voudra.

Dans l'acte de visite de 1618, Catherine Bouvet ayant fait un don à l'église Nostre-Dame à charge d'avoir droit de mettre contre un des piliers de la nef un petit siège de bois, l'Evêque ordonne que par les Curé et marguilliers il sera destiné et pourveu une place à la dite donatrice.

L'archevèque de Paris en 1698, dans sa visite à Saint-Jacques de la Boucherie, a ordonné que les bancs seront concédez par les Curé et marguilliers. Cela a esté confirmé par le parlement.

Dans la rendition du comte de Morel en 1700, il a esté ordonné qu'il sera fait registre des fieffes des bancs et du prix à quoy elles se montent en la présence du Curé et des marguilliers, et qu'il ne sera faite aucune fieffe de banc que de l'avis et présence du Curé et au moins de deux thrésoriers.

Il paroit, par le procez-verbal dressé en 1640 par les commissaires de la chambre des comptes lors de l'establissement du bureau des finances d'Alençon, que le présidial avoit un banc dans la nef du costé de l'épitre vis-à-vis la chaire pour entendre la prédication, cela s'est perpétué jusqu'à présent. Pour le chœur, il paroit par le mesme procez-verbal qu'ils avoint quatre places du costé de l'évangile et 12 autres places du costé de l'épitre. En ce temps-là, ils cédèrent les quatre du costé de l'épitre aux thrésoriers de France, en conséquence de leur édit d'establissement et lettre de cachet en conséquence, et les dits thrésoriers ont conservé la jouissance du banc de 4 places, qui est proche de la sacristie.

Par la revision des bancs de Nostre-Dame faite en 1718 et des fieffes des chapelles, le tout se monte par an 492 l. 14 s. (1).

En 1723, l'advocat Boulay, ayant fait procez au sieur Dubourgueil (2), escuyer, pour avoir passage sur son banc et ayant fait venir le thrésor en cause, a esté déchu de ses demandes avec dépens par arrest du parlement. Cependant deffendu au thrésor de mettre obstacle au passage du banc du dit Boulay. Sur quoy il s'est pourveu au bailliage, disant qu'on mettoit obstacle à son passage, et le thrésor a esté condamné avec dépens à luy donner passage libre en ostant les bancelles, par sentence du 24 avril 1724. Ce qui a esté exécuté.

(1) M. de Levignen, intendant de la généralité d'Alençon, obtint, le 2 juillet 1746, un arrêt du conseil qui substitua les chaises aux bancs dans l'église Notre-Dame. Le revenu des bancs ne se montait qu'à 550 l. (Le Queu *Notes historiques*).

(2) La famille Paillard, originaire d'Alençon, porte de sable à cinq losanges d'or posés en croix. Ses différentes branches ont pris les noms de Paillard du Bourgueil, Paillard du Noyer, Paillard de Beauséjour. En 1697, Pierre Paillard de Beauséjour, trésorier de France à Alençon, acheta de Léonor du Hardas la seignearie de Chenay, dont il ajouta le nom au sien. Ses descendants possèdent encore le château de Chenay situé dans la Sarthe, arrondissement de Mamers. (Le Queu. *Notes hist.* ; Le Paige. *Dict. du Maine*, t. I p. 201).

DES THRÉSORIERS DES EGLISES

On en a parlé dans les articles de chaque église, on rapporte seulement icy ce qui a esté jugé par le parlement de Paris et réglé par les actes de visite.

En 1698, l'archevêque de Paris, dans sa visite en la paroisse de Saint-Jacques de la Boucherie, avoit ordonné que le chartrier auroit au moins deux clefs différentes dont l'une sera donnée au Curé.

Que les fondations ne pourront estre acceptées sans appeler le Curé et sans avoir sur ce son avis.

Que le fond des fondations sera employé de l'avis du sieur Curé.

Que le Curé assistera aux assemblées de la fabrique si bon lui semble et en sera averti.

Les marguilliers de Saint-Jacques se pourveurent contre la dite ordonnance et, en 1707, est intervenu arrest du parlement de Paris qui ordonne :

Que le Curé pourra, si bon lui semble, assister à toutes les assemblées, y aura la première place, signera le premier les délibérations et donnera sa voix immédiatement avant celuy qui présidera, lequel opinera le dernier, sans préjudice au dit Curé de représenter avant la délibération ce qu'il trouvera à propos.

Que le marguillier comptable ne pourra faire aucune dépense que par l'avis du bureau ordinaire, ny mesme de l'avis du bureau ordinaire faire de dépense que jusqu'à la concurrence de 300 l.

Que le registre des délibérations et les titres seront enfermés sous deux clefs, dont l'une sera mise entre les mains du Curé.

Qu'au surplus l'ordonnance de l'archevêque de Paris sera exécutée.

L'évêque de Séez en 1708, dans sa visite, ordonne que le Curé aura une clef du chartrier, que le thrésorier en charge se chargera par écrit des pièces qu'il en tirera, qu'il sera fait un tableau par les Curé et thrésoriers des obits et fondations.

Comme les thrésoriers de Saint-Léonard obéissent difficilement et n'exécutoint pas les articles ci-dessus et faisoint autres choses contraires aux droits des Curez, le Curé fut obligé de

présenter sa requeste à Mgr l'Évêque qui y respondit par son acte
de visite de 1713 et ordonna que les ordonnances de visite de .
1708 seront exécuteez à Saint-Léonard selon leur forme et teneur,
que les marguilliers représenteront au Curé les fondations par
eux réglées, affin que de tout il aye connaissance, qu'à l'égard
des fondations et concessions de bancs, qui pouront estre propo-
sées à l'advenir, elles seront acceptées dans les assemblées qui
seront tenues à cette fin en présence du sieur Curé, ou luy deue-
ment requis de s'y trouver par les marguilliers de la dite église ,
qu'il sera fait un chartrier à deux clefs dont l'une sera donnée au
Curé!, que le premier dimanche de chaque mois, à l'issue de
vespres, il sera tenue une assemblée ordinaire à laquelle le Curé
assistera, si bon luy semble, et qu'en cas d'assemblées extraordinaires le Curé en sera averti par le bedeau ; les résolutions de
toutes lesquelles assemblées seront acceptées à la pluralité des
voix. Rien de tout cela ne s'exécute.

Dans le comte-rendu à Courteilles en 1697, il est ordonné que
le marguillier ne faira aucune dépense extraordinaire sans le
Curé et qu'il aura une clef du chartrier.

DES PRESTRES

Les prestres des trois églises ne composent ensemble qu'un
corps de clergé. Chacun garde son rang, selon le temps de son
ordre, dans les cérémonies ecclésiastiques publiques à l'exception
des vicaires qui gardent leur rang d'antiquité de vicaire et marchent incontinent avant le Curé. Cela n'est pas contesté ; les
chapiers des deux églises contestent seulement leur rang quand
ils se trouvent ensemble dans les processions en chape. Il y a
longtemps que les Évêques les ont voulu reigler et inutilement.
Les Évêques, qui ont esté présents à ces contestations, ont décidé
verballement que les prestres ou chantres, qui portent les chapes
du chœur de l'église paroissialle d'où part la procession et qui ont
du raport à l'ornement du célebrant, marcheroint les derniers ;
et ensuite les autres chapiers selon leur rang d'ordre. Ce reiglement n'a pas duré ; les plus antiens chapiers de Saint-Léonard

veulent marcher les derniers, quoiqu'ils n'ayent pas les ornements
du chœur, ce qui a obligé quelque fois de leur céder les chapes
pour le bien de la paix. En 1719, le Curé d'Alençon leur proposa
que les deux chantres de Nostre-Dame, qui portent les chapes
du chœur, quels qu'ils soient, jeunes ou vieux, iroint toujours les
derniers et à la place la plus honorable, qu'ensuite marcheroint
les deux chantres de Saint-Léonard, quels qu'ils soint ; et qu'aprez
eux marcheroint les autres selon leur rang, ce qui a esté exécuté,
et si cela s'exécute dans la suite, il faudra que quand il y aura
quelque cérémonie publique à Saint-Léonard, où se trouve le
clergé de la ville, les chantres de Saint-Léonard, revestus des
chapes du chœur, marchent les derniers. Le jour de la feste Dieu
1720, les prestres de Saint-Léonard vinrent sans chape et n'ap-
portèrent pas leur encensoir, cela fit du scandale ; l'intendant
en estant informé les envoya prendre avec ordre de rompre les
armoires si on les refusoit. Elles furent apportées à N.-D., mais
les prestres ne s'en servirent pas. Le sieur   , prestre
marguillier, fut cité à Séez et le prestre Fouqueron, ils compa-
rurent. L'affaire fut remise au mercredi suivant que M. l'Évêque
devoit estre à Alençon et ce jour-là elle fut décidée, comme elle
avoit esté décidée par le Curé et exécutée le lendemain en présence de l'Évêque qui fit l'office.

Les marguilliers de Saint-Léonard ont présenté requeste en
1707 à l'Évêque pour demander que les prestres, qui demeurent dans leur distric portent le surplis à Saint-Léonard. Le
Curé respondit à leur requeste, l'Évêque n'y a pas eu d'égard et
les prestres ont la liberté comme auparavant de s'habituer dans
quelles églises ils veulent quoi qu'ils demeurent dans différents
districs.

Les Évêques ont toujours beaucoup recommandé aux prestres
de cette paroisse l'assiduité aux offices.

Dans l'acte de visite de 1618, il est enjoint aux prestres habituez
*d'assister, chanter et respondre sans pouvoir en prétendre
aucune dispense sous prétexte de confessions, dévotions particulières ou messes particulières, lesquelles nous leur deffendons de célébrer pendant la messe paroissialle et autre service
solennel à peine d'excommunication, sinon que celuy qui dira
la messe paroissialle aye du moins fait la communion.*

En 1647, les ecclésiastiques, s'estant plaints que le Curé vouloit introduire des prestres étrangers dans les églises d'Alençon, l'Évèque le deffendit et enjoint en mesme temps aux prestres originaires d'assister le Curé et le vicaire à tous les offices qui seront célébrez es dites églises à peine de suspense de l'exécution de leurs ordres.

Les prestres sont fort jaloux de n'admetre aucun prestre étranger pour s'habituer dans les dites églises, surtout si le Curé le produit, parce qu'ils craignent qu'il ne reçoive leurs rétributions; cependant ils en souffrent souvent eux-mesmes, quand ils sont d'intelligence avec eux et il y en a actuellement plusieurs. En 1697, les prestres s'estant persuadez que le Curé vouloit faire venir des chantres étrangers, luy firent signifier l'ordonnance ci-dessus de 1647. La chose s'accommoda à l'amiable, parce que les prestres promirent de travailler, ce que le Curé demandoit uniquement.

En 1683, il y a eu arrest rendu au parlement en faveur du sieur Fremont, prestre originaire de Montsort, et habitué en Nostre-Dame, contre le sieur Foucher, prestre habitué à Saint-Léonard, au sujet d'une fondation de messes pour la dame des Autieux à Saint-Léonard. L'official de Séez, par sentence de 1681, avoit ordonné que le dit Foucher seroit préféré au dit Fremont pour la célébration des dites messes et avoit deffendu au dit Fremont d'exercer aucune fonction de ses ordres dans la ville d'Alençon, à cause qu'il n'avoit fait aparoitre d'aucun *exeat* de l'évèque du Mans. Le sieur Fremont avoit appelé comme d'abus de la dite sentence Et la cour prononce qu'il y a abus, et maintient le dict Fremont dans le desservice de la fondation.

En 1680, madame de Guise fonda cinq messes pour des prestres de la ville d'Alençon ou d'ailleurs. Quelque droit que le Curé aye sur cela, il n'est pas à propos qu'il s'en serve; quoique l'Évèque aye mesme reconnu ce droit dans la fondation de Madame de Guise, ainsy qu'il en écrit en 1697.

De temps immémorial, les prestres de l'une et l'autre église ont pris Sainte-Cécile pour leur patronne.

Ils ont un *Roy* (1) entre les prestres tour à tour selon le rang de leur ordination, qui fait l'office et donne le pain bénit. Il fournit les cierges de l'autel et le thrésor donne les ornements.

(1) Rui s'est dit autrefois de celui qui était le supérieur, le premier ou le juge en quelque corps et compagnie.   (*Dict. de Trévoux*).

C'estoit en la chapelle de Sainte-Cécile, qui est la première du costé du prieuré, que les prestres de Nostre-Dame faisoint leur office jusqu'en 1695, auquel temps le Curé voulut réunir tous les prestres de la paroisse et, au lieu de Sainte-Cécile, leur faire prendre la Vierge au jour de sa Présentation. Cela se fit cette année. Les prestres de Saint-Léonard se trouvèrent à Nostre-Dame et l'office fut solennel au maître-autel avec prédication.

Le Curé estoit le *Roy* et régala tous les prestres. Mais ceux de Saint-Léonard ne lessèrent pas de faire leur feste de Sainte-Cécile le lendemain et l'année suivante. Ceux de Nostre-Dame reprirent aussy leur feste de Sainte-Cécile et, au lieu de la chapelle ordinaire, ils voulurent la faire au maître-autel; le Curé ne le vouloit pas; cela forma une contestation qui fut portée devant Mr l'Évèque et qui fut réglée par écrit, de manière que les prestres convinrent avec le Curé que dans la suite ils ne fairoint le dit office au maître-autel, que de son consentement, ou autrement qu'ils conviendront ensemble d'un autre lieu plus commode que la chapelle de Sainte-Cécile. En conséquence de quoy, le *Roy* va trouver le Curé avant la feste, pour lui demander son agrément, de manière qu'en 1718, le prestre Duval Laisné qui estoit *Roy* y ayant manqué, le Curé l'empescha de dire complies, par où commence le dit office de Sainte-Cécile (parce que le Curé dit les vespres de la Présentation, aprez lesquelles le *Roy* de Sainte-Cécile dit complies). Mais le dit Duval, estant venu voir le soir le Curé, la chose fut restablie et il dit le jour grande messe, vespres et lendemain messe de *requiem* selon l'ordinaire, le tout solennellement. En 1719, les prestres de Nostre-Dame prièrent le Curé de trouver bon qu'ils chantassent matines ce jour-là. Le Curé y a consenti. Il faut observer que quand la Sainte-Cécile se trouve en un dimanche, le Curé dit la messe paroissiale et vespres à l'ordinaire et les prestres chantent leur office aprez. Voyez page 81.

En 1774, le nommé Alexandre de la ...., de la paroisse de Bure, s'estant fait ordonner sous-diacre par l'évèque de Séez comme habitué en l'église de Saint-Léonard d'Alençon, ainsy qu'il est porté dans les lettres d'ordination, le Curé luy fit faire deffenses par un huissier de porter le surplis et faire aucunes fonctions ecclésiastiques dans les églises de sa paroisse, par ce qu'il estoit deffendu par l'ordonnance de l'évèque de Séez de 1647 de recevoir aucun prestre étranger. On ne dit pas quel effest eut cette deffense.

Dans la visite de 1618, l'Évêque ordonne que les prestres soint habillez d'habits modestes et séants à leur qualité et condition ; avoir leur couronne (1) sur la tête, leur deffend d'aller boire ny hanter les tavernes du dit lieu d'Alençon, à peine d'excommunication dès à présent déclarée.

Dans la visite de 1708, il y a plusieurs reiglemens généraux pour les ecclésiastiques et en particulier il est deffendu à tous ceux qui sont dans les ordres sacrez et bénéficiers de paroitre en public dans la ville et le lieu de leur résidence sans soutanne, permis seulement en voyage de porter des soutanelles sans poches, ny en forme de justaucorps de couleur noire ; tout autre habit et toute autre couleur leur estant interdits.

Item. Il est deffendu, sous peine de suspense encourue par le fait, de célébrer la messe avec une soutanne sans manches, ny sans une soutanne entière et modeste et pareillement de laisser dire la messe à tous prestres du diocèse ou d'ailleurs, sans une soutanne entière et décente.

L'arrest du parlement pour le Curé de Saint-Jacques de Lisieux en 1662 ordonne que le Curé recevra les prestres habituez qui seront chargez des fondations, qu'il prendra ceux qui sont nés et régénérez en la paroisse autant que se poura, que les prestres tant habituez qu'autres seront obligez de porter obéissance au Curé et aux vicaires, se rendre aux heures réglées pour faire les services auxquels ils seront tenus sans s'en pouvoir absenter sans cause légitime reçue par le dit Curé ou son vicaire en son absence, que les prestres qui manqueront à leur devoir et obéissance seront par le dit Curé privez de leur habitude par provision, jusqu'à ce que par l'Évêque y soit autrement pourvueu.

Dans un mémoire d'inhumation en 1612, il est employé pour neuf prestres à chacun 3 s. pour celuy qui a fait la visite au malade 20 s., à cinq enfans de chœur 5 s. Dans le reiglement de 1651 aux prestres qui assisteront aux inhumations et services d'une grande personne 8 s., d'un petit enfant 5 s., pour le diacre et sous-diacre outre le droit d'assistance comme les autres pres-

(1) Couronne se dit de la tonsure cléricale que l'on fait sur le haut de la tête des ecclésiastiques.   (*Dict. de Trévoux*).

tres à chacun deux sols six den. Il sera libre aux parents des personnes décédées de prendre tel nombre des prestres habituez qu'ils voudront et à leur choix tant pour assister aux enterrements qu'aux services. Exortons les Curé et vicaires de prendre les dits prestres chacun à leur tour quand on leur en laissera la disposition.

En 1699, des prestres, députez par les autres, prièrent le Curé de trouver bon que le service de la Sainte-Cécile fut célébré le dimanche au grand autel et que leur messe haute servit de paroissialle, ce qu'il accorda sans tenir à conséquence. Dont acte fut dressé et signé.

En 1700, les prestres de Saint-Léonard concertèrent de faire l'office de St-Hyerosme au lieu de Sainte-Cécile; ils en avertirent le vicaire qui, l'ayant dit au Curé, respondit qu'il n'approuvoit pas une innovation, et qu'elle ne se devoit faire que de son consentement; pour quoy il deffendoit au vicaire de l'authoriser. Ce quy ayant esté raporté aux prestres, ils concertèrent d'assister en surplis à une messe basse qui seroit célébrée au maître-autel par le *Roy*, qui estoit le prestre de Lacour, homme séditieux et autheur de cette nouveauté. Et la chose fut ainsy exécutée. Et on dit qu'estant assemblez ensuite pour un repas, ils bénirent dans leur chambre le pain, qu'ils n'avoint osé bénir dans l'église.

Arrivant ensuite le jour de la Sainte-Cécile, le sieur vicaire et quelques prestres et clercs, qui n'avoint pas esté de la Saint-Hyerosme, firent leur feste à l'ordinaire.

En 1721, le dimanche avant la Saint-Hyerosme, quatre prestres de Saint-Léonard, députez par les autres, vinrent trouver le Curé pour le prier de trouver bon qu'ils fissent la Saint-Hyerosme en la place de Sainte-Cécile, disant que, les maîtres des corps de métier estant en liberté de choisir leurs patrons, on ne devoit le refuser à des prestres. Le Curé y consentit pourvuen qu'on luy apporta le consentement par écrit des autres prestres, ce qui ayant esté exécuté, le Curé a consenti à la Saint-Hyerosme qui a esté solennellement célébrée.

Dans le règlement fait par l'Évêque de Coutances, le 14 janvier 1682, et homologué le 26 janvier 1683, il est ordonné : art. 3, que le vicaire aura en la préséance et le pas tant en la présence qu'absence du Curé, et part à tous les profits de l'église, soit obits ou casuels, par préférence à tous les autres prestres.

6

Art. 7, que tous les prestres de la dite église conformement aux arrest de la cour seront tenus s'employer aux administrations des sacrements et autres fonctions ecclésiastiques, selon les ordres qui leur seront donnez par le sieur Curé ou son vicaire dans le temps où les autres engagemens de leur ministère ne leur pouront pas permettre d'y satisfaire.

Art. 22, deffendons aux ecclésiastiques de commencer ny faire aucun office dans la dite église que par l'ordre du dit sieur Curé ou de son vicaire.

Art. 24, nous ordonnons aux dits ecclésiastiques de porter honneur, respect et aubéissance au sieur Curé et à son vicaire.

DES SERVITEURS D'EGLISE

—

L'église de Nostre-Dame a eu différents serviteurs en différents temps. Il paroit par les comtes qu'antiennement il y avoit des clercs gagez par le thrésor, à qui le thrésor fournissoit des habits ecclésiastiques et qui avoint soin de nétoyer l'autel et de faire autres fonctions semblables.

Dans les comtes de 1637 à 1639, il est ordonné que, si le clerc ne fait son devoir, il en sera establi d'autres par le Curé. Cela a cessé depuis environ 40 ans que l'église est servie par des gens laïques. L'usage en a varié, il y en a eu tantost plus ou moins avec différents gages.

En 1580, à raison de l'augmentation du distric de Nostre-Dame par le retranchement de celuy de Saint-Léonard, on augmenta le nombre des serviteurs d'église et on les chargea de porter le dais lorsqu'on porteroit le saint viatique, dont ils n'estoint pas chargez auparavant.

En 1694, il y avoit deux secrétains et deux bedeaux, un des bedeaux trouva moyen de devenir secrétain, de manière qu'il y eut trois secrétains et un bedeau en 1695. Cela a duré jusqu'en 1710, auquel temps estant venu à mourir un des dits secrétains, fut réglé par le Curé et les thrésoriers qu'on partageroit les gages du secrétain mort pour en donner la moitié à un second bedeau, et l'autre moitié à un clerc qui fairoit plusieurs de leurs fonctions en surplis comme le port de la croix, l'assistance aux sacrements, etc.

Cela a duré jusqu'en 1718 et 1719 qu'il est mort un nouveau secrétain et un bedeau. On a remplacé le secrétain, mais le bedeau ne l'est pas encore.

Les dits serviteurs de l'église sont nommez par le Curé et les marguilliers. Cela paroit par l'ordonnance de 1657, dont il est parlé cy-dessus, par la commission de François Pottier en qualité de secrétain en 1655 donnée par le Curé et les trois marguilliers et ensuite confirmée par le Curé suivant en 1671 et ensuite par les Curés suivants en 1679, 1680 et 1695.

Item par la commission de secrétain donnée en 1697 à Sébastien de Coinon par le Curé et les trois marguilliers. Celle pour l'église de Saint-Léonard était conforme.

Les gages des dits serviteurs ont varié. En 1694, les secrétains avoint chacun 45 l. de gros, outre plusieurs rétributions annuelles que le thrésor payoit pour les tentures des festes, le service des messes, etc. Ce qui faisoit beaucoup d'articles dans les comtes ; on a réduit tous ces articles en 1710 et, au lieu de 45 l., on a fixé leurs gages à 60 l. pour tout, parce qu'ils sont obligez de fournir à leur dépens plusieurs choses nécessaires à l'église, comme pelles, civières, balais, vers de lampe, etc. Ce qui s'exécute. Ils ont en outre leurs casuels des services, inhumations, tentures et sonneries pour les morts, etc., qui leur valent mieux que leurs gages.

Celuy qui a esté receu en 1719 n'a que 30 l. de gages et partage en tiers avec le premier sécretain et le clerc tous les casuels. Il n'a pas encore de pourvueu. Le bedeau n'avoit originairement que 18 l. de gages ; on l'a augmenté depuis 20 ans jusqu'à 24 et, comme on chargé le second bedeau de mettre les mandiants hors l'église les festes et dimanches et mesme les matins des jours ouvriers, on a augmenté ses gages jusqu'à la somme de 36 l. Il n'a pas encore de commission, ce 10 febvrier 1720.

A l'égard de Saint-Léonard, Nicolas Favien a esté receu en qualité de secrétain par M. le Curé, le vicaire et les trois thrésoriers en 1674. En sa place a esté receu son fils et sans participation du Curé qui, pour éviter ce procez, s'est contenté de mettre au bas de son pourvueu son agrément.

Le bedeau de Saint-Léonard a esté aussy receu sans le Curé,

il s'est contenté de mettre au bas de sa commission son consentement. Il arriva, en 1714, que deux marguilliers ayant destitué le
nommé de Lacour, bedeau, et ayant donné sa robe à un autre,
le dit bedeau se pourveut au bailliage et intervint sentence le 23
août 1714, par laquelle le dit bedeau, qui avoit esté destitué sans
apeler le Curé et en l'absence d'un des thrésoriers, est restabli
par provision et attendu le partage des avis des sieurs Curé et
d'un des thrésoriers avec les deux autres, ordonne que le dimanche suivant sera assemblé le *Général* en la dite église où on déli-
bèrera sur le dit bedeau. Et le dimanche 2e décembre estant
tenue la dite assemblée, où présidoit M. le lieutenant général,
dans la sacristie, le bedeau Lacour a esté maintenu et conservé.

Il est d'usage que le bedeau de Nostre-Dame conduise et
reconduise le Curé aux offices publics. Cela se faisoit de mesme
à Saint-Léonard et le bedeau le venoit prendre à son presbytère
pour le mener à la dite succursalle, quand il le jugeoit à propos.
Cela a duré jusqu'en 1710 que les marguilliers deffendirent au
bedeau de suivre la coutume, sous le prétexte qu'estant seul à
l'église il y estoit nécessaire ; le Curé en porta sa plainte à
l'Évèque avec plusieurs autres. L'Évèque, dans son acte de visite
de 1713, ordonna que quand le Curé voudra se trouver à quelque
office public dans la dite église, il se faira conduire, s'il veut, par
le bedeau de l'église paroissialle jusqu'à cette église, où le bedeau
de Saint-Léonard sera obligé de le conduire par tout où il ira
dans la dite église et le conduire jusqu'à la porte d'icelle lorsqu'il
le reconduira.

Le Curé s'estant consulté sur cet article à M. le Chevallier,
advocat du parlement de Normandie, il respond : *Il auroit esté
plus convenable que le bedeau eut esté tenu de reconduire le
Curé jusqu'à la première maison du territoire de la succursalle
la plus proche de l'église, mais on ne conseille pas au Curé d'en
demander plus qu'il ne luy en a esté accordé. Car il n'y a pas
de loy particulière pour cela sur laquelle il put se fonder.*
Cela s'exécute.

A l'égard de Courteilles, il n'y a qu'un secrétain qui a 15 l. de
gages. Il est choisi par le Curé de l'agrément des habitants.

Il y a un acte passé en 1579 par devant Guillaume F. Soüillard,
élu en l'élection d'Alençon, en l'église Nostre-Dame à la rédition
du comte de Olivier, chapelain-thrésorier de la dite église, par

lequel il est ordonné, du consentement du procureur du roy en
l'élection et des paroissiens, que pour l'avenir, les deux serviteurs
de la dite église auroint par chacun an la somme de 23 l. pour
leurs gages tant ordinaires qu'extraordinaires pour tendre les
tapisseries : *netir* (1) tour les mois sur les chapelles, le portail,
blanchir le linge du thrésor, galleter et sonner selon la coutume ; faire porter la tasse aux bourgeois (2), aller quérir les tapisseries par la ville, les tendre aux bonnes festes et reporter, metre
les tables et courtines de la communion de Pasques et autres festes extraordinaires, nétoyer les images de cuivre, les tasses et
chandeliers et l'encensoir, fournir de jong et feuilles à la Pentecoste et feste Dieu ; porter la paille de la grange dixmeresse jusqu'en la dite église ; aller emprunter les cornes de cerf à servir de
chandeliers à la nuit de Noël ; paver toutes les fosses ; porter la
terre et pavé pour paver en icelle église.

Il est accordé de plus à un des dits serviteurs 20 s. par an pour
fournir de pelles pour faire les fosses. Cet acte a esté signifié à
Me François Pelard, prestre et Hommey, serviteur en la dite
église et secrétain à la requeste de sieur Lenoir, thrésorier, le
3e janu. 1626 par Clouet Sergeant.

Par laquelle signification, il paroit qu'il y avoit un prestre
secrétain qu'on vouloit assujetir à ce que dessus nommé Pelard.

Les dites fonctions sont encore presque les mesmes excepté
que les secrétains ne sont pas chargez du blanchissage du linge,
ne mettent plus les tables et courtines pour la communion, plus
de paille en l'église, ny cornes de cerf, ces usages ont changé.

Le bedeau de Saint-Léonard avoit toujours coutume de prendre le vicaire chez luy pour le conduire à l'église, lorsqu'il va
faire son prone. Les marguilliers, estant mal avec luy, deffendirent au bedeau de le faire davantage en 1715.

Dans un mémoire d'inhumation de 1612, il est employé pour

---

(1) Netir : Nettoyer (L. du Bois. *Glossaire du patois normand*).

(2) Tasse se dit d'un vaisseau plat avec de petits rebords qui sert aux offertes
des enterrements et à quêter dans les églises. On ne laisse pas de dire qu'on a mis
dans la *Tasse*, quoiqu'on quête avec de petites porcelaines ou même avec des
bourses.   (*Dictionnaire de Trévoux*).

On envoyait le plat à celui ou celle qui devait quêter. Le règlement de l'hospice
d'Alençon du 11 juillet 1536 condamnait à une amende de cent sous celui qui
refusait de recevoir le *plat des pauvres* que le clerc de ville lui portait.

(*Archives de l'Hospice*).

avoir sonné les clochetes 5 s., pour avoir sonné à l'enterrement et à la grande messe 7 s. 6 d., pour la façon de la fosse 7 s. 6 d.

Dans le réglement de 1651, il est écrit aux secrétains pour la sonnerie ordinaire aux enterremens 10 s., pour la sonnerie extraordinaire coup à coup jour et nuit 40 s., pour le port du biard (1) 2 s. dans la ville et 3 s. dans les fauxbourg, pour l'ouverture de la fosse, façon et repavage 15 s., pour le service du trentain ou pour avoir sonné la veille aux messes et le lendemain aux messes 15 s., pour la sonnerie extraordinaire pendant 24 heures coup à coup jour et nuit sans intermission 2 l., aux clercs chacun 2 s. 6 d. pour leur assistance, pour paver et dépaver la fosse huit jours durant au sacriste 15 d. par jour, dont il baillera la moitié aux secrétains qui fairont la dite fonction à sa décharge.

DU SACRISTE DES ÉGLISES ET SACRISTIE

—

Il y a eu de la contestation sur la nomination du sacriste de Nostre-Dame.

En 1670, Jean Boucher, prestre sacriste, associa avec luy Jean Goujon, prestre. Le dit Goujon se présenta aux grands vicaires de Seez pour demander qu'après le décès du dit Boucher, il fut receu pour continuer l'exercice de la dite charge ; ce que les grands vicaires accordèrent. Ensuite le dimanche 2e mars 1670, il fut dressé un acte par le Curé, les thrésoriers, eschevins, officiers et habitants de la ville par lequel ils agréent le dit Goujeon, et ayant sur cela présenté sa requeste à M. le lieutenant général, il le receut et l'authorisa de faire les fonctions de la dite charge conjointement avec le dit Boucher et seul après la mort, ce qui a esté exécuté. Le dit Goujeon estant mort en 1694, S. A. R. Madame de Guise nomma M. Jean Chené pour cette fonction.

Le lieutenant général, sur la requeste présentée par les marguilliers, la Cure estant vacante, fit dresser inventaire des ornements d'église et installa le sieur Chené ; mais l'Évêque l'ayant

(1) Biard ou Blard : sorte de civière pour transporter les morts (Louis du Bois. *Glossaire du Patois normand*).

sceu, écrivit au sieur Guilloré, prestre vicaire, un des marguilliers et se plaignit de ce que on n'avoit pas suivi l'usage observé en l'élection des sacristes précédents et surtout de celle du sieur Goujeon, qui n'avoit receu son approbation du *Général* qu'ensuite de l'ordonnance de l'Évèque; que cependant, si S. A. R. veut choisir le dit Chené, il faut qu'il luy présente sa requeste sur laquelle il luy donnera son institution pour le faire ensuite approuver par le *Général*.

On n'eut pas d'égard à cette lettre ; le dit Chené ne présenta pas sa requeste mais le dit Évèque, ayant eu en main son installation par le lieutenant général, écrivit au-dessous : qu'encore bien que le coutume et l'usage ayt esté que celuy qui prétendoit estre sacriste de l'église Nostre-Dame, luy présenta sa requeste, receut son institution et ensuite la confirmation du *Général*; néanmoins par respect pour S. A. R., qui probablement n'avoit pas esté informée de cet usage, reçoit le dit Chené pour sacriste pour autant de temps qu'il s'en acquitera à la satisfaction du public, ce 20 juillet 1694.

Le dit Chené ayant esté fait vicaire de Saint-Léonard, il a commis en sa place M. Paul Manson, prestre, et retient toujours le titre et la nomination du sacriste de Nostre-Dame.

Le sacriste, outre ses fonctions génералles pour le service de l'église, estoit obligé de temps immémorial de chanter un salut tous les jours à cinq heures en esté et à quatre heures en hyver. Le salut se chantait à la chapelle de Saint-Sébastien et consistoit en une antienne en l'honneur de ce saint. Ce salut ne subsiste plus depuis 1680, parce que le Curé obligea les chapelains de S. A. R. de faire tour à tour la prière du soir mesme avec la bénédiction du Saint-Sacrement dans le saint ciboire et une lecture. Ce qui s'observe encore à l'exception de la bénédiction du Saint-Sacrement qu'on a retranchée à cause que le peuple ne s'y trouvoit pas avec assez d'abondance.

Le dit Goujeon prétendoit qu'il estoit en droit de percevoir deux sols par chacune des publications des bans de mariage, de monitoires et autres ; et comme le Curé Chenard, mécontent du dit Goujeon, luy avoit osté ces publications pour les donner au sieur Guilloré, vicaire depuis Pasques 1693, le dit Goujeon fit assigner Guilloré à l'officialité pour luy restituer ce qu'il avoit receu des dites publications, prétendant que le droit de 2 s. luy en estoit deub, suivant le registre qu'il en avoit, pour parer la chaire, écrire sur le registre les dites publications, respondre les prières ordinaires qui se font au prone, fournir et porter les bougies lors de la fulmination des querimonies, en offrant prouver sa posession et celle de ses prédécesseurs, faisant deffenses au dit Guilloré de les recevoir à l'avenir, ny de le troubler en la dite charge, fait le 2e avril 1693. Son A. R. madame de Guise arrêta cette procédure et moyennant quelqu'argent qu'elle fit donner au dit Goujeon, libéralement, le dit Guilloré continua les publications jusqu'à la mort du dit Goujeon en juin 1694.

Quand le nouveau Curé arriva en juillet 1694, il trouva que le dit Guilloré percevoit les dits droits de publication et cela a duré pendant deux ans que le dit Guilloré a resté à Alençon, mais en estant sorti, le Curé a commis différents prestres qui ont fait les dites publications, sans qu'il leur aye rien donné ; cela ne leur estant pas deub, que par reconnaissance.

A l'égard des émoluments de la dite charge de sacriste, les antiens de temps immémorial n'avoint que six livres de gages annuels. En 1673, le dit Goujeon demanda aux marguilliers d'augmenter ses rétributions jusqu'à la somme de vingt-cinq livres. Les 19 l. d'augmentation estoint pour le salut comme il y paroit par le comte de 1675.

Par l'ordonnance de Seez pour la sépulture, le sacriste doit avoir à chaque inhumation pour son droit accoutumé 10 s., pour parer l'autel 10 s., et 8 s. pour assistance à une grande personne et 5 s. pour un enfant.... (1), fut establi par S. A. R., en 1710 estant décédé, le *Général* s'assembla aprez la grande messe du dimanche, où en présence du Curé, des marguilliers et du lieutenant général maire, on choisit le prestre Héron à la pluralité des voix. Ses fonctions sont comme celles de celuy de Nostre-Dame. Il continue de faire le salut tous les soirs à la fin du jour en hyver et en esté sur les six heures, qui consiste en quelques antiennes. Autrefois on disoit l'antienne de Saint-Sébastien, à présent on dit celle de Saint-Léonard et on a introduit une lecture. Il a..... de gages outre ses casuels comme celuy de Nostre-Dame.

Le sacriste ne doit fournir aucuns ornements que pour les services de paroisse.

(1) Il manque ici un feuillet au manuscrit. V. la note p. 14.

Le vicaire avoit cy-devant une clef de la sacristie qu'on luy a retirée depuis six ans.

La sacristie de Nostre-Dame en 1618 estoit dépourveue de toutes sortes d'ornements et de linges et on attribua dans l'acte de visite cette indigence au pillage des Huguenots. Il restoit seulement à Nostre-Dame et à Saint-Léonard une vieille grande chape à fond d'or qui avoit esté donnée par la duchesse d'Alençon (1), celle de Nostre-Dame estoit si mauvaise qu'on la brusla en 1694 et celle de Saint-Léonard subsiste encore. L'indigence de la sacristie a duré, jusqu'à l'arrivée de S. A. R. madame de Guise, duchesse d'Alençon. En 1678, elle donna des ornements de toutes couleurs dont elle fit une partie de ses mains avec ses femmes. Il y en a de magnifiques. Son exemple a engagé des personnes pieuses, à en faire d'autres depuis et à donner du linge et des dentelles, de sorte que la sacristie est à présent fort bien fournie.

L'encensoir d'argent a esté donné par M. de Ray, lieutenant général, il y a environ 70 ans pour l'amortissement de la fieffe de son banc.

Le calice de vermeil, les 2 burettes et le petit bassin ont esté donnez par Me Jullien Pasquier second, dit la grande barbe, avec deux chasubles pour la fondation de deux messes. Il y a environ cinquante-cinq ans.

Le vase d'argent, qui contient les trois ampoulles des saintes huiles, a esté donné par Jean Mauger, thrésorier comtable. Il y a environ soixante ans, le soleil a esté acheté par le thrésor, il y a environ .... ans. On se servoit auparavant d'un ciboire à la manière des Capucins.

Le chandelier d'argent à six branches pour mettre devant le Saint-Sacrement a couté environ 380 l. dont la dame Musserotte, vefve Thomas Le Comte, a donné 300 l. sans charge, le reste a esté payé par le thrésor il y a environ 15 ans. L'instrument de paix et le Christ d'argent sur une croix d'ébène sont à peu prez de ces temps-là Le Christ a esté donné et l'instrument de paix

(1) Cette chape était faite du manteau ducal de Marguerite de Lorraine. L'or en fut fondu en 1759 par un orfèvre, Jacques Hébert, père du trop fameux *Père Duchesne*, qui était en même temps trésorier de la fabrique, et l'argent qu'on en retira fut employé à acheter un autre ornement.

(Abbé Hommey. *Saint-Léonard d'Alençon*).

eschangé avec d'autres argenteries inutiles du thrésor. Les quatre chandeliers d'argent de l'autel proviennent du testament de feu M° Laborie, prieur d'Alençon, mort il y a environ douze ans. Il avoit donné par son testament 2000 l. pour six chandeliers et une croix ; mais comme ils auroint esté trop petits, du consentement des exécuteurs testamentaires, on s'est contenté de ces quatre qui ont coûté environ 2.700 l.

Les deux chandeliers qui servent aux acolythes appartiennent au Curé qui les a fait faire il y a environ 15 ans, ils reviennent à 900 l.

Pour Saint-Léonard, la sacristie estoit dans la mesme indigence, S. A. R. y a donné l'ornement blanc pour les grandes festes, et depuis à son exemple, des personnes pieuses y ont donné différents ornements. Le soleil a esté fait par des aumosnes particulières, il y a environ 12 ans ; on se servoit auparavant d'un ciboire en la manière des Capucins.

Pour Courteilles, il y manque beaucoup d'ornements.

Dans la visite de 1708, l'Évèque ordonne qu'on aura une custode d'argent doré en dedans pour le saint viatique et un bénitier de cuivre. Cela a esté exécuté. Qu'on aura un drap mortuaire, un dais pour porter le viatique, trois devant d'autel noir, verd et violet ; cela n'a pas esté encore exécuté.

En 1649, il a esté ordonné par l'archidiacre qu'on donneroit au sacriste de Nostre-Dame 20 l. pour avoir un surplis. Cela a esté exécuté. Et depuis il paroit dans les comtes que jusqu'à présent, le thrésor a fourni un surplis qui sert au vicaire, au sacriste et autres pour l'administration des sacrements.

Dans le reiglement de 1651, il est accordé au sacriste aux enterrements pour son assistance à l'enterrement d'une grande personne 8 s., d'un enfant 5 s., pour son droit 10 s., pour parer l'autel 10 s., pour la semonce qu'il fait 10 s. ; aux trentains et services solonnels pour son droit 10 s., pour son assistance 10 s., pour paver l'autel 10 s., pour la semonce 10 s.

En 1623, M¹¹ᵉ Thérèse le Coutelier de Bonnebos a donné un encensoir d'argent qui a couté 450 l. ou environ, un bénitier d'argent qui a couté 820 l., deux flambeaux avec ses armes qui valent environ 300 l. Elle a donné en outre un ornement consistant en chasuble et tunique avec des bandes de tapisserie pour servir aux 1ᵉʳˢ jeudis du mois ou autres.

Item, une écharpe de damas rouge avec fleurs d'argent garnies de dentelles et frange d'argent doublée de tafetas blanc.

Item, un daix de la mesme étoffe garni de frange et dentelle d'or et d'argent.

Item, de quoy faire trois chapes de damas blanc à l'exception des orfrois et chaperons qui ont esté donnez par Madame de Boullemer, vefve de Monsieur le lieutenant général (1).

En 1623, on a fait faire une croix d'argent pour ajuster sur le pied du chandelier à six branches. Cette croix a couté 510 l., dont 100 l. ont esté donnez par d^lle Le Mercier, vefve du sieur Le Mercier, garde cy-devant de M. l'intendant, et le restant provient du don de feu Mlle Le Coutelier de Bonnebos. Comme le Christ de cette croix estoit trop petit, on l'a changé contre celuy qui estoit sur la croix d'ébène.

La dite d^lle de Bonnebos a encore donné de quoy faire trois aubes pour le service de M. le Curé, une unie et deux avec du point et un ornement noir à son service et destiné aprez sa mort pour la confrerie du rosaire.

Les thrésoriers en considération des dons faits par Mlle de Bonnebos ont ordonné à perpétuité deux services et plusieurs messes le tout montant à 30 l. de rétribution comme il est porté par les délibérations de 1725.

En 1624, dame Marie Godichon, vefve de feu Me Rolland Gilbert, officier au bureau des finances, de la paroisse de Montsort, a donné un fil de perle estimé viron 500 l. pour orner le soleil, et y a servi pour la première fois, le dimanche de la quinquagésime.

En 1627, la dite d^lle de Bonnebos a donné au thrésor de la dite église une petite aiguière d'argent et avec un bassin aussy d'argent, achetez ensemble quatre cent trente-cinq livres, que la dite d^lle avoit donné ordre de donner avant sa mort. Les dits bassin et aiguière pour servir aux cérémonies de la dite église et au lavabo des festes principalles.

---

(1) Jacques de Boullemer, sieur de Tiville, lieutenant général du bailliage, maire d'Alençon, mourut le 1er août 1713. (Brière. *Hist. d'Alençon*, ms. p. 44).

DES CHANTRES

—

Il n'y en a pas de fondez dans les églises. Ceux qui en font la fonction, la font gratis, c'est le curé qui les y engage, et c'est une de ses plus grandes peines. Ils n'ont que quelques casuels fort modiques. Ils sont préferez aux autres prestres dans les services et inhumations, et leur rétribution est un peu plus forte que celle des autres.

Dans la visite de 1618, il est parlé d'un musicien en Nostre-Dame, qui avoit 20 l. par an, il a cessé en 1650. Dans le comte de 1662, il paroit qu'on donnoit quelques gages aux chantres ; cela n'a pas eu de suite.

Le thrésor leur donnoit antiennement des bougies pour chanter les matines les jours de Toussaints, des Morts, de la Conception, de Noël, de la Circoncision, de l'Epiphanie et de la Purification. Depuis environ 20 ans, au lieu de bougies, on leur donne à chacun 10 s. pour chaque feste.

Item aux prestres qui chantent la Passion, au lieu de vin qu'on leur donnoit antiennement, on leur donne à chacun 10 s. ; ce qui se fait depuis longtemps. Le Curé se peut faire payer comme les autres ; car, dans le comte de 1645, il est employé pour le vin du sieur Curé et autres qui ont droit d'en percevoir à cause des services qu'ils rendent.

Les chantres de Nostre-Dame sont ordinairement en contestation avec ceux de Saint-Léonard pour le pas ; quand ils n'ont pas de chape, chacun garde son rang d'ordination, à l'exception de ceux qui chantent en procession comme aux Rogations, qui marchent avant les vicaires. Mais, quand ils sont en chape, quand ceux de Saint-Léonard sont plus antiens prestres que ceux de Nostre-Dame, ils veulent avoir le premier pas. Il a esté reglé plusieurs fois par les Évèques et les grands vicaires, que les chapiers, qui portent les chapes du chœur et les ornemens conformes à ceux de l'autel, doivent marcher immédiatement avant les officiers de l'autel. Mais ceux de Saint-Léonard ont peine à s'y conformer. Voyez art. des prestres.

Dans un mémoire d'enterrement de 1612, il est employé pour l'épitre et évangile, 2 s.

DU REVENU DE LA CURE

—

Le revenu de la cure d'Alençon varie chaque année; il est toujours modique, et ne va, années communes, ordinairement qu'a mil ou 1200 l. y compris les messes.

Il consiste en portion congrue, une rente de 25 l. sur le domaine pour la fondation des messes et l'indemnité du monastère de Sainte-Claire, une rente de 55 l. sur le mesme domaine pour la confrairie de la Conception, dont il ne revient au Curé que 31 l., item huit l. de rente foncière en deux parties, sur les héritiers de deffunct René du Hamel, sieur du Parc, reconnue par sa vefve le 12 décembre 1713, lesquelles rentes sont aprésent tombées en partage dans le lot du sieur de la Saussaye, marchand à Paris.

Item environ trois quarts de terre scituée en la paroisse de Mieuxcé. Et il faut observer que de ces deux rentes de 8 l et du morceau de terre de Mieuxcé, le Curé en jouit en diminution de sa portion congrue, et depuis 4 ans, il a abandonné le dit morceau de terre pour la somme de 2 l. au sieur Prieur, gros décimateur.

Item en novalles qui peuvent produire environ 20 l. par année.

Item en casuels des trois églises qui consistent dans les droits de mariage, d'inhumations, de relevailles, de la délivrance des extraicts, cires, baise main aux baptesmes et autres cérémonies, oblations aux messes solennelles, et sur les autels, droits de Pasques, les retributions des confrairies, etc. dont on parlera en détail tant dans cet article que dans les suivants.

Les deux rentes foncières sur les héritiers de du Hamel, dont l'une est de 6 l. et l'autre de 2 l. appartiennent à la cure d'Alençon et échéent à la Toussaints. Il y a une reconnaissance en 1630 en faveur de Jullien Paquier, curé, pour la dite rente de 8 l. que font les heritiers de Charles Moysy, à cause d'une maison assise sur le carfour du puis des forges exploitée par Jacob Taunay.

En 1636, dans les lots et partages des biens de M. Bonaventure Duval, sieur de Clerbuisson, le deuxième lot est tenu de payer

6 l. aux héritiers de Moysy ou autres à son droit et 2 l. de rente que le Curé d'Alençon prétend luy estre deubs par les successeurs du dit Duhamel ; le dit deuxième lot est échu au sieur Jacques Duhamel, advocat, et à Marie Duval, sa femme. Le 26 may 1674, le Curé reçoit de Marguerite Duval, vefve Jacques Duhamel, au nom de Thomas Duhamel son fils, par quittance par devant notaires, la somme de 16 l. pour deux années des dites rentes, comme dues au Curé d'Alençon. En décembre 1713, femme Duval, vefve René Duhamel, donne pareille quittance par devant notaire. Depuis la mort de la dite Jeanne Duval arrivée depuis deux ans, ces rentes sont échues au lot du sieur de la Saussaye comme ayant épousé la fille de la dite Jeanne Duval.

La terre de Mieuxcé contenant environ demi journeau en la paroisse de Mieuxcé au réage de Touret, on n'en a aucun autre titre qu'un bail passé par le Curé à Nicolas Pillon par devant notaires en mars 1665 à cinq boisseaux d'avoine et de méteil et puis le gueret. Il y a environ 15 ans que le dit Pillon n'en voulut plus qu'à quatre boisseaux ; le Curé a esté obligé de l'affermer verballement à d'autres qui ont mal payé et enfin la remit au Prieur qui diminuoit pour cela 2 l. sur sa portion congrue.

Les 25 l. sur le domaine sont payez par le receveur du domaine autrefois de six en six mois, et aprésent au commencement de l'année suivante, de mesme que les 55 l. pour la confrairie de la Conception et le receveur retient 10 ou 20 s. pour le droit de quittance.

En 1667, il fut ordonné par arrest du Conseil que les propriétaires des charges locales assignées sur les domaines du Roy representeroint au bureau des thrésoriers les titres pour en jouyr, pour en estre dressé estat et estre envoyé au conseil de S. M. En conséquence de quoy, le Curé représenta les titres concernants 80 l. de rente qu'il a droit de prendre sur la recepte du domaine d'Alençon, tant pour luy en sa qualité de chef chapelain de la chapelle de la Conception, que pour les prestres et enfans de chœur, 25 l. pour le chef chapelain, 28 l. 10 s. pour les prestres et 30 s. pour les enfans de chœur, et 25 l. concédez par la duchesse à cause de la fondation de 3 messes et autres causes contenues au traité, fait le 6 avril 1510.

Les titres que le Curé représenta sont :

1° Une coppie, collationnée le 5ᵉ juin 1657 sur les originaux en parchemin estant au monastère des religieuses Sainte-Claire, d'un contract du 6 avril contenant une transaction entre le Curé Magnen (1) et les dites religieuses au sujet de l'établissement de leur monastère, pour lequel indemniser la duchesse d'Alençon donne 25 l. de rente sur son domaine, parce qu'aussy le Curé sera tenu de dire trois messes par chaque sepmaine. La ratification de Charles, duc d'Alençon en 1516.

2° Un extrait du double des comtes de la recepte et dépense du domaine d'Alençon en 1537, rendu en la chambre des comtes en 1539 le 28 avril, dans lequel est passé en dépense, sous le nom de Jean Tessier, chapelain de la messe de la Conception fondée, le 24° octobre 1487, par le duc René, 27 l. 15 s. pour demi année, moitié de 55 l. 10 s. qu'il leur est ordonné prendre chacun an aux termes de Pasques et de Saint-Michel et sous le nom de Mathurin Quillet, curé, 12 l. 10 s. pour moitié de 25 l. aux termes de Pasques et de Saint-Rémi. Le dit extrait tiré du bureau d'Alençon.

3° Extrait de la dépense du domaine pour l'année 1585, Arriéré de la chambre des comtes, le 13 juillet 1598, dans lequel est employé, sous le nom du Curé, chapelain, prestres et enfans de chœur de la chapelle de la Conception et présentation Nostre-Dome les fonds cy-dessus.

4° Les lettres de Monsieur le duc d'Orléans, d'Alençon etc., données le 4 septembre 1652, par lesquelles il donne et confirme à Me Jullien Paquier, curé, la chapelle de la Conception vacante par le décès de Me Péan, prestre.

5° Une ordonnance du bureau d'Alençon en 1667, par laquelle il est ordonné au receveur du domaine de payer au dit Curé les dites sommes.

De la représentation des quels titres le Curé requit acte qui luy fut donné par le dit bureau aux fins de l'employ des dites rentes sur le dit domaine et à ce moyen accordé main levée des saisies faites, fait le 15 mars 1669. On a cet acte qu'en coppie non signée

Les Curé et chef chapelain sont tenus de se présenter à la chambre des comtes, lors de mutation, et il paroit que, faute de

(1) Jean Le Maignen, professeur de théologie (O. Desnos. *Mém. hist. sur Alençon et sur ses seigneurs,* 2° édition, p 131).

l'avoir fait, le procureur général fit rayer dans le chapitre de dépense des comtes de 1664 et 1665 le dit article de 80 l., qu'à sa requisition on fit arrest de la dite somme pour les années suivantes entre les mains du receveur en 1675, jusqu'à ce qu'il en eut esté ordonné autrement par la Cour. On ne scait pas ce que le Curé et le chapelain fit sur cela, ny quelle procédure ont fait en la chambre des comtes les Curez suivants pour estre maintenus dans la jouissance des dits 80 l. dont ils jouissent depuis. Le secrétaire des commandemens de feu S. A. R. escrivit au Curé d'aprésent en 1694 quil avoit fait ce quil falloit pour quil fut payé des dits 80 l. et on croit quil fit enregistrer son visa en la chambre des comtes, dont il n'a pas entendu parler.

En 1625, frère Macé Bigot, religieux du couvent de St-Dominique d'Argentan resigne la cure d'Alençon à Me Salomon Tuaudière à 200 l de pension (1). Aprez la mort de Tuaudière suit Me Pierre Farcy qui la resigne à Jullien Pasquier à charge de 300 l. de pension, qui jointe à celle de 200 l. au frère Bigot fait celle de 500 l.

En 1646, Jullien Paquier curé resigne sa cure à Jullien Paquier son nepveu et se réserve 400 l. de pansion.

En 1662, Jullien Paquier curé cède à Pierre Le Comte prestre tous les droits, salaires, émoluments qui composent et appartiennent au dit curé pour les enterrements, luminaires, baptesmes, mariage et autres choses généralement concernant le casuel de la dite cure, pour par le dit Le Comte en jouir ainsy que le dit sr curé pouroit faire du jour 13e May jusqu'à la Toussaints prochaine, moyennant la somme de 425 l. se reservant le dit sr Curé les autres revenus de la dite cure et à exercer toutes les fonctions de sa charge, et aura le dit Le Comte les droits et émoluments des assistances que le Curé faira aux sépultures, mesmes les droits de baptesmes et mariages qu'il faira. Et le dit Le Comte soblige encore de poursuivre, sous le nom du dit Curé, le payement de tous les droits qui luy sont deubs du passé, suivant l'estat quil lui en delivrera, et aura le dit Le Comte 2 s. pour livres de tous les deniers quil faira payer au dit sr Curé. Passé par devant les notaires le 13 may 1662.

(1) Macé Bigot n'était plus curé en 1625. Il résigna son bénéfice à Pierre Gaulard qui fut remplacé lui-même par Salomon Tuaudière, le 1er mai 1619.
(O. Desnos *Mém. hist. sur Alençon et sur ses Seigneurs*, 2e édition, p. 133.)

En 1693, le Curé, dans la déclaration qu'il est obligé de donner du revenu de la cure pour estre enregistrée au greffe de Seez, déclare seulement qu'il reçoit par chacun an la somme de 300 l. pour sa portion congrue.

En 1694, le Curé traite pour les droits des héritiers depuis la mort de son prédécesseur arrivée le 2 juin jusqu'à Pasques pour la somme de 600 l.

Il traite pour les droits du déport avec M. l'Évêque et M. l'archidiacre depuis Pasques 1695 jusqu'à Pasques 1696 à pareille somme de 600 l. avec les deux sols pour livre.

Les charges de la cure consistent : 1° dans l'entretien de trois vicaires ; la chose est facile depuis que le Prieur et les moines de Lonlay gros décimateurs leur donnent la portion congrue comme il sera dit en son lieu.

2° Dans le payement des décimes (1), le gros n'est que de 18 l., mais les lignes sont tellement augmentées que, compris la subvention (2), le Curé paye depuis plusieurs années la somme de 90 l. 7 s. par an. Elles ont esté réduites à 50 l. pour l'an 1720 à cause des rentes du clergé réduites au denier 40.

En 1674, la ville ayant imposé le Curé dans la répartition de la taxe du franc alleu à la somme de 11 l., il s'en fit décharger par les thrésoriers de France (3).

En 1700, le Curé ayant été imposé à la somme de 23 l. 10 s. pour les armoiries, il en fut déchargé par M. de Pinon, intendant (4), à cause que le Curé est réduit à la portion congrue.

Dans la transaction de 1571, au sujet de la portion congrue, le

(1-2). Décimes, subvention. Le clergé supportait trois sortes d'impositions :

1° Les décimes ordinaires votées pour dix ans dans une assemblée dite du contrat qui se tenait tous les dix ans depuis 1586.

2° Les décimes extraordinaires, établies pour le payement des rentes constituées sur le clergé par différentes assemblées pour fournir les sommes que les rois ont été obligés de demander aux bénéficiers du royaume.

3° Les dons gratuits, subventions extraordinaires que le clergé de France accordait au roi dans les besoins et nécessités de l'état.

(*Mémoires du clergé de France*, T. VIII, p. 1200).

(3) Le droit de franc-alleu et de franc-bourgage fut accordé aux habitants d'Alençon par le duc René en novembre 1488. Ce privilège complètement gratuit à l'origine fut remplacé plus tard par une taxe annuelle.

(V O -Desnos. *Mém. hist.* T. II, p. 415)

(4) Anne Pinon, chevalier seigneur de Quincy, intendant de la généralité d'Alençon de 1700 à 1702.

Prieur disoit au Curé, que luy Curé jouissoit et possédoit des maisons de grande valeur, la moitié des menues dixmes de la paroisse, toutes celles du traict de la Barre et les novalles.

Pour les maisons, on n'en jouit pas ; il sera parlé du reste.

LA PORTION CONGRUE (1)

Avant 1571, le Curé ne jouissoit d'aucune portion congrue. La première demande en a été faite par frère Gervais Chollet, Curé, à Antoine Landry, Prieur ; et pour vuider le procez mu entre eux à ce sujet, par l'entremise des officiers de Monsieur le Duc, ils firent ensemble un traité par devant notaires le 22 oct. 1571, par lequel le Prieur s'engage de payer au Curé par chacun an quarante livres en deux termes, et en outre luy quitte la moitié des menues dixmes, toutes les novalles et toutes les menues dixmes du traict de la Barre que le Curé prendra comme de coutume et pour le passé le dit Prieur donne au Curé un septier de froment, d'orge et d'avoine.

Il faut observer que le Prieur disoit dans cette transaction que le Curé, selon les ordonnances notoires, ne pouvoit demander plus grand revenu que la somme de 120 l., et qu'en la luy fournissant du revenu de sa cure, il n'y avoit lieu à demander autre portion congrue.

Cette transaction passée au tabellionage d'Alençon et délivrée par Gillot, ne se trouve pas dans les registres du tabellionage, quoiqu'il y en aye de ce temps-là ; mais elle est insérée dans un arrest du parlement de Normandie en 1594, qui juge conformément à icelle. Elle est aussy referée dans une sentence du Lailliage d'Alençon, le 14 juin 1599, qui juge en conséquence.

Depuis ce temps-là, on ne scait comme s'est fait le progrez de la dite portion congrue. Mais elle estoit certainement establie à 120 l. en 16:8, car elle est expressement désignée dans l'acte de

(1) Portion congrue. C'est une certaine pension que le Curé primitif ou le gros Décimateur doit à un vicaire perpétuel ou à un curé qui dessert une cure. *Pensio congrua.*

Par un édit de 1571 la pension congrue fut réglée à 120 livres. La déclaration du Roi du 29 juillet 1686 la porta à 300 livres et l'édit de mai 1768 à 500 livres pour les curés et 250 livres pour leurs vicaires.

(*Dict. de Trevoux*, v. *portion congrue*).

visite de ce temps-là, ou l'Evêque reconnoit que le Prieur fait au Curé 120 l. de pansion, et dans le bail passé par devant les notaires, le 11 febvrier 1656, par le prieur d'Alençon à Guillaume Tournely le preneur est chargé de payer 120 l. au Curé d'Alençon pour sa pansion. La mesme condition fut employée dans le bail suivant fait du dit prieuré en faveur de Pierre Guilloré, car le lieutenant général, sur le veu du dit bail, rendit une sentence le 6e mars 1670, par laquelle le dit Guilloré fut condamné de payer au Curé la dite pansion de 120 l.

Cela a subsisté ainsy jusqu'en 1686, que le roy, par sa déclaration de janvier 1686, fixa à 300 l. les portions congrues (1). Le Curé d'Alençon demeura en repos jusqu'en 1688. Il commença alors à consulter son affaire. M. Noüel, advocat à Paris, respond favorablement le 18 juin 1688, et sur son avis fit assigner au bailliage les gros décimateurs, ensuite d'une requeste présentée par laquelle il déclare opter la portion congrue de 300 l. en renonçant à celle de 120 l. et aux petites dixmes et demande pareillement la somme de 450 l. pour trois vicaires, et se fait authoriser à avoir les dits trois vicaires par les vicaires généraux du diocèse, le Siège épiscopal estant vacant.

Le Prieur de son costé demeurant à Paris, en vertu de ses lettres de scolarité (2), voulut attirer la cause au Châtelet de Paris, et comme il y eut conflict de juridiction entre le bailliage d'Alençon et le Châtelet, le Prieur présenta sa requeste au Conseil en règlement de juge.

La cause fut plaidée au bailliage, le 19 juillet 1688, le Prieur fit apparoir de son committimus (3) et demanda son renvoy. L'abbé de Lonlay obéit sans tirer en conséquence de contribuer à la portion congrue de 300 l. pour le Curé et à celle de 300 l.

---

(1) Déclaration du Roy qui fixe les portions congrues des Curés ou Vicaires. 29 janvier 1686. (*Recueil des édits, déclarations, lettres, pa'entes, arrests et règlements du Roy registrés en la Cour du Parlement de Normandie depuis l'année* 1683 *jusqu'en* 1700, *p.* 84).

(2) On appelle droit de scolarité la faculté que les écoliers des universités ont d'évoquer leurs causes personnelles devant le conservateur de leurs privilèges.
(*Dict de Trevoux*).

(3) Privilège qui était accordé à certaines personnes de faire juger leurs causes devant des juges particuliers. Ce privilège, ainsi appelé parceque c'était ce mot *Committimus* qui commençait les lettres qui l'accordaient, fut aboli par la loi du 7 sept. 1790, art 13.
(Dalloz. *Jurisprudence générale*)

pour deux vicaires seulement, et ce à proportion de ce que le dit abbé perçoit de dixmes dans la paroisse d'Alençon. Sur quoy, ayant debouté le dit Prieur de sa demande, les parties renvoyées à la quinzaine et cependant provision adjugée au dit Curé de la somme de 300 l. pour sa portion congrue, celle de 450 l. pour ses trois vicaires, et le 2 août 1688, la cause ayant esté appelée de nouveau, elle fut jugée par défaut comme dessus. Et le Curé jouit toujours par provision au moins pour luy. Et depuis ce temps là jusqu'en 1694 on fit plusieurs procédures.

Au mois de septembre 1688, le Curé fit signifier au Prieur, qu'il poursuivroit au Châtelet la demande qu'il avoit faite au bailliage d'Alençon de sa portion congrue.

Le prestre Mesley, vicaire de Courteilles, en fit autant, le vicaire de Saint-Léonard ne fit rien, et il n'y en avoit pas en l'église Nostre Dame, chaque prestre faisoit les fonctions vicariales. Mais en 1693, l'Évêque ayant obligé le Curé d'avoir un vicaire à Nostre-Dame, il choisit le prestre Guilloré, qui ayant sa commission fit assigner le Prieur au bailliage d'Alençon en décembre 1693 pour demander portion congrue de 150 l. ; l'affaire fut renvoyée à l'audience d'aprez les Rois et le 8e de janvier le vicaire obtint par défaut une sentence qui luy ajugoit 150 l. de pansion.

Le vicaire de Courteilles de son costé obtint une sentence au Châtelet de Paris qui luy ajuge 150 l. de pansion, compris la fondation de Gautier, en sorte que le Prieur ne seroit tenu que de fournir le supplément.

Le Prieur, pour avoir des prétextes de refuser la portion congrue aux vicaires, avoit appelé comme d'abus de l'érection de Courteilles et du changement du distric de Saint Léonard, comme ayant esté faits sans luy. Il disoit dailleurs qu'il ne falloit pas de vicaire à Nostre-Dame, parce que S. A. R. avoit fondé cinq chapelains obligez de faire les fonctions vicariales, que le vicaire de Saint-Léonard, avant le changement du distric, avoit plus de casuel qu'il ne faut pour subsister et qu'il en faisoit un retour considérable au Curé, que le Curé dailleurs avoit un bénéfice de plus de 1200 l. et tous ces pretextes entretenoint le procez qui, à raison de l'appel comme d'abus, estoit porté au parlement de Rouen.

Le Prieur en avait encore un autre avec le vicaire de Courteilles.

Ce vicaire avoit esté obligé de payér au Roy l'amortissement (!)
de la fondation des Gautier et il prétendoit, comme cette fondation estoit à la décharge du Prieur, puisqu'elle entroit dans la
portion congrue, que c'estoit à luy à le rembourser. Le procez
en estoit aussy au parlement.

Telle estoit la situation des affaires quand le Curé prit posession de sa cure en juin 1694. Il commença dès lors de finir ces
procez et à la faveur de la médiation de S. A. R. aprez bien des
pourparlers, on fit un accord sous seing le 9ᵉ avril 1695 où le
Curé se fait fort de ses trois vicaires, et le Prieur se fait fort des
moines de Lonlay. Par lequel accord le sieur Cherbonnier pour
les dits Prieur et moines, auxquels il s'engage de le faire ratifier,
se desiste de l'appel comme d'abus interjeté, s'oblige payer au
Curé 300 l. de portion congrue, aux vicaires de Saint Léonard
et de Nostre Dame chacun cent livres par an, à commencer du
jour de la demande qu'ils en ont faite, de fournir au vicaire de
Courteilles 71 l. pour faire 150 l. avec sa fondation, et pour l'indemniser du payement qu'il a fait pour l'amortissement de la dite
fondation, la somme de cent l., ce qui a esté exécuté depuis. Le
dit accord signé du Curé, des trois vicaires et de Cherbonnier,
et ensuitte ratifié par le Prieur d'Alençon, le 7ᵉ janvier 1696

Les papiers du sieur Chenard, curé d'Alençon, sont au parlement de Roüen entre les mains de Codbin, procureur du Curé
en 1693; on ne les a pas retirez, parce qu'on n'a pas cru qu'il y
eut rien de conséquence.

Cet accord a esté exécuté jusqu'à la mort du sieur Laborie,
Prieur décédé en 1709. Comme il y eut procez au bailliage pour
le dit prieuré entre le moine La Saussaie et le sieur du Perche,
le Curé se présenta en 1710 en la cause et demanda, qu'en exécution des sentences rendues au bailliage en 1688, il luy fut
ajugé par préférence sur le revenu du dit prieuré la somme de
300 l. pour luy, de 450 l. pour ses trois vicaires, et que la sentence qui interviendroit fut exécutée nonobstant opposition et
appellation quelconque. Sur quoy sentence intervint le 24 juillet
1710, qui porte, que le Curé conformément aux dites sentences,

---

(1) Amortissement. C'est une concession que le Roi fait aux gens de main morte
de tenir des fiefs et héritages à perpétuité, moyennant une somme qu'on lui paye
pour le dédommager des droits de mutation qui lui appartiendraient s'ils demeu-
raient dans le commerce ordinaire.   (*Dict. de Trevoux*).

sera payé par le sequestre des dixmes du prieuré de 300 l. pour luy et de 450 l. pour ses vicaires.

Comme l'économe du diocèse, qui avoit le sequestre, ne voulut pas payer, disant qu'il vouloit suivre l'usage, le Curé, attendant la fin du procez entre les colliligants pour le prieuré, se contenta de recevoir comme cy devant et donna seulement des quiltances à comte.

Depuis, l'affaire ayant estée jugée en faveur du sieur du Perche en 1715, le Curé est convenu verbalement avec luy aux mesmes conditions que le précédent Prieur, sans que toutes fois il n'en paraisse rien ny dans les quittances, ny ailleurs aftin que le Curé soit en estat, quand il voudra, de poursuivre l'effect de ses sentences sans avoir égard au précédent accommodément.

Au mois de juillet 1708, le Curé fit deffendre au sieur Cherbonnier, fermier du prieuré de payer à autres qu'à luy sa pansion et celle de ses vicaires, pour estre la dite pansion distribuée par luy à ses vicaires selon le temps qu'ils auront servi, sous peine de payer deux fois. Ce qui s'exécute depuis.

Le Curé, pour le payement de la dite portion congrue, n'a affaire qu'au Prieur, par ce que, comme il est le plus gros décimateur, il se charge du tout, et de faire payer aux moines de Lonlay ce qui leur tombe à charge pour le traict de la Barre.

Des 300 l. de portion congrue, le Curé n'en reçoit aprésent que 232 l., parce qu'il retient la jouissance de la menue dixme de la paroisse, à l'exception de celle du traict de la Barre, laquelle menue dixme est estimée à 60 l. Il retient encore la jouissance des rentes de 8 l.

Par la déclaration du roy du 22 febvrier 1724, il est porté art. 3 : *Les vicaires, dont les portions congrues sont à prendre sur les gros décimateurs autres que les curez, en seront directement payez par ceux qui en sont tenus, sans que le payement en puisse estre fait aux curez. Voulons que nonobstant les quittances que les dits gros décimateurs pouroint avoir prises des dits Curez, ils soint contraints sur la simple requeste des dits vicaires à leur payer les sommes qui leur seront deubs* (1).

(1) Déclaration du Roy concernant la recette et le paiement des impositions qui se font sur le Clergé, avec faculté aux Bénéficiers et Communautés, de rentrer dans leurs biens amortis, etc., du 22 février 1724. (*Recueil des édits, déclarations, lettres, patentes, arrêts et réglemens du Roy, registrés en la Cour du Parlement de Normandie, depuis l'année 1718 jusqu'en 1726, p. 578*).

DES DROITS RECTORIAUX

Les droits rectoriaux consistent dans les droits d'inhumation, de mariage, de revaille, des cinq deniers de Pasques, des extraits, de la cire, etc.

Les droits d'inhumation ont varié à Alençon comme ailleurs. Dans un mémoire fait en 1612 pour les droits d'une inhumation d'une personne du commun, il est marqué au Curé pour les vigiles 7 s. 6 d., pour la grande messe 7 s. 6 d., pour l'assistance du Curé 6 s., pour la sépulture au sieur Curé 30 s., pour le dechet de 4 torches au Curé 20 s., pour 2 pots de vin et 2 pains 13 s. 4 d , pour celuy qui a fait la visite du malade pendant sa maladie 10 s. Le receu du mémoire est signé de Bigot, Curé en mars 1613.

Depuis ce temps là jusqu'en 1651, on ne connoit rien de reiglé pour Alençon. Il y a bien des reiglemens pour différents diocèses authorisez par le parlement, mais on n'en connoit pas pour celuy de Séez. Les Curez dans les mémoires qu'ils ont lessez prenoint plus ou moins selon les personnes.

En 1650, il y eut procez entre le Curé et la confrairie de la Charité, qui estoit chargée de faire faire l'inhumation du prestre Hais, et refusoit au Curé un honoraire suffisant. Le lieutenant général, sur sa requeste, luy avoit accordé 18 l. 8 s. selon son mémoire. Les frères en appelèrent au bailliage ; le lieutenant particulier rendit une sentence qui cassoit celle du lieutenant général, avec deffenses au Curé de prendre autre droit ny émolumens que ceux contenus au reiglement inséré en sa sentence.

Sur quoy le Curé s'estant pourveu au parlement, intervint arrest en juillet 1651 par lequel les parties sont renvoyées par devant l'Evèque pour donner reiglement sur les dits droits ; et cependant par forme de provision ajuge au Curé 15 l. pour ses droits.

En conséquence du dit arrest, le Curé se presenta aux grands vicaires, le siège estant vacant, ils firent un reiglement pour servir en la paroisse ainsi qu'il s'en suit :

Il sera payé au Curé et son vicaire de Saint Léonard en chacune des églises pour les droits rectoriaux de la levée, enterrement et inhumation de chaque corps la somme de 3 l. 10 s. et pour celuy d'un enfant la somme de 35 s., pour la messe haute 10 s., pour le service appelé trentain, huitain ou quarantain, au Curé pour ses droits de vigiles à neuf leçons et laudes et assistance le lendemain aux grandes messes 40 s. pour chaque grande messe, 10 s. pour le dechet du luminaire qui sera representé par le Curé ou vicaire tant à la vigile du septain qu'aux grandes messes à raison de six blancs pour torches et trois blancs pour cierges.

Il est enjoint au Curé d'user de modération dans les dits droits quand il s'agira de personnes peu accommodées, avec deffense de prendre rien des pauvres. Lequel reiglement doit estre exécuté par provision, sans qu'il puisse faire préjudice lorsqu'il s'agira de convois et sépultures de personnes d'éminente qualité, et à la charge de le faire confirmer par le dit Curé à l'Evêque aprez qu'il aura esté sacré, pour y ajouter ou diminuer ainsy qu'il jugera, ce 21 septembre 1651.

Ce reiglement a esté exécuté depuis. Le lieutenant général a toujours donné des exécutoires conformes et le bailliage a toujours jugé en conséquence et il ne s'y est trouvé aucune opposition jusqu'en 1716 comme on le dira ensuite.

En 1693, l'Evêque fit un mandement synodal, ou il ordonna que les rétributions des inhumations seroint gardées dans les lieux ou elles sont reiglées, en luy faisant apparoir, et ou elles ne le sont pas à raison de 30 s. pour la campagne et 3 l. pour les villes, et la moitié pour les enfans, la messe comprise (1).

En 1708, le parlement de Normandie par son arrest deffend à tous Curez de campagne prenant dixmes d'exiger ou percevoir rien pour inhumations à peine de restitution du quadruple.

Comme le reiglement de 1651 n'avoit esté confirmé par aucun Evêque, cela produisit un procez en 1716. Le vicaire de Saint Léonard, ayant refusé 3 l. pour l'inhumation d'un enfant majeur d'une condition très médiocre, et ayant fait assigner la mère pour estre payé de 3 l. 10 s., elle se deffendit au bailliage et produisit plusieurs reiglements anciens qui n'accordoint aux Curez dans d'autres diocèses qu'une rétribution modique. Entre temps le Curé, plus intéressé que le vicaire à la conservation de ses droits, présenta sa requeste à l'Evêque pour luy demander confirmation

(1) V. Extrait des mandements et des synodes de M. Savary, évesque de Séez.
(D. Bassin. *Concilia Rotomagensis provinciæ, pars posterior.* p. 458).

du reiglement de 1651 ; l'Evêque le fit en ces termes : Nous confirmons le reiglement fait en 1651 par les sieurs Dufriche et Basire, grands vicaires, et en conséquence nous ordonnons qu'il sera exécuté dans tout son entier, sauf à y faire les changements que nous jugerons nécessaires lors de notre prochaine visite épiscopale, ce 12 avril 17 6

Enfin intervint sentence le 8e may 1716, qui prononce que, veu l'état de la personne, l'exécution faite par le vicaire est déclarée nulle avec dépens. Et par cette sentence le droit du Curé est confirmé. Aussy depuis le lieutenant général a donné des executoires conformement au reiglement de 1651. Les mesmes droits appartiennent au Curé dans ses deux succursalles, mais il en traite avec ses vicaires tantost d'une manière et tantost d'une autre.

Pour le transport, l'usage ordinaire est que le droit rectorial se paye dans l'église du distric ou le mort décède. Le Curé ou le vicaire de l'église, ou il est transporté, n'a que son assistance. Celle du Curé est double de celle du vicaire, qui est double de celle d'un prestre. Cela s'observe depuis 1693 qu'il fut ordonné par l'Evêque que, lors d'un transport d'une église d'Alençon dans une autre, on ne payeroit pas deux droits rectoriaux, ce que le Curé exigeoit.

Outre le droit rectorial, il est deub légitimement au Curé son assistance quand il fait l'office en personne. Cette assistance est spécifiée dans le mémoire de 16 2, mais c'est un usage qu'il est difficile d'establir. Quand on fait des aniversaires, ou des services particuliers, le Curé se fait payer d'un droit double au moins au dessus du vicaire.

Le droit rectorial pour les mariages est fixé par le statut synodal de 1693 à 3 l pour les villes y compris la messe. On l'exécute depuis, et on ne sçait pas ce qu'on faisoit auparavant au juste.

Quand des habitants des deux differents districs se marient, on fait les bans dans les deux districs et on paye le droit rectorial dans tous les deux.

C'est l'usage que quelques particuliers veulent quelquefois contester, sur lequel cependant, il n'y a pas eu jusqu'à présent de contestation formée en justice.

Quand le prétendu délivre ses bans pour se marier dans le distric de la prétendue, il paye pour la délivrance de ses bans,

comme si c'estoit pour une autre paroisse. Et quand il faut délivrer le certificat des bans pour avoir dispense, on paye 10 s. pour
l'extrait, en outre le droit ordinaire. Quand on laisse passer trois
mois aprez la publication du dernier ban, il faut recommencer
la publication d'un autre et alors on paye 20 s. comme pour les
trois premières publications.

Pour les revailles (1), il est accordé au Curé 10 s. pour ses
droits par l'ordonnance de visite de 1708 ; mais cela se paye
difficilement, et il est rare d'en trouver qui le paye, parce qu'on
exciteroit le murmure si on l'exigeoit.

On a parlé des 5 deniers de Pasques dans l'article des sacrements et du thrésor de l'Eglise Nostre-Dame.

Pour les extraits, il est deub pour chacun 10 s. On en parlera
dans l'article des registres.

Le Curé perçoit toute la cire des inhumations à l'exception du
luminaire ou 5ᵉ flambeau des frères et sœurs de la Charité,
quand l'inhumation se fait à Nostre Dame, lequel est pris par les
frères de Charité, et à Saint Léonard est pris par le thrésor. Il
est mesme arrivé depuis environ vingt ans que la Charité en a
pris un à Saint-Léonard, comme à Nostre-Dame, de manière
que le Curé ou vicaire en perd toujours un à Saint-Léonard et
deux quand la Charité s'y trouve. On en parle dans l'article de
l'église Saint-Léonard et on en parlera encore dans l'article de
la confrairie de la Charité.

Le Curé a en outre tous les luminaires ou cierges qu'on presente au pain bénit, ceux que les enfans portent à la première
communion ; quelques fois les dames en donnent pour leurs
revailles, et les parents des malades font porter des flambeaux
pour le viatique, qui restent au Curé.

Il paroit par les anciens titres et registres de la Charité que le
Curé fournissoit à Nostre-Dame la cire pour porter le Saint-
Viatique ; on dit mesme que cela s'est observé jusqu'à l'arrivée
du Curé d'aujourd'huy en 1694, qui, ne connaissant pas de titre
qui luy impose cette charge, s'en est dispensé et a engagé le
thrésor de la fournir, ce qui se pratique. On dit encore que le
Curé fournissoit les cierges nécessaires pour le baptesme et que
cet usage a cessé en mesme temps. Le Curé n'en convient pas, il

(1) Relevée et Levailles nunc Relevailles.   (Ducange. *au mot Relevata*).

n'a pu certainement en découvrir la vérité. Dans le doute et en considération de ce il ne conteste pas au thrésor les cierges qu'on prend sur l'autel, ou qu'on offre pour la chapelle de Nostre-Dame de grâce, qui luy ont appartenu autrefois et qu[i] doivent luy appartenir légitimement, lesquels cierges sont plus que suffisants pour dédommager le thrésor.

Le Curé retire encore les droits des publications de monitoire. Ils ne sont pas fixez par les nouveaux reiglements. On a coutume de prendre 20 s. pour les trois publications et 20 ou 30 s. pour la fulmination selon la longueur du monitoire.

On publioit cy devant au prone plusieurs billets pour affaires prophanes, le Curé avoit 5 s. de chacun, et cela faisoit un assez gros revenu, mais le Roy en 1698 a deffendu de faire ces sortes de publications mesme pour ses propres affaires (1).

En 1627, dans les mémoires du Curé, il n'y a que 5 s. pour la publication des bans de mariage, 5 s. pour la fulmination d'un monitoire et 15 s. pour la délivrance des bans de mariage. Cela est augmenté.

DU CASUEL

Le casuel ou baise-main (2) consiste :

1° dans les baptesmes, selon la volonté des pareins et marcines. Les mareines offrent rarement, les pareins ne le

(1) L'édit du Roi du mois d'avril 1695 concernant la juridiction ecclésiastique portait art. 32 « Les curés, leurs vicaires et autres ecclésiastiques ne seront obli- « gés de publier aux prones ni pendant l'office divin les actes de justice et autres « qui regardent l'intérêt particulier de nos sujets. Voulons que les publications, « qui en seront faites par les huissiers, sergents ou notaires à l'issue des grandes « messes de paroisse, avec les affiches qui en seront posées aux grandes portes des « églises soient de pareille force et valeur, même pour les décrets, que si les dites « publications avaient été faites aux dits prones etc. » La déclaration du roi du 10 déc. 1698 complète, ainsi qu'il suit, ces dispositions : « Voulons et nous plait « que l'art. 32 de notre édit du mois d'avril 1695 soit exécuté suivant sa forme et « teneur, même à l'égard de nos propres affaires, que les publications en soient « faites seulement à l'issue des messes des paroisses par les officiers qui en seront « chargés » etc.
(*Recueil des édits etc., registrés en la cour du parlement de Normandie*, 1683-1700, p. 540 et 755).

(2) Baise-main. Offrande que l'on fait à un curé en allant baiser la paix. Cette expression vient de ce qu'autrefois en se présentant à l'offrande, on baisait la main du célébrant.

font pas toujours. Le prestre, qui baptise, remet ce qu'on luy donne au secretain, qui en comte avec le Curé, sur ce qu'il marque à l'article du registre.

2° Dans les offrandes aux messes solennelles des festes de N Seigneur et de la Vierge et les messes de confrairie. C'est un usage bien diminué. Il n'y a plus à Nostre-Dame que le présidial en robe qui aille à l'offrande. A Saint-Léonard, on y alloit beaucoup avant 1696. Depuis ce temps-là, on n'y va plus ou presque plus. Autrefois on alloit à l'offrande à la messe pour les morts, c'estoint les parents qui donnoint aux prestres de quoy faire l'offrande, et ensuite on partageoit cette offrande pour en payer les prestres. En 1670 ou environ, le Curé voulut s'approprier ces offrandes. Cela fit qu'on n'en donna plus.

Par le mémoire de 1612, on offroit du pain et du vin. On ne scait quand et comment cela a cessé.

3° Les oblations sur les autels dans les festes de dévotion : de Sainte-Anne, de Saint-Jacques, de Saint-Laurent, de Nostre-Dame de Grâce et de Saint-Blaise, etc.

4° Les Evangiles qu'on dit sur la teste des peuples les jours cy-dessus et le jour du Rosaire.

5° Les oblations à l'adoration de la Croix, les jours du Vendredy-Saint, de l'exaltation et de l'invention de Sainte-Croix. Autrefois les festes de l'invention et de l'exaltation de Sainte-Croix estoint solennelles à Alençon, à cause de la relique de la vraye Croix qu'on expose à l'adoration des fidelles. Depuis 40 ans cela a beaucoup diminué. Cette relique de la vraye Croix est conservée dans le tabernacle de la confrairie de la Charité sous deux clefs dont le Curé en a une.

6° Les oblations au pain bénit, elles sont rares.

Il y a en outre à Saint-Léonard les oblations sur les autels de Saint-Léonard et de Saint-Martin les jours de leurs festes.

LA MENUE DIXME

Avant 1571, le Curé jouissoit de la troisième partie des menues dixmes de sa paroisse.

En 1571, par l'accord fait entre luy et le Prieur, il jouit de la totalité des menues dixmes de la Barre et de la moitié des autres; cela a esté confirmé par des arrests rendus en parlement en exécution du dit accord en 1594. Cela s'est exécuté jusqu'en 1688 que le Curé a opté la portion congrue, au quel temps il abandonna les menues dixmes aux gros décimateurs moyennant 300 l. de portion, ensuite il les reprit et les fit valloir par ses mains en déduction de 60 l. sur la portion congrue.

En 1694, le Curé les abandonna entièrement au Prieur et n'y est rentré qu'en 1714, encore sur le pied de 60 l.

D'abord il les afferma à Isaac Regnaut, de manière qu'il y entra pour un tiers sous le nom de son garçon pour en scavoir la juste valeur, et ensuite il les a affermez au dit Isaac Regnault par bail devant notaires en 1717 à la somme de 75 l. pour trois ans. Il a continué verbalement en 1720 par un nouveau bail.

En 1627, la petite dixme estoit louée à Collet de Casault trente livres, un agneau, deux cochons de laict et deux oisons.

En 1723, par bail passé à Alençon, le 17 mars, il afferme au dit Isaac Regnaut les petites dixmes et les novalles cent livres.

En 1674, sentence rendue au bailliage d'Alençon entre le sieur Poulain, vicaire de Saint-Léonard, et Jean Chartier du faux bourg de la Barre. Le vicaire prétendoit que le dit Chartier luy devoit les fruits de son jardin ; Chartier s'en deffendoit, d'autant qu'il estoit clos, et n'en avoit jamais rien payé. Le vicaire fut condamné aux dépens, en ces termes : avons débouté le demandeur avec dépens faute par iceluy d'avoir voulu prouver qu'on aye dixmé dans le dit jardin depuis 40 ans.

En 1725,... .... ayant contesté la dixme des fruits de son jardin, il a été assigné au nom de M. le Prieur et a acquiescé, d'autant que le fermier de la petite dixme vouloit prouver la possession et l'usage dans ce mesme jardin situé en la Barre.

Les moines de Lonlay jouissent dans la Barre de la petite dixme qui est affermée communément 250 l. Et le fermier de cette dixme ne prenoit que les grains et les fruits, les autres dixmes d'agneaux, de porcs, veaux, oyes et laines appartiennent au Prieur ou au Curé. Cette petite dixme ne s'étend pas dans toute la Barre, elle ne commence qu'à la Barbe Lucane (1),

(1) Barbacane par corruption Barbelucane, porte qui faisait communiquer le parc du château d'Alençon avec la campagne. La Barbacane se trouvait à l'entrée de la rue de Bretagne sur la propriété de la Caisse d'Épargne.

(O. Desnos, *Mém. hist. sur Alençon et sur ses seigneurs*, 2ᵉ édition p. 98 *et note* de M. de La Sicotière.

porte du parc d'Alençon joignant d'un costé le pré à M. du
Plessis et de l'autre Le Prevost au-dessus de Villeneuve et va
jusqu'à la porte de Guéramé.

LES NOVALLES

Par l'accord fait entre le Curé et le Prieur en 1571. Il paroit
que le Curé jouissoit des novalles avant le dit accord, comme il
en a jouy depuis, si aucune y a, dit la transaction. Il céda toutes
ces novalles en optant la portion de 300 l. en 1688 ; mais depuis
ce temps-là, on a défriché le parc du château dont on laboure
une partie tantost grande, tantost petite et c'est une novalle dont
jouit le Curé en outre sa portion de 300 l.

En 1695, il les afferma pour quatre ans à 16 l. par an sous
seing privé à Livache, fermier du parc.

En 1699, à pareille somme de 16 l. à Jusquin pendant son bail
du parc encore sous seing privé.

En 1708, à Pierre Peron, fermier du parc pour cinq années à
23 l. par an sous seing privé.

Depuis ce temps-là, le Curé en a jouy par ses mains et en
retire tantost plus et tantost moins.

Il faut observer que dans la dixme du parc est comprise celle
du petit parc qui appartient aux Jésuites et un jardin enclos
dépendant de la chapelle du parc.

Outre les novalles de parc, il y a encore quelques petites
novalles de peu de conséquence comme dans le lieu ou estoit le
presche, dans quelques jardins et prez qu'on défriche de temps
en temps, comme dans le jardin de M. de la Saussaye, grande
Sarthe, dans l'herbage de Saladon du Bois, Casault.

En 1723, par bail passé avec Isaac Regnaut pour trois ans à
commencer à Pasques 1723, le Curé afferme des novalles et
menues dixmes 100 l. (1).

(1) On appelait grosses dimes celles qu'on levait sur les gros fruits comme le
bled et le vin, menues dimes celles qu'on levait sur le menu grain et le menu
bétail, dimes vertes, celles qu'on percevait sur les légumes, le chanvre, le lin, etc.
Les Novales étaient des terres nouvellement défrichées, c'est-à-dire depuis quarante ans. Ce terme, qui désignait d'abord les terres, s'est dit ensuite de la dime
qui se recouvrait sur les nouveaux défrichements. Les dimes novales comme les
menues dimes appartenaient aux curés.

DES REGISTRES ET DES EXTRAITS

On n'a pas conservé les antiens registres de la paroisse ; on dit qu'ils sont dans le greffe du bailliage.

Les plus antiens que les Curez ont conservés sont ceux des baptesmes depuis 1625 jusqu'à aujourd'huy.

A l'égard des inhumations, on n'en a dans les formes que depuis 1671 et on en a la suite jusqu'à ce jour. Il y a bien d'autres registres d'inhumations plus antiens ; mais ce sont plustost des mémoires que les Curez faisoint pour leur utilité particulière, que des registres en forme probante et on en a depuis 1627. Pour les mariages, on en a depuis 1669 jusqu'à aujourd'huy. Il y a des antiens registres de publications de bans depuis 1647 jusqu'à ce jour. Il y en a aussy d'insérez dans les mémoires ou papiers journaux depuis 1627.

Les antiens registres ne sont pas signez des parties ny du Curé. On a commencé à les signer que depuis 1668.

En 1678, le Curé ayant esté exilé (1), le prestre Goujeon, sacriste, se saisit des registres et les mit en la sacristie.

Ce Curé estant mort la mesme année, le procureur du roy presenta requeste au lieutenant général, par laquelle il exposoit que, le Curé n'ayant pas satisfait aux ordonnances et reiglements du Conseil en mettant des coppies des registres de baptesmes, mariages et inhumations depuis 1626 jusqu'en la nouvelle ordonnance de 1667, pour quoy requeroit que, d'autant que les dits registres sont pour toutes minutes, ils soint mis au greffe comme au depost public, et qu'à cette fin il se transporte dans la sacristie ou sont les dits registres pour les cotter et parapher. Sur quoy le lieutenant général ayant ordonné conformément aux conclusions du procureur du roy et s'estant transporté en la dite sacristie, le dit Goujeon remit entre les mains des greffiers les registres au nombre de 25, lesquels furent cottez et paraphez au premier et dernier feuillet.

Le dit sieur Goujeon déclara alors qu'à l'égard des registres des mariages et inhumations de l'église succursalle de Saint-

(1) Julien Pasquier III* du nom exilé en 1678, à Jargeau près d'Orléans, v. p. 9.

Léonard, il n'estoit saisi d'aucun, à la réserve d'un registre commençant le 1er janvier 1677 et finissant le 29e décembre au dit an.

Des dits 25 registres mis au greffe, il y en a avoit douze des
baptesmes, douze de mémoires d'inhumations et un des mariages. Ils se trouvent encore aujourd'huy dans le presbytère du
Curé. Car en 1680, le Curé Chenard presenta sa requeste au
baillif aux fins de retirer les dits registres du greffe, d'autant que
par l'ordonnance de 1667, les Curez doivent estre saisis des
minutes. Laquelle requeste fut signifiée par ordre du lieutenant
général aux greffiers pour y respondre en may 168 '. Les greffiers
en chef ou propriétaires des greffes consentirent sous seing privé
que le Curé fut saisi de tous les registres baptismaux, mortuaires
et mariages en donnant seulement par le dit sieur Curé une
coppie collationnée depuis l'année 1669, suivant l'ordonnance de
la dite année ce 3e juin 1680. Signé : N. Lenoir, du Moulinet,
Catherine Lenoir, Desrochers, Quillet, Lenoir des Vaux et
Quillet.

En conséquence du consentement cy-dessus les dits registres
furent remis au Curé sur son récépissé le 1er juin 1680 et y sont
demeurez jusqu'à ce jours.

On trouve dans les papiers une reconnaissance de la main du
dit Goujeon non signée, par laquelle il paroit que le samedy
15e janvier 1678, il a porté par ordre de M. le Curé au greffe les
grosses des registres des baptesmes, sépultures et mariages des
églises Nostre-Dame et Saint-Léonard pour l'année 1677, lesquels ont esté refusez par N. Marignier et N. Seguret, greffiers,
présence de Me René Mevrel, médecin, et Chabot, huissier, et
que le mercredy 9e febvrier ils ont empesché le sergeant de leur
en faire sommation.

En octobre 1691, le Roy ayant crée des offices des greffiers
conservateurs des registres des baptesmes, etc., et le clergé de
Séez ayant levé les dits offices, les Curez estoint obligez de porter
les grosses au greffe de Séez, le Curé les a fournis depuis 1692
jusqu'à la suppression des dits greffiers en 1716. Par l'édit de la
dite suppression, les dits greffiers des registres sont tenus de
porter au greffe des bailliages les grosses des registres qu'ils ont
entre leurs mains et ordonne que l'ordonnance de 1667 à laquelle
il avoit esté dérogé par l'édit de création des dits offices sera à
l'avenir exactement suivie.

Cette ordonnance porte art. 1 seront faits par chacun an deux registres en chacune paroisse dont les feuillets seront paraphez et cottez par premier et dernier par le juge royal. L'un desquels servira de minute et demeurera ès mains du Curé ou vicaire, et l'autre sera porté au greffe du juge pour servir de grosse.

Art. 2 seront tenus les Curez ou vicaires six sepmaines aprez chaque année expirée d'envoyer la grosse de la minute du registre signée d'eux et certifiée véritable au greffe du juge qui l'aura cotté et paraphé et sera tenu le greffier de le recevoir et y faire mention du jour qu'il aura esté apporté et en donnera la décharge aprez que la grosse aura esté colationnée à la minute qui demeurera au Curé.

Art. 8, les dits registres seront fournis annuellement aux fraix de la fabrique avant le dernier décembre de chaque année pour commencer d'y enregistrer par le Curé les baptesmes, etc. depuis le 1er janvier jusqu'au dernier de décembre.

Art. 10, les baptesmes, mariages et sépultures seront en un mesme registre selon l'ordre des jours sans laisser aucun blanc, et aussitost qu'ils seront faits, ils seront écrits et signez, savoir : les baptesmes par le père, et les parcins et mareines, les mariages par les personnes mariées et quatre des personnes qui y ont assisté et les sépultures par deux des plus proches parents ou amis, et si quelqu'un d'eux ne peut signer, ils le déclareront, dont sera fait mention.

Tous les registres et grosse ont dû estre portez au greffe du bailliage jusqu'en 1716. Cela ne regarde pas le Curé par ce qu'il les avoit fournis au greffier conservateur des registres.

Au commencement de 1717, le Curé fit porter les grosses de 1716 au greffe, les offrit aux greffiers en présence de thesmoins et refusèrent de les recevoir. Mais les propriétaires des dites greffes engagèrent le procureur du Roy de faire un réquisitoire le 2e juin 1717, par lequel en conséquence de l'ordonnance de 1667, il demande que les registres remis cy-devant entre les mains du sieur Chenard, curé, selon son récépissé du 1er juin 1680, et ceux faits depuis soient remis en depost au greffe et que ceux qui en sont saisis y soient contraints par toutes voyes dues. Duquel réquisitoire le lieutenant général accorde acte et ordonne qu'en exécution de l'édit de S. M. les registres visez du dit greffe pour estre remis au sieur Curé Chenard, y seront remis inces-

8

samment. Le tout fut signifié au Curé le 4ᵉ septembre 1717 avec
assignation à comparoir à l'audience du bailliage aux fins du dit
requisitoire pour y respondre. Le Curé fit déclarer à l'audience
le jeudy suivant qu'il n'avoit entre ses mains que les registres de
sa paroisse en minute qui luy devoint rester selon l'ordonnance,
qu'à l'égard des grosses il avoit mis au greffe toutes celles qui
avoient esté faites depuis qu'il est Curé selon les récépissés qu'il
en avoit tirés, qu'à l'égard de celles de son prédécesseur il n'en
avoit aucune, que pour celles de 1716, il avoit offert aux greffiers
de leur remetre et les avoit porteez au greffe en présence de thesmoins, et que les greffiers les avoint refuseez, que pour ce qui
regarde feu M. Chenard, il ne scait pas ce qui s'est passé entre
luy et les greffiers, mais qu'en tous cas, il n'en est pas garant.
Il fut ordonné que le Curé metroit cette déclaration au greffe, ce
qu'il a fait ; et depuis il n'en a pas entendu parler et il a les
grosses et les minutes depuis 1716.

A l'égard de Saint-Léonard, on a les registres depuis 1668 jusqu'à présent, à l'exception du registre de 1674 qu'on n'a pu trouver. On a encore une espèce de registre en forme de mémoire
pour l'utilité des vicaires depuis 1650 jusqu'en 1667 qui n'est pas
signé. Les grosses jusqu'à 1716 ont esté remises au greffe du
bailliage ; celles depuis 1716 sont encore entre les mains du Curé
avec les autres minutes.

Pour Courteilles, on n'a pu recouvrer que les registres depuis
1693 jusqu'à ce jour, à l'exception mesme de 1699. C'est le vicaire
Mesley qui en estoit saisi et qui a dit ne les avoir pas. Les grosses
sont au greffe jusqu'en 1716 Le Curé a les autres avec les minutes
des registres cy dessus.

Les Curez délivrent les extraits de leur registre en suivant
l'ordonnance de 1667 et les édits de créations des greffiers conservateurs. Il leur appartient 10 s. dans les villes ou il y a parlement, bailliage ou évesché et 5 s. dans les autres, cela s'exécute.

Par arrest du Conseil du 8ᵉ janu. 1697, il est enjoint à toutes
personnes publiques de délivrer aux traitans des extraits des
actes dont ils ont les registres. En conséquence de quoy, on fit
sommation au Curé en différentes années de délivrer des extraits
sommaires de ses registres, en payant pour chacun ainsy qu'il est
réglé par arrest du Conseil 1 s. 3 d. Ce qui a esté exécuté en
1698, 1705, etc.

En 1706, on créa des controlleurs des dits extraits et on obligea de produire des extraits en bien des occasions ou ils n'estoint pas nécessaires, ce qui estoit fort à charge au public. Et cela a esté éteint quelques temps aprez en 1707.

DU PRIEURÉ D'ALENÇON (1)

Le prieuré d'Alençon est régulier dans son principe.

C'est une dépendance de l'abbaye de Lonlay, à qui on dit que le Comte Talvas, seigneur d'Alençon, en donna les églises pour estre déservies par des vicaires. Comme l'abbaye jouissoit des grosses dixmes, elle envoyoit à Alençon un ou plusieurs moines pour les ramasser, le premier de ces moines s'apeloit Prieur qui, dans la suitte, dans la décadence et le relaschement des monastères a trouvé le moyen de faire ériger sa commission en titre de bénéfice et de prieuré (2)

(1) L'origine du prieuré d'Alençon est très obscure et la perte des titres originaux ne permet pas de l'éclaircir. Belard l'attribue sans preuve à Guillaume Talvas le fondateur de l'abbaye de Lonlay. Odolant-Desnos, sans raisons plus sérieuses à l'un des seigneurs de Larré bienfaiteur de la même abbaye. (*Mémoires hist. sur Alençon et sur ses anciens seigneurs, t. I, p.* 37). V. aussi *Rapport à M le Préfet de l'Orne sur l'abbaye et l'église de Lonlay*, par M L. de La Sicotière, p 14.

(2, Eude Rigaud archevêque de Rouen a visité trois fois le prieuré d'Alençon en 1250, 1255 et 1260 ; il a consigné sur son curieux registre les observations suivantes :

MCCL. — II Id. (Julii).

Apud Alerconium. Ibi sunt duo monachi de Longo Latu; solent esse tres; ordinavimus quod suppleatur numerus. Non servant iciunia regule, iniunximus priori ut plenius ea observaret et faceret observari. Carnes comedunt absque necessitate; interdiximus eis esum carnium, nisi quatenus regula permittit. Habent in redditibus VIIxx libras turonenses; debent circa XXV libras. Prior non computat cum socio suo de statu domus; statuimus ut socii sui sciant omnes statum domus.

(*Registrum visitationum archiepiscopi Rothomagensis, p.* 80).

MCCLV. — XII Kl. (februarii).

Visitavimus ibidem. (apud Alenceonium). Ibi sunt tres monachi de Lonlay, Cenomannensis diocesis, quorum duo sunt presbyteri; alius est infans, et utitur adhuc camisia Non servant iciunia regule; injunximus quod melius observarent Utuntur communiter carnibus; interdiximus eis usum carnium, nisi quatenus regula permittit Non habent regulam nec statuta pape Gregorii; injunximus quod procurarent et regulam et statuta, et ea plenius observarent. Mulieres comedunt aliquando in prioratu; inhibuimus ne de cetero comederent ibi. Debent XXX libras, nec habent satis estauramenta ad annum. (*Id.* p. 234).

MCCLX. — Non septembris.

Visitavimus prioratum de Alenceonio. Ibi erant tres monachi de Lonlay Ceromannensis dyocesis, quorum duo erant presbyteri ; alius erat acolitus, et utebatur

Il y a longtemps qu'il est possédé en commande. Dez l'an 1571, c'estoit un séculier appelé Antoine Landry, en 1599 c'estoit un autre séculier appelé Jean de Saint-Denis, ce qui s'est perpétué jusqu'à aujourd'huy.

Le Prieur jouit des grosses dixmes excepté le traict de la Barre, il possède des maisons dont une est appelée le prieuré, antienne demeure des Prieurs, des terres et des prez et le fief de Mancicas dans les Marcheries.

Par le bail fait du dit prieuré en 1656, le preneur, toutes charges acquitées, s'oblige à payer par an 2200 l.

Il est diminué de valeur depuis, à cause des portions congrues et, en 1710, le fermier toutes charges acquitées n'en payoit que 850 l. (¹).

Les charges du prieuré sont : l'entretien de la grange et des bastiments, le payement des portions congrues du Curé et des trois vicaires, l'entretien du chœur des églises Nostre-Dame et Saint-Léonard, 60 l. pour le chauffage des prédicateurs.

Le sieur Laborié, docteur de Sorbonne, prieur d'Alençon, estant mort en 1709, il y eut plusieurs compétiteurs pour ce bénéfice. Le moine La Saussaie le requit par ses grades, un prestre séculier en fit autant et Mᵉ Michel du Perche s'en fit pourvoir par l'abbé de Lonlay et en même temps envoya à Rome le demander *per obitum* en commande. Cela produisit un procez. Le prestre séculier se désista de ses réquisitions, mais l'abbé de la Coste, chanoine de Nostre-Dame de Paris, aprésent abbé de Lonlay, l'obtint aussy en Cour de Rome *per obitum* et en vertu de ses lettres de *committimus*, il appeia la cause au parlement de Paris, elle y dura plusieurs années et a enfin esté jugée en 1715 en faveur de Mᵉ Michel du Perche, bachelier de Sorbonne et curé de Gandelain, en conséquence de son pourvueu en Cour de Rome. Il obtint un visa de l'évèque de Séez quil luy donna seulement en ces termes: *ad conservationem juris N. si quod habes.*

camisia. Non habebant regulam nec statuta pape Gregorii; precepimus ea queri et haberi, et que contenta in eis pro posse sua plenius observarent. Utebantur passim carnibus, non servabant iciunia regule; precepimus hoc emendari. Inhibiumus priori nec permitteret socios per villam discurrere, nec mulieres in prioratu comedere, nec etiam conversari. Debebant XXV libras (*Id.* p. 373).

(1) En 1790, le revenu du prieuré d'Alençon fut estimé charges déduites à 5652 livres.

(Louis Duval. *Cahiers de doléances du clergé du bailliage d'Alençon,* p. 103).

Il en prit possession le jeudi 24 avril 1710, par l'entrée libre de l'église Nostre-Dame, baisant le principal autel, touchant le missel, prenant séance en la place affectée au Prieur, sonnant les cloches, comme aussy par l'entrée libre dans l'église Saint-Léonard, succursalle de la dite église Nostre-Dame.

Dans le contrat du 30e septembre 1475, entre le Prieur et les thrésoriers pour le bastiment de l'église, il est dit que les thrésoriers acquiteront le dit Prieur sa vie durant de tel droit que les dits chapelains de la dite église demandent au dit Prieur pour les festes annuelles ou le dit Prieur est tenu faire le service.

Comme les Prieurs ne se rendoint pas à Alençon ils n'ont pas formé aucune contestation sur leur préséance et leurs honneurs avec les Curez dont il y aye aucun titre. Il est seulement dit dans l'accord passé au tabellionage d'Alençon en 1571 entre le Curé et le Prieur, *que les oblations de l'église appartiennent au Curé, sauf des cinq festes principalles et solennelles qui s'appellent rendables, dont le Prieur prend les deux parties des oblations et auquel appartient faire le service divin es dites festes.* On ne scait pas si cela a jamais esté exécuté.

Mais le sieur du Perche estant paisible posesseur a tenté de s'attribuer des honoraires et une préséance. Il a fait sur cela différentes propositions au Curé qu'il a toujours refusées, et enfin ils sont convenus entre eux de donner leurs prétensions et leurs raisons par écrit et ensuite de consulter des personnes éclairées, pour se conduire par leur avis pour le bien de la paix, ce qui s'est fait sans aucune compromission, ny engagement par écrit.

Le Prieur commença le premier et prétendit trois choses : 1° que le Prieur est le Curé primitif d'Alençon et le Curé est vicaire perpétuel ; 2° qu'il y a des honneurs attachez aux curez primitifs ; 3° qu'on ne peut objecter au Prieur un défaut de possession.

Le Curé respondit à tout ce soutient que le Prieur n'estoit pas Curé primitif, ny luy vicaire perpétuel.

2° Que les Curez primitifs n'ont aucuns droits ny honneurs, que ceux qui sont fondez en titre ou en possession valable.

3° Qu'une église prescrit contre une église par une possession légitime.

On consulta sur le tout M. Le Chevallier, à Roüen, qui donnoit du costé du Prieur ; mais Le Maire, le plus fameux consul-

tant de Paris, respondit en faveur du Curé d'Alençon d'une
manière claire et positive. En 1718, l'évêque de Séez prit aussy
la peine de luy en parler, il consulta mesme sur cela plusieurs
personnes habiles, qui furent tous de l'avis de M. Le Maire, et la
chose en est demeurée là, en sorte que le Prieur ne fait aucune
fonction spirituelle dans l'église de son prieuré et n'y a aucune
préséance, et le Curé se donne bien de garde de l'inviter à rien
pour ne pas lesser prendre une possession contre luy.

Il arriva mesme qu'en 1715, le Prieur, ayant esté prié d'aller
dire une messe solennelle à Sainte-Claire à l'occasion de la
canonisation de Sainte-Catherine de Bologne, il vint concerter
avec le Curé comme la chose se fairoit, et le Curé consentit qu'il
conduisit le clergé de Nostre-Dame processionnellement de
l'église Nostre-Dame en celle de Sainte-Claire, pourvueu qu'il
parut qu'il ne le faisoit qu'à la prière et du consentement du
Curé ; pourquoy il fut convenu que le Curé l'en prieroit par une
lettre au bas de la quelle le prieur écriroit : *J'accepte avec plaisir
la prière que vous me faites sans que cette cérémonie puisse
tirer à aucune conséquence contre vous. Je suis .. du Perche,
prieur d'Alençon, le 6e juin 1715.*

Ainsy fut fait. Les religieux Cordeliers vinrent en corps en
l'église Nostre-Dame. Le Curé les reçeut avec son estolle, le
Prieur ne parut pas, et aprez avoir chanté une antienne et commencé les litanies, quand il fallut partir en procession, le Curé
alla trouver le Prieur qui estoit en la sacristie et le pria de prendre son estolle pour conduire la procession (1).

Le Prieur est redevable à la seigneurie de Larrey (2) à cause
du fief de Mancicas (3) de présenter tous les ans à l'autel de
Nostre-Dame pour la bénédiction des cierges une *havée* ou poignée de chandelles de cire et 16 ou 20 deniers et est tenu
aussy de donner une botte de paille (4).

Cela s'exécute encore. Ces chandelles estoint pour les seigneurs

(1) Louis Aimé des Moulins abbé de l'Isle, dernier prieur d'Alençon, obtint des
décisions contraires et en conséquence a officié le jour de Pasques 1785.
(O. Desnos. *Mém. hist sur Alençon et sur ses Seigneurs*, T. I. p. 40).
(2) Larré plein fief de haubert dont le siège était assis à la cour de Larré ancien
manoir aujourd'hui converti en ferme dans la commune de Larré, canton Est
d'Alençon.
(3 Le fief de Mancicas avait son chef à Alençon dans la rue des Marcheries.
(4) Il n'est pas parlé de deniers dans les aveux ny de cire. (*Note de Belard*).

et dames de Larrey qui venoint à l'office, les deniers estoint pour
faire leurs oblations et la paille pour se coucher pendant l'office
de la nuit selon l'ancien usage (1). Les seigneurs de Larrey ne
ramassoint pas cy-devant ces chandelles et ces deniers, ils retour-
noint au Curé ; mais depuis que M. de l'Isle (2) en est devenu
seigneur, il les fait ramasser, depuis 6 ou 7 ans. Ces chandelles
ne sont aprésent pas plus grosses que des allumettes.

Le prieur fournit aux thrésors de Nostre-Dame et de Saint-
Léonard par an six cens 2 tiers de paille. Il est obligé aux réfec-
tions et réparations du chœur des dites églises. M. de l'Isle,
comme propriétaire de la terre de Larrey, est saisi de trois aveux
par les Prieurs représentez par l'abbaye de Lonlay et par les
abbez (3).

Le 1er est de l'an 1405 au comte d'Alençon en ces termes :
*Les religieux tiennent le prieuré d'Alençon avec le patronage
de l'église, auquel prieuré il y a un fieu apelé fieu de Mancicas, lequel leur fut donné et aumosné par le seigneur de
Larrey, les hoirs duquel ont accoutumé prendre chacun an à
la Chandeleur en l'église Nostre-Dame une havée de chandelles
sur l'autel Nostre-Dame et un faix de feuve en la grange du
prieuré.*

Le 2e est de 1580 à François, duc d'Alençon : *Ils tiennent le
prieuré et le patronage de la cure d'Alençon, en laquelle
prieuré il y a le fief noble nommé le fief de Manchicas à cour
et usage, auquel il y a hommes et hommage et rente en deniers
et autres devoirs, lequel leur fut donné par le sieur Laré, les*

---

(1) La paille se présentoit cy devant à l'autel et cela a cessé environ en 1715.
(*Note de Belard*).

(2 Louis des Moulins de l'Isle acheta la terre de Larré de René Jajolet au commencement du xviiie siècle. Son fils Aimé Louis des Moulins abbé de l'Isle la vendit le 18 prairial an vii devant M. Meurger, notaire à Alençon, à M. de Beaurepos
dont les héritiers la possèdent encore.

(3) Ces pièces n'existent plus. Le 30 octobre 1793, les aveux, déclarations, gages
pleiges du ci-devant fief de Larré appartenant au citoyen abbé de l'Isle ci-devant
seigneur et patron de la paroisse de Larré, furent brûlés en présence de la garde
nationale.
(*Extrait du registre des délibérations de la commune de Larré et communiqué
par M. l'abbé Barret*).
Le 11 août précédent tous les titres féodaux des différents fiefs qui composaient
le ci-devant Marquisat de l'Isle avaient été brûlés à St-Germain-du-Corbéis.
(*Registre des délibérations de la commune de St-Germain*).

hoirs duquel ont accoutumé prendre pour icelle cause chacun
an en l'église Nostre-Dame le jour de la Chandeleur une havée
de chandelles sur l'autel Nostre-Dame et un faix de feuve en
la grange du dit prieuré.

Le 3e est de 1683 au Roy : *Louis Berier* (1), *chanoine et*
archidiacre de Paris, prieur et comte de Percy, abbé de Lonlay,
déclare tenir pour luy et sa dite abbaye un fief noble appelé le
le fief de Mancicas, lequel s'étend aux environs d'Alençon et
au haut du faux bourg de la Bare, pour cette raison vulgaire-
ment apelé la petite Bare, lequel fief noble fut jadis aumosné
par le seigneur baron de Larey, les hoirs et domestiques
duquel ont accoutumé de prendre en reconnaissance de la dite
donation par chacun an en l'église Nostre-Dame, la feste de
la Chandeleur, une havée ou poignée de chandelles sur l'autel
Nostre-Dame et un faix de paille ou feuve dans la grange du
prieuré, lequel fief noble a juridiction féodalle et dépend
aprésent du prieuré d'Alençon avec droit de percevoir les
dixmes de la petite Bare et à raison duquel prieuré duquel la
présentation appartient au dit fief de Mancicas, lequel sei-
gneur abbé est aussy présentateur de la Cüre et des vicariats
perpétuels de la ville d'Alençon, tant par l'acte de la fondation
de la dite abbaye que par les concessions postérieures faites
par les ducs de Normandie, rois d'Angleterre, comtes d'Alen-
çon et autres souverains, à la représentation desquels S. M.
est fondée à raison de.... . lesquels ténements le dit seigneur
abbé pour luy et la dite abbaye reconnoit (2).

DES CONFRAIRIES

Il y a à Alençon grand nombre de confrairies qui, avant 1625,
estoint tombées dans le dérangement. Le curé Thuaudière voulut
y remédier ; mais l'Evêque trouva mauvaix qu'il l'eut fait sans
son authorité et approbation, ce qui l'obligea en 1625, sur la

(1) Berrier (Louis), archidiacre de Paris, prieur et comte de Percy, abbé com-
mendataire de Lonlay 1679-1691.
(2) Le marquis de l'Isle, seigneur de Larré exerça encore les droits de ses prédécesseurs en 1782 et prit la havée de bougies.
(O. Desnos *Mém. hist.* T. I. p. 38).

plainte qu'il receut de l'omission des services des dites confrairies, de faire un reiglement général pour celles de Nostre-Dame et de Saint-Léonard comme estant chose, dit-il, dépendante de sa dignité et juridiction épiscopalle par les constitutions de l'église et ordonnances royaux referez en l'art 37 de l'ordonnance de Blois, avec deffense au Curé ou vicaire de recevoir, exécuter, lire ou publier ès dites églises aucune ordonnance autre que la présente à peine d'excommunication. Lequel reiglement l'évêque Camus fait, aprez avoir ouy les Curé, vicaires, chapelains et prestres juridiquement, aprez avoir consulté l'usage, la coutume et les comtes des dit s confrairies.

Par lequel reiglement, aprez avoir fixé le nombre des chapelains et les services de chacune confrairie, il ordonne que pour mieux entretenir les dites confrairies, il commet à l'administration des dites confrairies M. Jean Boucher, prestre, S. Lenoir et C. Collet, advocats, pour le temps de deux ans, suivant l'élection qui en avoit esté faite cy-devant, ordonne que sur les deniers du revenu sera fait un coffre qui sera mis en la dite église et fermé de deux clefs diverses, dont l'une sera ès mains du dit Boucher et l'autre d'un des deux avocats, et délibéreront les dits administrateurs avec le Curé sur les affaires de la dite administration. Et ajoute *par lesquelles confrairies n'entendons estre aucunement préjudicié au service ordinaire et paroissial de la dite église. Enjoint aux Curé et administrateurs d'avoir regard sur les ecclésiastiques chargez de dire les messes des dites confrairies pour amander les défaillants, ainsy qu'il sera avisé par les dits Curez et administrateurs*, le 28 juill. 1625.

Ce reiglement a beaucoup varié depuis et n'est pas exécuté, comme on dira parlant de chaque confrairie:

Dans l'ordonnance de visite de 1708, il est dit :

Art. 41, les thrésoriers, prévots et administrateurs de Charité et confrairies ne pourront accepter aucunes fondations sans appeler le sieur Curé et sans avoir sur ce son avis.

Art. 42, pour la sûreté des fondations, les administrateurs des confrairies seront tenus d'employer de l'avis du sieur Curé en fond les sommes données pour les fondations.

Art 43, il sera fait un tableau des dites fondations par le sieur Curé et thrésoriers.

Art 45, il sera fait un inventaire des titres et papiers qui seront mis dans deux armoires fermantes à deux clefs dont l'une sera donnée au Curé.

Art. 46, les précautions marquées dans les articles précédents pour les thrésors seront prises pour les confrairies à l'exception de la Charité.

Art 47, les sieurs Curé et administrateurs des confrairies dont les statuts n'ont pas esté représentez, nous les représenteront incessament et s'ils n'en ont pas ils se retireront devant nous pour en avoir.

En 1573, François, fils et frère de Roy duc d'Alençon (1), à tous nos justiciers salut. Le Curé de l'église paroissialle Nostre-Dame d'Alençon, les chapelains des confrairies fondées en la dite église et en l'église Saint-Léonard son secours, les marguilliers des dites églises, avec les receveurs de la maison Dieu, nous ont fait entendre qu'une grande partie de leurs titres et enseignements de leurs rentes dont ils ont toujours jouy sans contredit, toutes fois pour ce qu'aucun d'iceux ont esté distraits, bruslez et gastez au temps de troubles et guerres civiles. Les redevables ont fait refus de payer, sinon qu'il leur apparut des titres.

A quoy les suppliants ne pourront satisfaire ayant esté perdus, requérants que faisant apparoir deux ou trois comtes rendus consécutivement en justice par le passé, il nous plaise leur pourvoir de provision nécessaire. Nous, à ces causes désirants pourvoir à la conservation des biens des églises, nous mandons et commettons que, s'il nous appert des dits comtes rendus en justice par les suppliants par lesquels la possession des dites rentes soit duement vérifié et que par thesmoins ou autrement il paroisse les suppliants en avoir jouy, en ce cas, vous contraigniez les redevables aux dites rentes, sans que les suppliants pour la perception des dites rentes soint tenus faire apparoir les dits titres, ny autres choses que les dits comtes que voulons avec la sentence qui interviendra leur servir de titres tant pour le passé qu'à l'avenir.

Dans les statuts synodaux en 1674, chap. 17 : Nous faisons deffenses d'establir aucunes confrairie sans notre permission par

_____

(1) François, fils du roi Henri II et de Catherine de Médicis frère des rois François II, Charles IX et Henri II, duc d'Alençon, 1566-1584

écrit du revenu desquelles les administrateurs rendront comte devant nous ou les archidiacres. Nous voulons que celles qui sont establies soint reiglées suivant les statuts de leur institution, nous réservant à y retrancher, augmenter ou corriger selon que nous jugerons à propos, deffendant tous festins accoutumez de sy faire soit aux festes des confrères ou à ceux de la confrairie. Art. 2, et en cas qu'on voulut continuer dans cet abus, les Curez et ecclésiastiques n'y assisteront en aucune manière sous peine de suspense encourue *ipso facto*.

Il faut voir sur les confrairies le Concile de Roüen tenu en 1581, sous le cardinal de Bourbon, titre *de curatorum officiis num. 34* (1), où il faut observer ces mots : *congrue ducimus a curatis parœciarum, in quibus celebrantur, quœ sacra ab ipsis fiunt, regi ac disponi, sine quibus qui tquam agi non putamus œquum.* Il faut voir encore les statuts de M. de Harley en 1618, article des confrairies (2).

En 1704, le Roy créa des charges de thrésoriers et administrateurs de confrairies avec ordre de mettre deux clefs aux chartriers dont le Curé avoit une. Cela a esté supprimé peu de temps aprez.

Les comtes des confrairies se rendent différemment comme il sera dit en parlant de chaque confrairie.

CONFRAIRIE DE LA PRÉSENTATION NOSTE-DAME (3)

Elle est ant'enne, on ne scait par qui elle a esté fondée. Elle avoit anciennement grand revenu et beaucoup de chapelains.

En 1527, Henry, roy de Navarre, duc d'A'ençon, à la réquisition de l'administrateur, frères et chapelains de la dite confrairie contenante que cas offrant il n'a pas aucune des chapellenies, il appartenoit aux confrères y pourvoir, et pour ce faire le chapitre tenu auquel se trouvent les dits confrères. Mais pour raison de grand désordre et menées qui se font et advient qu'au moyen des brigues il y a dissension entre les gens de bien, confrères et

(1) Dom Bessin concilia Rotomagensis provinciœ, p. 223.
(2) Dom Bessin concilia Rotomagensis provinciœ pars posterior. p. 118.
(3) O. Desnos *Mem. hist. sur Alençon et sur ses seigneurs*, T. I. p. 47.
Louis Duval. *Cahiers de doléances du clergé Bailliage d'Alençon*, p 105

chapelains, pour lesquels éviter et que dors en avant, il y a ye personnages suffisants de vaquer à la dite confrairie, se seroint les confrères assemblez et auroint fait sous leur seing la délibération qui s'ensuit : Nous soussignez..... considérants les inconvénients et haines qui se font par aucuns gens d'église à la vacation des dites chapellenies.... pourquoy obvier. Nous connaissants les élections des chapelains plus convenables aux chapelains d'icelles confrairies, en ce qu'ils connaissent les prestres qui leur sont plus propres.. pour cette cause nous accordons pour nous et nos successeurs que les chapelains qui seront présents avec l'administrateur de la dite confrairie puissent choisir deux personnages de cette ville pour estre élus ès dites chapellenies, les quels deux nous seront par les dits chapelains présentez en chapitre qui sera tenu par le juge ainsy qu'il est accoutumé, pour un d'iceux estre eslu, ainsy que Dieu nous donnera grâce, ce que verrons estre plus convenable.

Que s'il est cogneu qu'un des dits gens d'église avoit en cette occasion fait quelques dons ou promis donner ou requis de luy donner faveur, pour cette fois en sera privé.

Nous requérants les dits suppliants leur permettre confirmation de la dite ordonnance... pourquoy nous, les choses considérées, avons authorisé le dit accord pourvueu que la nomination des dits deux chapelains, le droit de nommer et présenter ne puisse estre dit censé et réputé ecclésiastique, mais soint et demeurent les dites chapellenies séculières ainsy qu'elles ont toujours esté par cy-devant.

Il paroit par les comtes et les fondations que cette confrairie avoit autrefois seize chapelains. Depuis environ 120 ans, ces chapelains devinrent alternatifs, ensuite furent à six et enfin remis à sept comme ils sont aujourd'huy.

Dans l'ordonnance de 1625 de l'Évèque Camus, *nous avons reçu et approuvé la confrairie exercée sous le nom et titre de la Présentation de Nostre-Dame pour estre desservie à l'avenir ainsy que devant au grand autel par sept chapelains, le Curé compris pour premier et principal, le service divin d'icelle consistant en l'office solennel du jour de la Présentation de Nostre-Dame compris les premières vespres, trois grandes messes le lendemain et deux messes chacun autre jour de l'année, l'une basse qui sera dite à cinq heures et l'autre à*

note qui sera dite à huit heures et demie..... Les messes basses
de fondation de la dite confrairie seront dites après les messes
ordinaires de la dite confrairie ou entre icelles.

Il paroit par les comtes qu'en 1625 outre les sept chapelains, la
confrairie avoit quatre enfans de chœur et deux clercs.

La messe basse de la dite confrairie a entièrement cessé en
1645. La confrairie payoit 4 l. par an de rétribution pour une
messe de chaque semaine. L'ancienne rétribution des chapelains
estoit de 15 l. par an. En 1620, ils avoint 24 l., en 1626 ils furent
réduits à 18 l. ; en 1629, ils avoint 20 l. ; en 1640, 26 l. ; en 1644,
30 l. ; en 1652, 35 l. ; en 1658, 40 l. ; en outre, un boisseau de
froment pour le pain des messes. Aprésent ils n'ont que 40 l.
pour tout avec quelques casuels.

Il paroit encore que les chapelains estoint spécialement obligez
d'assister à tout l'office de paroisse et que pour les y engager ils
avoint chacun 5 s par chaque feste considérable et 2 s. 6 d. pour
les autres.

Les messes et services de la confrairie se disent au Maître-
Autel. Le Curé Chenard, par l'authorité de S. A. R., avoit
engagé les chapelains de les dire à l'autel de la Vierge, mais aprez
la mort de cette princesse, les chapelains les ont recommencez au
grand autel.

La messe ordonnée a note chaque jour à huit heures et demie
par le reiglement de 1625, se dit à huit heures on ne scait depuis
quand. Elle est chantée chaque jour *de Beata.* selon le temps
votive. Le Curé Chenard avoit encore obligé les chapelains de la
chanter du jour affin de former les ecclésiastiques au chant ;
mais quelque temps aprez la mort de S. A. R., les chapelains
présentèrent une requeste à l'Évêque pour demander d'estre
authorisez à la chanter selon l'ancienne coutume *de Beata.* La
requeste fut communiquée au Curé et l'Évêque ordonne en 1706
qu'on suivroit l'ancien usage, en sorteq u'on la chante toute
l'année *de Beata*, à l'exception des vendredis qui est *de requiem.*
Ceux qui sont immatriculez en la dite confrairie donnent 45 s.,
on assiste à leur inhumation et on leur dit un service aprez leur
mort consistant en un nocturne et une messe haute des morts.
Chaque chapelain a 3 s. Les parents des deffuncts donnent une
toile pour la croix de la confrairie pour l'inhumation. Ces toiles
sont enfin partagées entre les chapelains.

Les chapelains ont 10 s. pour chaque service anniversaire consistant dans tout l'ofice des morts et trois messes hautes.

Il y a plusieurs fondations anniversaires et de messes basses insérées dans le tableau qui est dans la sacristie.

Depuis quelques années la confrairie fournit le pain et les cierges aux prestres pour le service de la confrairie, elle a toujours fourni les ornemens pour les messes hautes avec le calice.

La nomination des chapelains se fait comme il est porté par la charte de Henry. Les chapelains choisissent deux prestres, S. A. R. en choisissoit un et aprésent c'est le lieutenant général en la place des frères de la confrairie. Les comtes se rendent devant luy.

La confrairie depuis environ 2 ans a renouvelé l'usage d'avoir un clerc en surpelis pour porter la croix aux inhumations et servir les messes.

Le Curé de temps immémorial est chapelain de la confrairie. En 1499, le Curé Edmond Clément accepte la fondation de Jean de Bouleur. Dans la transaction de 1571 entre le Prieur et le Curé, le Prieur, pour se deffendre de payer une portion congrue, disoit que le Curé avoit de gros revenus et qu'en particulier il estoit chapelain de Nostre-Dame.

Dans le reiglement de 1625, l'Évêque, sur l'audition des chapelains, la veu des comtes et la connaissance des usages et de la coutume, reconnoit le Curé pour premier et principal chapelain.

Et dans tous les comtes, le Curé paroit toujours un des chapelains de temps immémorial, ce qui fait croire qu'il est chapelain né et de droit, et non seulement chapelain comme les autres, mais premier et principal. C'est luy qui préside à tous les offices, qui doit reigler les services et qui a la première voix et le premier pas en tout selon l'usage et la coutume, et cela ne paroit pas luy avoir esté contesté avant l'an 1719, à l'instigation du nommé Abraham Marié, nouveau converti, prestre administrateur de la dite confrairie, antien disciple de feu le prestre Hébert, accusé et comme convaincu de Jansénisme, estant luy mesme le dit Marié, appelant de la constitution, lequel a cru se distinguer en suscitant au Curé un injuste procez dans lequel il a engagé quelques autres chapelains.

Le dit Marié a commencé à contester au Curé ses présences, quand il est occupé aux fonctions de son ministère et à la conduite de sa paroisse et ne voulant payer, le Curé le fait assigner au bailliage en 1719. Marié a respondu que n'estant que chapelain par élection comme les autres, il n'estoit pas censé présent et pour prouver qu'il n'est chapelain que comme les autres, il a produit : 1° La charte de Henry où entre les chapelains, il n'est pas parlé du Curé ; 2° plusieurs fondations anciennes ou il est dit, qu'en cas que le Curé ne soit pas un des chapelains ; 3° deux nominations faites par les chapelains lors du décedz du Curé pour présenter à M° de Guise, pour chapelain avec un autre, le Curé Chenard et le Curé Belard ; 4° plusieurs fondations ou le Curé n'est pas dénommé.

Le Curé a respondu à ces objections et autres dans ses écrits et prétend prouver qu'il est chapelain né et que quand il ne seroit pas, il est censé présent à tout, quand il est absent pour les fonctions de son ministère. L'affaire est au raport de N., ce 27° feb. 1720.

Le Curé n'a qu'une simple rétribution dans tous les services et le gros comme les autres chapelains. C'est luy qui fait l'office le jour de la feste de la confrairie et perçoit les oblations.

Les chapelains troublèrent par entreprise le jour de Saint-Nicolas en décembre 1719 les vespres de la confrairie de ce saint, qu'on a coutume de dire à deux heures en chantant eux-mesmes l'office des morts à la mesme heure contre l'usage. En 1718, ils firent faire extraordinairement un service anniversaire pour une sœur des chapelains. Ils prétendent estre en droit de fixer eux-mesmes, sans relation au Curé, tous les services, mesme casuels, pour le jour et l'heure, et comme tout cela est préjudiciable à l'authorité du Curé, il les a fait assigner en 1719 à l'officialité.

Le 11° may 1720, il a esté jugé au bailliage que le Curé seroit payé jusqu'à ce jour de tout ce qui luy estoit deub depuis ses dernières quittances, et pour l'avenir qu'il seroit tenu d'assister à tout, comme les autres chapelains, excepté dans les cas de l'administration du baptesme et des sacrements aux malades dont il sera cru sur sa déclaration, despens, compensez. Cette sentence est insoutenable quant à la deuxième partie, le Curé voira le party qu'il doit prendre. Elle n'a pas esté signifiée. On n'a pas touché à la qualité de chapelain né (1).

(1) Le 5 juin Marié a appelé (*Note de Belard*).

Il y a des indulgences plénières accordées à la dite confrérie en 1675 par le Pape et visées par l'Évêque en 1679 sous le nom de la confrérie de la bienheureuse Vierge Marie.

Il faut observer que toutes les anciennes fondations de la confrérie ne subsistent plus.

Le 17 may 1720, sur le procez meu à l'officialité entre le Curé et les chapelains, dont il est parlé cy-dessus, il a esté jugé ainsy qu'il s'ensuit : Nous avons fait très expresses deffenses au dit sieur Le Marié et chapelains de faire à l'avenir l'*obit* à trois nocturnes, le jour de Saint-Nicolas, dans un autre temps qu'à une heure aprez midy, sous les peines de droit en cas de récidive. Leur deffendons de faire aucuns services casuels qu'aux jours et heures désignées par le sieur Curé comme premier et principal chapelain de la dite confrérie et autres fondées dans la dite église conformément aux ordonnances de l'Évêque de Séez, de 1625. Et nous avons condamné le dit Le Marié, aux qualitez qu'il procède, de payer au dit sieur Curé les honoraires qui luy sont deubs pour le service anniversaire qu'ils ont fait sans sa participation, suivant l'usage de la dite église, ou la taxe qui en sera par nous faite avec deffenses d'en faire de pareils à l'avenir. Le dit sieur Le Marié aux dits noms condamné aux dépens. Ce qui sera exécuté nonobstant.... Cette sentence a esté signifiée avec la taxe de dépens dont du tout est appel à l'officialité de Roüen, ou l'affaire est pendante et sursise jusqu'au jugement de celle qui est au parlement touchant la qualité de Curé né et des assistances.

Le 5 juin 1720, les chapelains ont appelé de la sentence rendue au bailliage le 11 may précédent la cause a esté mise au rolle, ensuitte apointée. Le Curé s'attendoit d'appeler de son chef lors du plaidoyer, mais il a appelé depuis qu'elle est apointée. Elle est actuellement au raport de M. de Missy, conseiller en grande chambre. Ce 21 avril 1724 elle estoit en estat d'estre jugée et le curé était à Rouen et le prestre Foucher, un des chapelains, lorsque M. de Missy proposa un accommodement qui est une espèce d'acquiescement tant sur les questions mües au parlement que sur celles de l'officialité. L'accord fut dressé par M. de Blainville, grand chantre de Bayeux, et, aprez plusieurs explications, le prestre Foucher le fait signer à ses trois autres confrères et la remis au Curé qui en a signé aussy une coppie en ces termes: *Pour terminer le procez pendant à la Cour de Parlement entre M.*

Pierre Belard, curé d'Alençon, et les chapelains de la confrérie de la Présentation de Nostre-Dame d'Alençon : il a esté arresté et consenti que le dit sieur Curé poura prendre la qualité de premier et principal chapelain de la dite confrérie, que le sieur Curé en percevra les rétributions tant qu'il sera dans la ville, lorsqu'il sera occupé aux fonctions de son ministère pastoral dont il sera cru sur sa parole, et lorsqu'il sera absent et hors de la ville, il sera tenu pour percevoir les dites rétributions de justifier que les causes de son absence sont pour les inthérests de son église ou de la dite confrérie ; et à l'égard des questions mues à l'officialité de Séez, les dites parties ont encore consenti et convenu que l'obit, accoutumé d'estre dit le jour de Saint-Nicolas, se dira à une heure, et que l'heure des services casuels sera fixée aprez la messe de huit heures, que le jour en sera marqué par M. le Curé et que la confrérie ne faira aucun autre service anniversaire que ceux qui seront reiglés par les fondations, ou par les testaments des bienfaiteurs d'icelle. Et par ce moyen les dites parties s'en vont hors de Cour et de procez, consentant que le présent soit homologué aux frais de ceux qui le jugeront à propos, fait double à Roüen, 28e juillet 1724. Signé : S. Chenay, prestre ; Alexandre Marescot, prestre ; Le Marié, prestre, et Fousher, prestre ; le 5e, qui est Jusquin, n'estoit plus chapelain et estoit tombé en démence.

Le Curé, le 12e août ensuivant, a présenté sa requeste à Mgr l'évêque de Séez, pour demander la ratification du dit accord en ce qui le regarde et qu'il fut enregistré dans son secrétariat. Sur quoy l'Évêque a écrit au pied du dit accord : *Veu le susdit accord, nous l'avons ratifié et iceluy fait enregistrer en notre secrétariat, donné à Séez, ce 19e août 1724, † D. B., évêque de Séez* (1).

En conséquence du dit accord, le Curé a esté payé de ses rétributions deubs pour le passé.

Il faut observer que les chapelains, par la qualité de premier et principal chapelain, prétendent que ce n'est pas le chapelain né. Mais ils ont soutenu le contraire dans leurs écrits et c'est dont estoit question dans le procez.

(1) Dominique-Barnabé Turgot de St-Clair, évêque de Séez, 1710-1727.

9

CONFRAIRIE DU SAINT-SACREMENT

Il y a très longtemps qu'elle est érigée en l'église paroissialle Nostre-Dame. Le plus ancien comte qu'on en a est de 1506, par lequel il paroit quelle estoit déjà bien establie. Il y avoit alors sept chapelains qui avoint chacun 3 livres Il est fait mention de . 3 messes hautes par semaine, le jeudy, le vendredy et le samedy. Il n'y est pas parlé du Curé, sinon dans un service, où il est dit qu'il a 3 s. 4 d. pour rétribution. On distribuait à chaque chapelain 2 s. le Jeudy-Saint, 5 s. le jour de l'octave du Sacre et 12 d. le jour de Saint-Pierre. C'estoit la confrairie qui payoit les sonneurs et le luminaire le jour de l'octave du Sacre.

En 1542, il est parlé de quatre messes fondées et de quatre obits où le Curé avoit sa rétribution.

En 1596, il ne paroit que six chapelains qui avoint chacun 4 l. de rétribution.

En 1605, Fr. Macé Bigot, curé, fut pourvueu d'une des chapellenies et avoit en outre tous ses droits rectoriaux en tous les services.

Dans le reiglement fait par l'Évèque en 1625, il est fait mention de six chapelains, le Curé compris, et le service consistoit en une messe haute au grand autel les jeudis de chaque sepmaine, à 6 heures et demie; en outre, le service solennel le jour de l'octave de la feste du Saint-Sacrement.

En 1628, les comtes, qui se rendoint auparavant en justice, se rendent devant le Curé, ce qui se pratique encore aprésent. Chaque chapelain a 4 l. de rétribution et le Curé 5 l. On voit dans ce comte qu'on faisoit tendre dans le cimetière le mardy dans l'octave du Saint-Sacrement; qu'on achetoit des fleurs pour parer l'autel le jour de l'octave du Sacre, que chaque frère et sœur payoit 12 deniers de rente à la confrairie qui estoint ramassez par un clerc; qu'on payoit au sacriste de Nostre-Dame 18 s. par an et qu'on disoit chaque année une messe pour les deffuncts de la confrairie.

En 1631, cette messe pour les deffuncts de la confrairie se disoit de *Requiem* à note le jeudy de l'octave et le prestre avoit 8 s. de rétribution. En 1645, on a commencé à la dire le lendemain de l'octave, comme cela se pratique aujourd'huy.

Il paroit par tous ces comtes qu'on dépensoit beaucoup en cire et en encens.

On ne scait pas combien la messe ordonnée par le reiglement de 1625 pour tous les jeudis de l'année a subsisté. Apparemment que les chapelains y estoint obligez tour à tour sur leurs gages. On croit que le salut solennel des premiers jeudis de chaque mois a commencé environ en 1640 ; car dans le comte de cette année, il est dépensé 3 l. 2 s. par an pour avoir fourni le luminaire et l'encens aux premiers jeudis du mois et au mardy de l'octave.

En 1650, il est parlé pour la première fois d'une messe tous les premiers jeudis du mois, alternativement par les chapelains dont le prestre avoit 8 s. de rétribution.

En 1672, cette messe est affectée au Curé qui a 10 s. par rétribution.

En 1682, les gages des chapelains sont réduits à 2 l. 10 s. et ceux du Curé à 3 l. 10 s. Dans la mesme année, il fut résolu que le Curé auroit 7 l. pour les messes des premiers jeudis et son droit rectorial et 3 l. pour ses honoraires comme les autres chapelains. Les serviteurs 2 l., pour le luminaire 5 l. 10 s., pour le sacriste 10 s.

On expose le Saint-Sacrement à la messe haute des premiers jeudis, depuis l'année 1672 ou environ et au salut des dits jours depuis l'année ou environ 1640.

Comme la confrairie est pauvre, le thrésor fournit tout le luminaire moyennant 3 l. par an, et cela depuis plus de 30 ans.

Dans le comte de 1713, on est convenu que les rétributions seroint augmentées, de manière que le Curé aura par an 12 l. 10 s. pour les messes de chaque jeudy, pour ses droits rectoriaux et chaque chapelain 4 l., ce qui s'exécute.

Le service de la confrairie consiste en 12 messes hautes les premiers jeudis avec exposition du Saint-Sacrement et le soir le salut du Saint-Sacrement. Quand le premier jeudy est la veille d'une grande feste, on transfère au lendemain l'exposition et le salut du Saint-Sacrement et on se contente le jeudy de dire la messe haute du Saint-Sacrement sans exposition.

Item. Dans la procession du Saint-Sacrement le mardy de l'octave du Sacre et l'office double du jour avec une messe haute de *Requiem* le lendemain de l'octave.

On a fondé depuis peu deux services en la dite confrairie

Le premier, pour Marie Gesnier, fille, dans l'octave de l'Assomption, consistant en une messe haute de la Vierge au maître-autel avec un *Libera* à la fin pour ses parents trépassez, dont il sera fait avertissement au prosne, pourquoy il sera payé à chaque chapelain 8 sols, le double au Curé, 5 s. pour l'avertissement au prosne, 4 s. aux clercs, 10 s. pour la messe. De laquelle fondation faite en 1704, il n'y a nul contract, la donatrice ayant comté sur la bonne foy du Curé et des chapelains.

Le second service est pour Catherine Bienvenu, consistant dans les vigiles des morts entières trois messes hautes avec la recommandation et les suffrages accoutumez à la dernière et avertissement au prosne le dimanche précédent le 17 août, pourquoy il est payé à chaque chapelain 15 s., au Curé le double, aux secrétains 8 s., pour les trois messes 30 s , pour la publication 5 s. Ce service fondé en 1710 sans contract a été réduit en un nocturne *Laudes* et une messe de *Requiem* et il est payé moitié de la rétribution.

Il y a en outre un service fondé par le testament de Germaine Fouchet, passé par devant le Curé en 1706, par lequel elle donne 200 l. à condition qu'aprez sa mort, il luy sera fait le jour de son déceds un service comme le précédent pour lequel sera payé 12 s. à chaque chapelain, le double au Curé, 10 s. aux secrétains, 1 l. 10 s. pour les trois messes, 5 s. pour la publication.

La confrairie a des frères et sœurs qui s'y engagent ; ils donnent ce qui leur plaist. On leur prescrit une heure pour prier Dieu devant le Saint-Sacrement par mois, et on leur fait un service à proportion de ce qu'ils ont donné à la confrairie. Le Curé a double dans ces services ; les chapelains vont à l'inhumation et y font porter une croix, quand ils en sont requis, et la toile qu'on donne va au profit de la confrairie.

En 1650, on forma le dessein d'établir une nouvelle confrairie du Saint-Sacrement à Saint-Léonard, sous le titre du nom de Jésus, qui devoit estre régie par des séculiers, qui avoint déjà entre eux des assemblées. Ils présentèrent une requeste à l'Évêque en 1658 qui la communiqua au Curé, qui, aprez plusieurs bonnes raisons, s'opposa au dit establissement qui en est demeuré là.

C'est le Curé qui nomme aprésent les chapelains depuis plus de 40 ans, cela ne lui est pas contesté. C'estoint autrefois les chapelains qui les nommoint.

Les comtes anciens sont chez le Curé, en attendant qu'on fasse un coffre, excepté les modernes qui sont entre les mains de l'administrateur avec les contracts.

Le 4e décembre 1716, Marie Sédille, fille, a donné la somme de 200 l., dont la confrairie luy faira la rente pendant sa vie et, aprez sa mort, on luy faira un pareil service que pour Germaine Fouchet.

En 1720, la confrairie a perdu tout son revenu, parce que toutes ses rentes ont esté amorties en billets de banque, et on a esté obligé de les remplacer sur le roy, scavoir : 900 l. au denier, 40 à l'hostel de ville de Paris et 10 0 l. sur les rentes provinciales, au denier 50 et pour suppléer au dit revenu, on a commencé le premier jeudy du mois de novembre de quester à la messe du Saint-Sacrement. Ce qui produit peu.

CONFRAIRIE DE SAINT-NICOLAS

Cette confrairie est ancienne. Il paroit par le comte de 1525, qu'elle estoit desja bien establie, elle estoit célèbre, il s'y faisoit beaucoup d'offices, car dans le comte de 1589, on employe par an 3 l. de cire, ce qui estoit considérable en ce temps-la. Il est fait mention de plusieurs services et messes qui ne subsistent plus, dont les chapelains avoint des rétributions manuelles.

En 1525, il y avoit 6 chapelains qui prenoint un autre prestre pour les aider. Le Curé n'est nommé chapelain que depuis environ 120 ans. Il avoit cependant pour les services pareille rétribution que les chapelains et à son absence, son vicaire.

En 1620, le Curé a 22 s. 4 d. pour ses droits et pareille rétribution que les chapelains

En 1625, dans le reiglement de l'Évêque, il y a sept chapelains dont le Curé est le premier.

En 1650, dans le comte, on paye au Curé 10 l. pour deux chapellenies et 1 l. pour son droit rectorial ; et alors il n'y a plus que six chapelains. Ce qui subsiste encore.

En 1525, les chapelains avoint chacun 5 l. par an.

En 1658, ils ont 4 l. 10 s. et le Curé 10 l.

En 1669, les chapelains ont 3 l. 12 s., le Curé 9 l. et le rendant comte remontre que le Curé a plus qu'il ne doit, ne devant avoir que 20 s. plus que les chapelains et le Curé s'engage à raison de l'excédent de fournir le luminaire aux deux festes de Saint-Nicolas.

Les comtes manquent depuis 1677 jusqu'en 1684. Dans celuy pour 1684 jusqu'en 1696, on paye au Curé 7 l. par an pour deux chapellenies, pour son droit de Curé et pour la rétribution des deux messes de Saint-Nicolas ; et les chapelains n'ont que 2 l. 10 s.

Il est ordonné par l'arresté de ce comte que sur le reliquat on faira faire des services pour les bienfaiteurs, d'autant qu'il paroit qu'on a omis ceux qu'on devoit faire. Il est encore ordonné qu'on retirera les comtes des années précédentes qui n'ont pas esté rendus.

Depuis ce temps-la, les rétributions sont les mesmes.

Les secrétains ont 15 s. par an et on dépense 10 s. en cire.

Le service de la confrairie, dans le reiglement de 1625, consiste dans le service de Saint Nicolas en hyver et en la feste de la Translation en esté, commençant aux premières vespres, matines, messes hautes, deux obits et vigiles, en trois messes au temps de l'Avent.

On ne voit pas dans les comtes suivants qu'on aye célébré les services mentionnez dans le précédent reiglement. Il est à présumer que les chapelains tour à tour disoint les messes des dits services ; car il n'en est rien dit dans l'article de dépense ; et les services ont tellement cessé qu'en 1694 le Curé en arrivant ne trouva d'autres services de la confrairie Saint-Nicolas que les premières et deuxièmes vespres avec la messe haute de Saint-Nicolas, les deux festes pendant l'année, ce qui l'obligea de faire chanter une messe de *Requiem* le lendemain. Ce qui s'observe ; l'administrateur la met en dépense et les deux des festes de Saint-Nicolas.

Comme Saint-Nicolas est le patron des écoliers, anciennement il y avoit un *Roy* parmy les écoliers, qui estoit un enfant qualifié de la ville qu'on habilloit en évesque. On a conservé l'usage d'avoir un *Roy* qui donne un pain bénit ; mais on ne l'habille pas en évesque.

C'est le Curé qui, depuis environ 40 ans, nomme les chapelains verbalement.

En 1657, le Curé avec les chapelains nomment par écrit le prestre Marignier, ils luy donnent un pourveu.

En 1719, il y a eu une contestation entre le Curé et les chapelains de la Présentation de Nostre-Dame pour les vespres de la feste de Saint-Nicolas. Les chapelains ont ce jour-la un *obit* et des vigiles qu'ils avoint coutume d'avancer pour ne pas concourir avec le service de Saint-Nicolas ; mais par entreprise, ils voulurent faire leur service à l'heure de 2 heures qui est celle des vespres de Saint-Nicolas, cela causa du scandale qui a produit un procès à l'officialité qui n'est pas fini. Ce 28e feb. 1720. En may 1720 il a esté jugé que les chapelains de la Présentation diroint leurs vigiles le jour de Saint-Nicolas, à une heure.

Les anciens comtes sont entre les mains du Curé, jusqu'à ce qu'on aye une armoire à deux clefs, à l'exception des derniers qui sont entre les mains de l'administrateur avec les contracts.

Les comtes sont rendus devant le Curé depuis 1650.

En 1720, on a receu pour amortissement de rentes 210 l. qu'on a placez aux rentes provinciales, au denier 50.

Par le comte de septembre 1723, le service de la confairie est réduit au jour de la Saint-Nicolas, les gages réduits à moitié, parce que le revenu n'est plus que de 11 l. 6 s ; en outre, le produit de la rente provincialle dont on n'a encore rien receu.

CONFRAIRIE DE NOSTRE-DAME DE PITIÉ

Cette confrairie est ancienne. Le plus antien comte qu'on en aye est de 1541, par lequel il paroit qu'elle estoit bien establie.

En 1541, elle avoit huit chapelains. En 1571, on n'en trouve que sept. En 1577, la dame de Thieuville fonde un chapelain à sa nomination auquel elle donne 5 l. En 1594, le sieur Dugué présente un chapelain et il est dit que le sieur de Boislambert a droit d'en présenter quatre. Il y avoit alors huit chapelains. Il y en a autant dans le reiglement fait en 1625 par l'Évêque de Séez. Le nombre des chapelains a varié depuis et, en 1673, il y en a sept, ce qui subsiste aujourd'huy.

Avant le Fr. Macé Bigot, curé, qui fut nommé chapelain en

1594 en la place d'un autre par le sieur Dugué, il ne paroit pas que le Curé eut esté chapelain. Il paroit seulement par les anciens comtes qu'il se trouvoit aux services et qu'il avoit sa rétribution comme les chapelains. C'estoit luy qui disoit la messe du jour de Nostre-Dame de Pitié et le lendemain des Morts et avoit 20 deniers outre son assistance en 1541.

La dame de Glatigny (1) fonde un *obit* qui sera dit par le Curé et les chapelains en 1571. Il avoit son droit rectorial des services, quoi qu'il fut chapelain en 1594. Le reiglement de 1625 le comte parmy les huit chapelains. En 1627, le Curé a deux chapellenies. Ce qui subsiste encore.

Les gages du Curé et des chapelains ont varié.

En 1541, ils avoint 6 l. et 5 s. pour rétributions d'un service. En 1571, la dame de Glatigny fonde un nouveau chapelain à qui elle attribue 6 l. En 1577, la dame de Thieuville en fonde un à qui elle attribue 5 l., les autres n'avoint plus que 4 l. En 1594, les chapelains n'ont plus que 3 l. outre les rétributions des services. En 1627, le Curé a 8 l. et 2 l. pour les services Les chapelains n'ont que 4 l. En 1636, le Curé a 13 l., les chapelains 8 l. En 1680, le Curé a 4 l., les chapelains 2 l. Ce qui subsiste encore.

Outre le service du jour de Nostre-Dame de Pitié qui consistoit aux premières et deuxièmes vespres, matines et messe haute du jour, il y avoit plusieurs services fondez. Il est parlé de la messe du lendemain de la feste dès l'an 1541, en outre de plusieurs services. Il y avoit un clerc qui servoit les messes de la confrairie. Il est parlé du blanchissage des aubes et de 7 l. de cire par an pour le service de la confrairie. On croit que chaque chapelain disoit une messe par chaque semaine.

Dans le reiglement de 1625 il n'est parlé que du service du jour et de trois *obits*. En 1673, ces *obits* susbsistoint encore. En 1674, la confrairie ayant esté obligée de soutenir des procez, les Curés et chapelains firent remise de leurs gages et il est à croire qu'en ce temps-la, les *obits* cessèrent. En 1694, le Curé

(1) Glatigny. Château moderne dans la commune de Cuissai, arrondissement d'Alençon. Le 8 mars 1564, Guillaume Jouenne-Glatigny rendit aveu au roi pour les terres et seigneuries de Glatigny et de Lanchal tenues chacune pour un huitième de fief (Louis Duval. *État de la généralité d'Alençon*, p. 235).

O. Desnos a donné une courte notice sur Guillaume Jouenne *dans ses mémoires historiques sur Alençon*, t. II, p. 537.

ne trouva d'autre service en usage que celuy du jour de Nostre-
Dame de Pitié sans matines. En 1696, il engagea les chapelains
à chanter le lendemain une messe de *Requiem* pour les bienfaiteurs. Cela subsiste.

Il paroit par les anciens comtes que la famille des Boislambert
présente aux chapellenies au moins quatre. Ils sont en usage de
les présenter toutes, à l'exception de celle du Curé.

Avant 1667, les comtes se rendoient devant M. le lieutenant
général et depuis ils se rendent devant le Curé.

L'administrateur outre les gages du Curé et des chapelains
paye la rétribution des deux messes.

Les comtes sont entre les mains du Curé, jusqu'à ce qu'on aye
un coffre à deux clefs, à l'exception des derniers qui sont entre
les mains de l'administrateur avec les contracts.

La chapelle de Nostre-Dame de Pitié appartient anciennement
aux Boislambert qui y ont leur sépulture ; mais depuis longtemps
ils l'ont engagée aux Le Comte, moyennant une somme d'argent, ce qui fait que les Le Comte y ont aussy leur sépulture (1).

Il y a dans cette chapelle une espèce de bénéfice ou prestimonie. Suzanne Poulain, vefve P. Le Comte, sieur de Boisbeulant (2), et les enfans du dit Le Comte, le 23 juillet 1659, fondent
la chapelle de Nostre-Dame de Pitié pour un chapelain qui sera
de la famille et obligé de dire chaque vendredy en la dite chapelle une messe basse et à la fin un *Libera* pour le salut des
fondateurs et des seigneurs de Saint-Denis et d'entretenir la dite
chapelle d'ornements décents et requis, pourquoy il est assigné
des prez situés en la paroisse de Saint-Denis, loués 40 l en 1710.
Cette fondation recue par les grands vicaires de Séez, ce dit
jour et an, aux conditions que le chapelain recevra de l'Évêque
une collation sur la nomination des dits Le Comte et qu'en cas
que leur famille soit éteinte ou tombe dans l'hérésie, la nomination en appartiendra à l'Évêque. Il y a déjà eu trois présentés, le
dernier en 1710.

(1) Odolant Desnos dit qu'on a profité du temps où une branche des Boislambert
avait embrassé le Calvinisme pour les dépouiller de leurs droits (*Mém. hist sur
Alençon*, t. I, p. 49).

(2) Boisbeulant, commune de Valframbert, arrondissement d'Alençon. château
nouvellement construit par le Baron de Sainte-Preuve, appartenait autrefois à la
famille Le Comte de la Verrerie.

En 1720, on a receu pour amortissement de rente 120 l , placez 100 l. à l'hostel de ville de Paris, au denier 40 payables par le chapelain du Saint-Sacrement. Les autres 20 l. sur les rentes provinciales, au denier 50 (1).

CONFRAIRIE DE L'ASSOMPTION

Elle est ancienne. Par le comte de 1569, il paroit qu'elle estoit bien establie et qu'elle estoit très considérable, elle avoit neuf messes fondées par semaine et grand nombre de services spécifiez dans le dit comte dont on donnoit des rétributions manuelles à chaque chapelain.

Ces services et ces messes ne sont plus mentionnez dans le comte de 1602 ; il est seulement dit en général pour le luminaire fourny en la feste de l'Assomption et aux *obits* 2 l. Il n'y est plus parlé que de sept messes et de sept chapelains. Chacun en disoit une par semaine.

Dans le reiglement de 1625, l'office de la confrairie consiste dans l'office solennel du jour, trois messes hautes le lendemain et trois *obits* au mois de juillet.

En 1632, il n'est plus parlé que de quatre messes, ni d'aucun *obit*. La cire est réduite à 1 l. par an.

En 1684, on ne fait nul autre service que celuy de la feste de l'Assomption et trois messes hautes le lendemain. Ce qui subsiste encore.

En 1602, il y avoit sept chapelains. On croit qu'il y en avoit neuf auparavant. Dans le reiglement de 1625, il y en a encore sept. En 1632, il n'en paroit que cinq. Ce qui subsiste encore aujourd'huy.

Dans les anciens comtes, il n'est pas parlé du Curé comme chapelain ; mais dans les services il a distribution comme un des chapelains En 1602, il n'est pas encore parlé du Curé comme chapelain, on luy donne seulement 1 l. pour son droit. En 1625, dans le reiglement, il est reconnu pour premier chapelain. En 1632, il a deux chapellenies et 1 l. pour son droit. Ce qui subsiste aujourd'huy.

(1) V. Louis Duval : *Cahiers de doléances du Clergé ; Bailliage d'Alençon*, p. 105.

Les gages des chapelains estoint différents selon la fondation des messes, les uns avoint 6 l., les autres 5 l. et 4 l. En 1602, ils ont tous 4 l. 10 s. ; en 1632, ils ont 4 l. ; en 1654, ils ont 2 l. 5 s. ; en 1663, ils ont 2 l. ; en 1684, ils ont 2 l. Ce qui subsiste aujourd'huy. Et le Curé, 5 l.

Les comtes se rendent depuis longtemps devant le Curé qui a les anciens comme ceux des autres petites confréries. Les nouveaux et les contracts sont entre mains de l'administrateur.

Les fondateurs des messes nommoint autrefois les chapelains. Depuis plus de quarante ans, c'est le Curé qui les nomme.

En 1720. on a receu pour amortissement de rentes 90 l. placez aux rentes provinciales, au denier 50 et des gages réduits à 1 l. pour chaque chapelain et 2 l. 10 s. pour le Curé. Le service réduit à une messe du jour de l'Assomption dans l'octave et une messe de *Requiem* en 1725, parce que la plus part des rentes ont esté amorties ou perdues (1). .

CONFRAIRIE DE LA CONCEPTION

Elle a esté fondée le 28 octobre 1487, par le duc René. On n'en a pas la fondation. Il y a attaché 55 l. de rente sur le domaine. De ces 55 l., les anciens titres disent qu'il y en a 25 l. pour le chef et premier chapelain qui est obligé de dire une messe chaque semaine, 28 l. 10 s. pour les autres chapelains et 1 l. 10 s. pour les autres clercs. Le curé Pasquier, dans sa requête qu'il présente en 1676 au bureau et à la Chambre des comtes pour estre payé des dits 55 l. dit qu'il y en a 25 l. pour la messe par chaque semaine et 28 l. 10 s. pour le chef chapelain et autres chapelains.

On n'a aucun titre valable de cette fondation, sinon des extraits de différents comtes du bureau des finances d'Alençon, dès l'an 1537, présentez en 1669 par Paquier, curé d'Alençon, au dit bureau, dont on n'a qu'une copie non signée et sur lesquels le Curé obtint main-levée de l'opposition qu'on avoit faite au payement des dites 55 l.

Le chef chapelain de cette confrairie n'estoit pas le Curé. Il paroit par l'acte de visite de 1618 que c'estoit le prestre Gaulard,

(1) Odolant Desnos, dit la confrairie de l'Assomption, quoique fort ancienne, est presque anéantie (*Mém hist. sur Alençon*, t. I, p. 43).

vicaire de Saint-Léonard, et qu'avant 1671 le prestre Pean estoit premier chapelain. Ce fut aprez le déceds du dit Pean que M. le duc d'Orléans, duc d'Alençon, y présenta Julien Paquier qui s'en démit ensuite en faveur de son nepveu.

Depuis ce temps-la, les Curés ont esté premiers chapelains. Il ne paroît pas que le curé Chenard aye eu aucune présentation. Le curé d'aujourd'huy n'en a receu aucune, on s'est contenté, dit-on, de faire ce qu'il faut faire à la Chambre des comtes. On ne scait pas ce qu'on y a fait, car c'est la princesse qui le fit faire avant l'arrivée du Curé sans luy en rien dire.

On ne scait pas quel doit estre le nombre des chapelains. Il y a une quittance en 1671 ou il n'y a que dix qui signent avoir receu du curé Paquier, chacun 2 l. En 1694, le Curé en trouva 12 à qui on payoit la mesme somme. Depuis le Curé, qui les choisit, n'en a mis que onze pour faire douze avec luy. Par ce qu'autrement sa qualité de premier chapelain, qui est une espèce de bénéfice ne luy donneroit presqu'aucune rétribution au-dessus des autres, y ayant 25 l. destinez pour la messe, il ne luy reste que 6 l. 10 s. et il y a encore lieu à faire réduire ce nombre dont les charges sont trop grandes pour un si médiocre revenu.

Comme on a esté payé en billets de banque une année, le Curé n'a pas rempli le nombre des chapelains, affin que la vacance des uns supplée pour payer les autres.

Le service consiste à faire une procession autour de l'église chaque samedy de l'année, ou on chante un repons de la Vierge selon le temps, et estant arrivez à la chapelle de la Vierge, ou on fait station, on chante une antienne de la Conception avec l'oraison. On dit la messe basse ensuite votive de la Conception. L'usage est qu'on ne fait pas cette procession les veilles de Pasques et de Pentecoste, ny mesme les jours de festes.

Il faut observer sur la démission du curé Paquier, en faveur de son nepveu aussi Curé, qu'elle se fit entre les mains de Marguerite, duchesse d'Orléans et d'Alençon (1), qui donna la dite chapelle au dit nepveu et l'adressa au bailli d'Alençon pour le mettre en posession d'icelle. Ce qui fut fait en 1671 et l'acte enregistré au bureau des finances en mars 1672.

(1) Marguerite de Lorraine, seconde femme de Gaston, duc d'Orléans et Alençon, jouit en douaire du duché d'Alençon et se fit rendre aveu par les sujets du duché (O. Desnos. *Mém. hist. sur Alençon*, t. II, p. 370).

CONFRAIRIE DE SAINT-JEAN

Le reiglement de l'évesque Camus, en 1625, confirme et approuve la confrairie de Saint-Jean, dont le service est du jour seulement, commençant aux premières vespres, matines et messe haute du jour, deuxièmes vespres et une messe haute le lendemain, avec une messe basse le premier vendredy de chacun mois, qu'on dit estre de la fondation d'André Tabur.

Cette confrairie est ancienne, car la fondation de Tabur est d'environ trois cens ans. Il donne 40 s. de rente foncière aux conditions qu'il sera dit une messe chaque premier vendredy du mois, dont le chapelain sera à sa nomination et de ses successeurs et aura 30 s. par an de rétribution. Les héritiers du dit Tabur se sont conservez dans la nomination du dit chapelain jusqu'en 1672, auquel temps fut nommé Gabriel du Perche, mort en 1705. On a perdu les biens et les titres de la confrairie par la négligence des administrateurs.

Le plus vieux comte qu'on aye pu trouver est de la gestion de la dite confrairie depuis 1640 jusqu'en 1667, receu en justice sans qu'aucun Curé ou chapelain y aye signé. Par ce comte que rend Duval, prestre, qui en estoit administrateur, il paroit que cette confrairie avoit un revenu considérable ; mais le rendant compte demeure en avance de la somme de 29 l. Le dit Duval continue son administration jusqu'en 1672 et ne rend pas comte, on voit seulement un projet qui n'est pas signé.

Ce fut alors que Gabriel du Perche, diacre, fut nommé par les Tabur et, sous prétexte qu'il estoit chapelain de la dite confrairie, s'en rendit l'administrateur né, comme si c'eut esté un bénéfice, et estant devenu ensuitte curé de Mesnil-Erreux, il emporta avec luy les titres et les papiers qu'on n'a pu ravoir qu'en partie long temps aprez sa mort.

Il avoit ordonné par son testament que, pour remplacer des rentes amorties de la confrairie, on luy donneroit 100 l. qui ont esté constituez par ses héritiers au profit d'icelle en 1708.

Depuis ce temps-là, le Curé a establi un administrateur avec ordre de poursuivre les héritiers du dit du Perche et faire revenir les biens et titres de la confrairie, lequel a rendu son comte en 1719 sans en rien faire, de sorte que le fond de la confrairie est réduit à 5 l. 11 s. de rente provenant de la donation faite par le dit Gabriel du Perche et 2 l. 2 s. 10 d. de rente foncière sur les sieurs de la Fournerie. Le Curé a establi un nouvel administrateur. En 1719 on a constitué 20 s. de rente sur un homme de Radon.

Il n'est pas parlé du nombre des chapelains dans le reiglement de 1625. Dans le comte de 1640, il est parlé seulement du Curé et des prestres qui ont fait le service sans dire combien pour eux. Pour les secrétains et les enfans de chœur, il est employé 10 l. 10 s. par an, au chapelain 1 l. 10 s., à l'administrateur 2 l. Ainsy cette confrairie n'estoit composée que du Curé et du chapelain, qui prenoint ensemble des prestres pour les aider à faire l'office.

Cet office consistoit dans l'office du jour de la décollation de Saint-Jean, avec une procession dans la ville et une messe de *Requiem* le lendemain.

Cela a subsisté jusqu'en 1667 et depuis ce temps-la on n'a fait aucun service, sinon quelques messes basses que le prestre du Perche a assuré qu'il disoit. Mais, en 1710, le Curé a fait recommencer le dit service qui consiste dans les premières et deuxièmes vespres, la messe du jour et une de *Requiem* le lendemain. Ce qui subsiste aujourd'huy.

A l'égard du chapelain, comme il ne paroit pas que les 2 l. de rente donnez par les Tabur subsistent, on est convenu que la famille nommeroit un prestre, qui auroit part, avec les autres qui fairoint l'office, aux distributions, de manière que le Curé a ordonné dans le comte rendu en 1719 que l'office seroit fait par quatre prestres avec le sieur Curé, scavoir : le présent administrateur le rendant comte, le chapelain et un des chantres de semaine au choix du Curé, que les prestres auront chacun 15 s., le Curé le double et 7 s. 6 d. pour son droit sans la messe.

Dans l'afinement du comte rendu par Duval en 1667, il est dit, sur la réquisition des chapelains et conclusions du procureur du roy, le revenu de la dite confrerie réuni à celle de la Présentation Nostre-Dame, à la charge que le dit Pasquier, curé, et Boucher seront toujours payez de leurs droits et estre le service entretenu par chacun, ainsy qu'il est accoutumé. Le présent comte n'est signé ny du Curé ny des chapelains ; mais seulement du juge et du procureur du roy.

Les papiers, titres et comtes sont entre les mains du Curé.

Le 16ᵉ mars 1726, par accord sous seing passé entre M. le curé d'Alençon et chapelain de la confrairie d'une part et le sieur du Perche, prieur d'Alençon, et les cohéritiers en la succession de M. Gabriel du Perche, le dit Prieur a donné à la dite confrerie 150 l. pour finir toutes les demandes qu'on pouvoit luy faire au sujet de l'administration de M. Gabriel du Perche. Lesquelles seront constituez dans la suitte (1).

CONFRAIRIE DU ROSAIRE

Elle a esté etablie en 1619, dans la chapelle *Madame*, par les Jacobins du Mans, sous le curé Thuaudière.

Dans les lettres d'établissement, il est porté que tous ceux qui se fairont inscrire au papier de la confrairie, de quelque paroisse qu'ils soint, participeront à toutes les graces concedées par nos SS. PP. et sont admis à la participation de tous les biens spirituels qui seront faits par les Jacobins.

Dans la requeste présentée à l'Évêque à ce sujet, il est dit que par les statuts de la confrairie, les associés doivent réciter un rosaire chaque semaine, assister aux processions qu'on fait aprez vespres les festes de Nostre-Dame et les premiers dimanches des mois, se ranger aux quatre anniversaires célébrez en la chapelle les jours d'aprez les quatre principales festes de la Vierge, fréquenter les sacrements et visiter la chapelle. Qu'il faut entretenir en la dite chapelle un grand tableau où soit depeinte Nostre-Dame et encore les mystères du rosaire qui sont les principaux de nostre foy, et qu'il est deffendu de demander aucuns deniers pour se faire enroller.

Il n'est pas dit quel nombre de prestres deserviront la confrairie. Mais dans le comte de 1622, il y en a sept, en outre le Curé. Dans le reiglement de 1625, il est dit qu'elle est deservie par le Curé et prestres habituez et l'Evêque se reserve quand il y aura fond annuel d'establir des chapelains ordinaires et leur donner gages.

En 1622, le Curé et plusieurs notables presentèrent requeste à l'Évêque pour demander permission de quester les premiers

---

(1) Odolant Desnos. *Mém. hist. sur Alençon,* t. I, p. 50.

dimanches du mois et festes de Nostre-Dame et de recevoir des aumosnes et legs.

Cela fut accordé et la queste continue jusqu'aprésent, mesme les festes principalles de l'année, ainsy que de tout temps. Les questes en 1622 se montoint pour 10 mois à 78 l. 11 s. Elles sont casuelles et années communes elles vont à 30 l. par an.

Le Curé est recteur de la dite confrairie, il luy est permis par les lettres d'établissement de bénir les rosaires avec pouvoir de commetre un prestre à la dite charge.

C'est luy qui nomme les chapelains et à la direction de tout et sous luy l'administrateur.

Il y a sept chapelains, en outre le Curé en 1622. En 1635, il y avoit neuf chapelains outre le Curé, item en 1649. Le vicaire de Saint-Léonard pouvoit assister au service.

Par le comte de cette année 1622; il est payé au Curé 8 s. par rétribution de chaque messe de la confrairie et 2 s. à chaque chapelain. En 1627, le Curé a pour chaque service et assistance aux premiers dimanches 25 s., les chapelains 5 s., les clercs 12 d., le sacriste 5 s. pour sonner les cloches, pour les épitres et évangiles 2 s. pour parer la chapelle et porter la tasse 3 livres.

En 1649, le Curé a pour tout 10 l. par an et les chapelains au nombre de huit avoint chacun 5 s. pour les services ou ils assistoint.

En 1680, le Curé a 12 l. par an et les chapelains au nombre de six chacun 3 l. Cela a duré jusqu'en 1699 que les retributions du Curé sont à 14 l. et celle des chapelains à 4 l.

En 1716, la retribution du Curé est à 15 l. et celle des chapelains à 4 l. 10 s. Les serviteurs ont 8 s. par chaque service et 1 l. pour tendre et sonner le jour du rosaire ; ce qui subsiste aujourd'huy tant pour le Curé que les six autres chapelains.

Le Curé est tenu de dire la messe des six anniversaires.

Dans le commencement, il n'y en avoit que quatre aprez les quatre principales festes de la Vierge ; mais en 1649, on a commencé d'en faire un aprez la feste de la Conception et aprez le dimanche du Rosaire. On a coutume de dire ces anniversaires le vendredy d'aprez la feste. Il consiste en un nocturne des morts, la messe haute et le *Libera*. On y queste et on donne un pain bénit.

Dès 1626, on fait dire pour la dite confrairie une messe chaque dimanche à l'autel du Rosaire, à l'issue du prone de la messe paroissialle. Le chapelain est choisi par le vicaire de Nostre-Dame et les deux thrésoriers de la confrairie qui donnent 15 l. de rétribution. Cette messe a subsisté jusqu'en 1716. En 1680, on la disoit à 10 heures précises et le chapelain en avoit 25 l. par an. C'est le Curé qui le nommoit. Elle a esté interrompue pendant quelque temps, à cause des taxes imposées sur la confrairie et enfin sur la requeste présentée à l'Evêque en 1717, veu que la dite messe n'est pas fondée, et qu'elle est inutile pour le public, en ce qu'il y en a une autre fondée pour la mesme heure, l'Evêque ordonne que la dite messe cessera, et que la rétribution d'icelle sera employée pendant six ans pour la décoration de la chapelle, et qu'aprez la dite rétribution sera employée pour faire dire tous les premiers dimanches de chaque mois et les festes de la Vierge une messe basse qui sera dite à l'autel du rosaire à heure convenable, sera sonnée comme les autres services, servie par les clercs avec quatre cierges allumez, et le surplus de la dite rétribution sera partagée entre le Curé et les chapelains et autres prestres aux choix du Curé pour chanter matines et l'office canonial le jour du rosaire. Ce qui a esté exécuté en 1722. Au commencement, la confrairie estoit régie par deux marguilliers qui rendoint comte devant le recteur et six confrères nommez par les autres. Depuis il n'y en a eu qu'un et les comtes ont toujours esté rendus devant le Curé. C'est la confrairie qui entretient l'autel et la vitre du rosaire d'ancien temps.

En 1626, le curé Tuaudière donne 15 l. de rente pour un service, le 4e novembre à perpétuité, consistant en l'office complet des morts et trois messes hautes. C'est la confrairie qui paye la rétribution des messes, et les chapelains n'ont pas de rétribution, ny le Curé.

En 1712, le prestre Enjubaut a fondé un service pour le 7 mars, consistant dans l'office complet des Morts et une messe de *Requiem*. C'est la confrairie qui paye la messe, le Curé et les chapelains n'ont rien.

Les contracts, titres et comtes de la confrairie sont entre les mains du Curé.

La confrairie a quelques ornements et entr'autres une petite croix avec un pied et une tasse à quester d'argent. La chapelle

10

du rosaire estoit fort mal décorée jusqu'en 1617, qu'on en a fait la contretable et le tabernacle, qui ont esté payez sur des questes particulières et sur les deniers que le Curé avoit avancez

En 1674, M. de Forcoal, évesque de Séez, permet de solenniser la feste du Rosaire les premiers dimanches d'octobre en chantant l'office de la Vierge et célébrant la messe du Rosaire à l'autel érigé pour cet effect à l'heure de celle de paroisse, dispensant d'en faire célébrer d'autre au dit jour pour les paroissiens. On ne scait pas si cela a esté exécuté. Quand le Curé est venu en 1694, il a trouvé un usage contraire, et il l'a suivi jusqu'à ce jour.

En 1720, on a receu pour amortisssement de rente 190 l. placez aux rentes provinciales au denier 50 et il y a eu plusieurs rentes réduites

CONFRAIRIE DE CHARITÉ

Elle a esté érigée en 1616. Les plus notables avec le Curé et le vicaire de Saint-Léonard en ayant dressé les reigles et les statuts en demandèrent l'érection et la confirmation par une requeste. L'Évèque l'accorda et en 1617 y adjouta des indulgences de quarante jours et ensuite le pape en donna de plénières en 1617.

Il y avoit alors une ancienne confrairie sous le titre de Sainte-Croix, dont il ne reste aucun enseignement, sinon qu'il paroit qu'elle avoit six chapelains, dont un estoit administrateur, qu'elle jouissoit de 98 l. de rente qui n'estoint pas suffisantes pour en entretenir les charges. Le Curé, les chapelains de la dite confrairie de Sainte-Croix, les frères de Charité et autres personnes notables furent d'avis de réunir cette confrairie à celle de la Charité sous le bon plaisir de l'Évèque de Séez. Il y consentit en 1617 (1).

Ensuite les confrères des deux confrairies presentèrent requeste au parlement pour l'homologation de la dite réunion et des statuts de la confrairie de la Charité. Ce qui fut accordé en 1618.

La Charité est composée de 13 frères dont le premier est

(1) Il paraît que cette confrairie de Sainte-Croix devait son origine à une portion de la vraie Croix, dont les confrères sont dépositaires et qu'on croit avoir été donnée par Marguerite, duchesse d'Alençon, vers l'an 1500 (Note de Belard).

appelé provost, le deuxième échevin. C'est l'échevin qui régit les biens pendant son année et ensuite devient provost. Ces treize frères servent chacun deux ensemble à l'exception de l'échevin et du provost qui servent souvent un an avec douze frères et un an avec douze autres. Entre les frères, il y a un greffier. C'est le Curé qui reçoit ces treize frères le lendemain de la conception de la Vierge. On voit dans le registre des délibérations qu'en 1658 le Curé, invité par les frères de leur faire une exhortation le jour de leur reception, ou de permettre qu'un autre le fasse le refusa. En 1659, le Curé refusa de se trouver à la nomination d'un frère.

La confrairie dans son institution n'avoit que deux chapelains. La reigle dit art. 1, en attendant qu'il en soit pourveu d'un plus grand nombre si les frères servants avisent que besoin soit. La reigle dit que les chapelains seront de la ville autant que se poura. Incontinent aprez l'établissement de la dite confrairie, les frères songèrent à augmenter le nombre des chapelains assez pour dire la messe chaque jour pour les frères et sœurs, et c'est ce qui fut une raison de la réunion de la confrairie de Sainte-Croix parce que par cette réunion les chapelains de Sainte-Croix devinrent chapelains de la Charité. En conséquence, la Charité eut sept chapelains par ce que des deux qu'elle devoit avoir, il y en avoit un de mort.

Les chapelains sont nommez en l'assemblée de M. le Curé et des frères. En 1626, il est dit dans le registre, fol. 486, que pour la nomination de J. le Boucher, le Curé fut convoqué avec les frères et, fol. 487, il est reiglé que pour éviter au désordre et confusion qui peut arriver en l'élection d'un chapelain, les échevin, provost, frères servants seront assemblez et que M. le Curé sera pareillement invité, qu'ils nommeront par ordre et chacun signera sa nomination sur le mémoire que le greffier en tiendra, auparavant qu'un autre parle, sans que son choix puisse estre changé ou révoqué, que le chapelain sera receu à la pluralité des voix, et si les voix sont égales l'on differera la conclusion à telle heure qu'on puisse y faire trouver l'échevin futur et trois des anciens provosts. Cet usage ne s'observe pas, on donne sa voix verbalement et le Curé s'y trouve toujours et signe l'acte de nomination ; mais il arrive souvent que sa voix est inutile par ce que les frères complotent ensemble en particulier la nomination. Dans la sentence de Seez, du 19 juillet 1664, il est parlé du sieur Chauvel, nommé chapelain en 1634 en présence du Curé.

Il est dit, par différents articles des reigles, que les chapelains peuvent estre amendez et comment. Mais par une sentence de l'Évèque de Séez en 1664, il est ordonné qu'à l'avenir au lieu du mot d'amende, il sera employé celuy de retranchement sur leurs gages. Ces retranchements se pratiquent rarement.

Les chapelains par la reigle peuvent estre déposez. Et en 1663, les provost, échevin et frères en l'absence du Curé déposèrent Jacq. Boucher et Guillaume Marignier, lesquels se pourvueurent devant l'Évèque qui, par sa sentence de 1664, les rétablit dans leurs chapellenies, ainsy qu'ils estoint avant leur prétendue destitution qu'il déclare nulle et enjoint aux dits frères, quand il s'agira de destitution d'y appeler le Curé suivant les reigles.

A l'égard du Curé, la reigle porte art. 1 qu'à la nomination des chapelains, le sieur Curé du lieu et son vicaire seront priez d'accepter la dite charge et à leur refus en sera nommé et establi d'autres. Le premier Curé qui aye voulu estre chapelain ce fut Salomon Tuaudière, en 1621. L'acte qui est sur le registre, fol. 477, dit : Nous avons nommé et institué Me Salomon Tuaudière, curé d'Alençon, pour chapelain de la dite confrairie et aux gages de 27 l. par an, à la charge que les 12 l. de gages qu'avoit le dit sieur Thuaudière comme curé demeureront eteints et suprimez au profit de la dite Charité, et n'aura que 27 l. pour tout, qu'il prestera le serment de bien et fidellement se comporter en la dite charge de chapelain comme les autres.

Cette délibération péche contre la reigle en deux choses : 1re en ce qu'ils délibèrent pour choisir le Curé au lieu qu'il faut le prier d'accepter, 2e parce qu'ils luy retranchent 12 l. qui luy sont données par les articles de la réunion. Aussy dans la suite les Curez ont esté chapelains sans aucune délibération et le sont encore et ont jouy de la dite somme de 12 l. jusqu'aprésent.

Pour les retributions du Curé et des chapelains, il paroit qu'en 1621, ils n'avoint que 27 l.

En 1633, comme il est porté, fol. 470, sur la proposition faite par M. le Curé, on augmente 3 l. aux chapelains qui, par ce moyen, ont eu 30 l. Ce qui a duré jusqu'en 1676, auquel temps, comme il est porté, fol. 364, ils representèrent que leurs gages estoint trop modiques, pourquoy ils furent augmentez de la somme de 10 l. et depuis en 1686 ou environ, les dits gages ont esté augmentez de 3 l. qui leur ont esté accordez au lieu et place du vin que la Charité fournissoit pour célébrer les messes, de manière que les chapelains recoivent 43 l. y compris la messe de 7 heures, à laquelle ils sont obligez par leur chapellenie un jour par sepmaine.

Le Curé outre la somme de 27 l. commune aux autres chapelains en 1621 reçoit encore par augmentation la somme de 6 l. en 1628, comme il est porté, fol. 464.

En 1633, il a 3 l. d'augmentation comme les autres et en 1676 il a 20 l. qui est moitié plus que les autres. Et en 1686, 3 l. comme les autres. En 1695, il a encore par augmentation 10 l. comme on dira dans la suite qui font en tout 59 l. qui jointes à la somme de 12 l. portée par les articles de réunion font 81 l. dont jouit le Curé depuis 1695. Le Curé précédent jouissoit de 71 l. pour quoy il est obligé de dire une messe de 7 heures par semaine qui est le mardy. Dans la transaction de 1695, il est dit que le Curé depuis un certain temps a 20 l. plus les autres chapelains sans que la reigle ou aucune déliberation l'authorise.

Outre cette retribution ordinaire, les chapelains ont plusieurs habitudes de messes par semaine et d'autres qu'on dit de temps en temps dans l'institution de la confrairie. La rétribution de chaque messe n'estoit que de 5 s. et une habitude par année d'une par semaine n'estoit que de 12 l. 10 s. ; mais cela est augmenté de manière que depuis longtemps la rétribution d'une messe est 10 s. et celle d'une habitude par semaine de 25 l. par an. La confrairie fournit le luminaire et les ornements et donne une aube à chaque chapelain. Le Curé n'en prend pas et ne se charge d'aucune messe.

Il y a en outre des services fondez qui ont des rétributions pour le Curé et les chapelains. Il y en a neuf en différents jours qui consistent en une messe haute de *Requiem* dont le Curé a 30 s. de retribution pour la messe, la publication au prone et son assistance, et chaque chapelain 5 s. Le plus ancien de ces services est en 1655 pour les menuisiers, le jour de l'Exaltation de Sainte-Croix. Il est porté dans le registre, fol. 372, 20 s. au Curé, 10 s. pour la messe, aux chapelains chacun 5 s. et les autres services postérieurs ont esté fondez ad instar.

Les obligations des chapelains sont dans les reigles. Il faut seulement observer que l'article qui porte qu'ils pareront la chapelle, ne s'observe pas, qu'ayant refusé de porter leur chaperon en évidence sur le camail, ils y ont esté condamnés par sentence du bailliage il y a environ vingt ans, que ce qui est marqué art 30, que les chapelains diront vigiles où le corps est trépassé, ne s'observe pas ; mais ils les disent seulement en l'église Nostre-Dame pendant une demi-heure pour les frères qui ont servi et leurs femmes, et ne les parachevent pas en allant, que l'article 33 sur la visite des malades, l'art. 48 sur le reconvoy ne s'observent pas, non plus que le 32 sur les pèlerins.

Pour le Curé, il ne porte pas le chaperon de la confrairie et on ne voit pas qu'il en aye jamais esté requis. Il n'est pas inquiété sur ses absences quoiqu'elles soint quelque fois longues. Il est porté par l'art. 2 de réunion que le Curé et vicaire ne seront tenus de dire messe en leur rang, ny assister aux convois, reconvois, obits et processions si ce n'est en leur église, où ils ne seront occupez ny empeschez, ny aux processions qui se font journellement, et sans pour ce leur estre rien diminué de leurs droits.

Il est porté par la confirmation de la confrairie par l'Évêque qu'elle ne pourra préjudicier au service ordinaire de l'église, ny aux droits paroissiaux et, art. 30, il est dit que les services de la confrairie ne pouront faire aucun préjudice aux droits du Curé. Et en 1625, il a esté reiglé dans l'assemblée des frères comme il est porté, fol. 483, qu'on diroit la messe de Charité conformément aux reigles, sinon qu'il se presente occasion nécessaire d'avancer ou de retarder pour la commodité du service divin.

Les obligations des frères sont dans les reigles, ce qui est dit art. 67 que l'échevin portera la clef des registres à son chaperon, ne s'observe plus, non plus que ce qui est dit art. 33 pour les malades.

En 1626, on offrit 12 l. à la charité pour recevoir Georges Beausier, malade au lict. L'échevin le refusa, et cependant le dit Beausier estant mort, il fut délibéré d'assister à son enterrement sans tirer à conséquence.

Mais dans l'assemblée suivante d'octobre 1626, le Curé présent, fut aresté que la Charité n'assistera pas aux sépultures de ceux qui n'ont pas esté receus en les formes prescrites par les reigles, de quelque condition qu'ils soint et non obstant dons et legs testamentaires. Ce qui fut publié au prone. Voyez fol. 426. Cette délibération n'a pas esté fidellement observée, car : 1re quand les frères servants sortent de service, ils font enregistrer tous leurs enfans mesme mineurs, lesquels négligent souvent de se faire recevoir quand ils sont majeurs, et mourant ainsy ne lessent pas d'estre enterrez par la Charité, avec cette différence qu'on ne porte pas de torches et qu'on ne fait pas dire la messe pour eux. Ils prétendent y estre authorisez par une délibération de 1676, dont on parlera dans la suite, mais qui n'est pas au fait ; 2e ils immatriculent des personnes majeures qui donnent leur argent en santé sans rien faire autre chose, à condition de faire dans la suite ce qui est prescrit et, quoiqu'ils ne le fassent pas, ils les enterrent s'ils meurent.

Sur quoy le Curé fit assembler les anciens, le 30e novembre 1717, aprez en avoir averti auparavant les frères servants et avoir fait publier au prone qu'on ne recevroit personne que selon les reigles. On convint dans l'assemblée que c'estoit un abus auquel il falloit remédier, mais on n'écrivit rien sur cela, et comme en ce temps-la les frères estoint disposez de faire un procez au Curé sur le luminaire dont il sera parlé cy aprez, le Curé crut que pour les arrester, il ne falloit pas trop pousser les choses, jusqu'à une occasion plus favorable.

Les frères servants ont coutume de se trouver à l'inhumation de ceux des Huguenots qui se convertissent dans leur maladie, lorsqu'ils en sont requis par le Curé, comme aussy aux enterremens de personnes distinguées Ils ont assisté à l'inhumation de l'enfant de M. le Guerchois, intendant (1), quoiqu'il ne fut pas de la Charité en 1708 ou environ.

La confrairie, selon l'aprobation de l'Évêque pour la réunion, doit estre conduite par le Curé, chapelains et frères. Cela ne s'observe pas, quant aux chapelains, on ne les appelle à rien. Pour le Curé, il se trouve au banc les premiers vendredis du mois et les autres jours d'assemblée extraordinaire, ou il a sa place. On propose en sa présence les choses les plus considérables. Il est employé dans les délibérations pour la nomination des chapelains, les fondations, les comtes, etc.

(1) Pierre-Hector le Guerchois, intendant d'Alençon, du 22 août 1705 au mois de juillet 1708, avait épousé Magdeleine d'Aguesseau. (O. Desnos. *Mém. hist.*, t. II, p. 454).

En 1676, en considération des rétributions des chapelains qui furent augmentéez, il fut reiglé que les enfans inmatriculez en la dite confrairie seroint inhumez à l'assistance des frères non obstant qu'ils n'ayent prêté serment, et que les dits enfans seront receus comme par le passé. Cet article s'observe, mais c'est en abuser que de l'étendre sur ces mesmes enfans quand ils sont venus en age de majorité et qu'ils n'ont pas prêté serment.

En 1669, il a esté délibéré que les frères à l'advenir se trouveroint en corps de Charité aux processions des Rogations ; sur quoy, on députa l'échevin pour prier le Curé d'avoir agréable cette délibération. Ce qui a esté exécuté depuis. V. fol 349.

Avant 1657, les frères de Charité alloint toujours aux processions immédiatement aprez Mrs les ecclésiastiques.

Le présidial s'y opposa alors et prétendit qu'ils devoint précéder les ecclésiastiques. Les frères délibérèrent de se pourvoir par devant l'Évêque pour décider cette question, et qu'entre temps, ils n'assisteroint pas aux processions, jusqu'à ce que l'affaire fut jugée.

On ne scoit pas ce qui a esté décidé ; mais la coutume est que les frères précèdent le clergé à toutes les processions publiques, à l'exception de celles de la Charité. Et encore sur celles de la Charité qui se font les dimanches, en 1703, les chapelains présentèrent requeste à l'Évêque pour faire ordonner que les frères précéderont les chapelains. La requeste fut communiquée au Curé par l'Évêque. Le Curé remit le tout à la prudence de l'Évêque et la chose en est demeurée la, de manière que les frères marchent aprez les prestres comme paroissiens.

Les fondations de la Charité ont esté réformées en 1713. Il y avoit beaucoup de messes pour différents jours de l'année, qui estoint exposées à n'estre pas dites Il y avoit plusieurs fondations receues autrefois pour des sommes très modiques.

Les fonds provenant de la réunion de Sainte Croix estoint presque tous perdus, de manière que la Charité n'estoit pas en estat de soutenir ses charges, et chaque échevin estoit ordinairement en avance. Pourquoy les frères furent d'avis du consentement et à l'instigation du Curé de se pourvoir par devant l'Évêque qui, aprez les formalités requises, ordonna que la confrairie ne seroit plus chargée des quatre messes de 7 heures provenantes de la réunion de la confrairie de Sainte-Croix ; que des messes qu'on disoit chaque semaine ne se diroint plus que tous les 15 jours, que des messes séparées, on en fairoit des habitudes pour toutes les semaines. Ce qui a esté exécuté.

Par la mesme délibération de juin 1713, il fut reiglé du consentement des chapelains et du Curé que les rétributions des chapelains seroint diminuées de 2 l. et celles du Curé de 2 l. Ce qui n'a pas esté exécuté.

En 1695 ou environ, les frères du consentement du Curé délibérèrent qu'à l'advenir ils assisteroint les jours de la Vierge et chaque premier dimanche du mois aux processions du Rosaire (1); cela a duré jusqu'en 1718 qu'ils ont fait une autre délibération par laquelle, en reformant la première quant aux premiers dimanches du mois, ils statuent qu'ils assisteront en corps aux vespres, matines et messe haute des morts le jour des morts de chaque année. Ce qui a esté exécuté.

Comme il est dit dans les reigles que les frères auront soin des pauvres, ils en ont pris occasion de quester chaque jour de dimanche et feste pour les pauvres honteux tour à tour. On ne scait pas quand cela a commencé, ny par quelle authorité. Il a esté reiglé par la transaction de 1682, que les questes seront distribuées en présence d'un des chapelains et du consentement du Curé quand il voudra se trouver à la distribution. Cela ne s'observe pas. Chaque frère a son quartier où il distribue sa portion des questes qu'on distribue tous les mois. Le Curé s'en mesle peu par ce que la somme n'est pas considérable.

Outre cette queste, il y en a une marquée par la reigle et approuvée par la reigle pour le luminaire de la confrairie qu'on fait seulement pendant le service d'icelle.

Les frères ont leur banc dans le chœur les jours qu'ils assistent à l'office. On en est convenu par la transaction de 1682. Madame de Guise les empescha de s'y trouver pendant sa vie. Ils vont à l'offertoire et on leur présente le pain bénit avant le présidial. On dit que cela a esté reiglé.

En 1626, on délibéra qu'aux dépens du provost et frères servants seront faits quatorze cierges égaux de cire jaune de demi quartron, les quels serviront pour le service de la Purification,

(1) Ils étaient convenus par la transaction de 1682 d'assister aux processions du Rosaire (Note de Belard).

et aprez le service chacun en disposera selon sa volonté, fol. 484. Cela dégénéra dans la suite de manière que la Charité fournissoit le cierge et un cierge blanc de demi-livre que les frères emportoint et mesme on en donnoit un au Curé de pareille grosseur, ce qui s'observoit encore en 1700 ; mais en 1701, il y eut sur cela dispute et on fit une assemblée extraordinaire des anciens en présence du Curé et des chapelains, où il fut délibéré le 4ᵉ mars que des cierges emportez par les frères à la Purification dernière, les frères en payeront la valeur au frère échevin et qu'à l'avenir aucun ne pourra emporter le flambeau de la Chandeleur fourni aux dépens de la confrairie, ces flambeaux servant aux frères à chaque procession du Saint-Sacrement, fol. 403.

Il y a eu différentes contestations entre les Curez et frères. La première est sur le luminaire et cierges. L'art. 7 de la réunion porte que les suaires et cierges qui seront posez sur le corps des frères et sœurs au grand autel demeureront au profit de la Charité. Dès 1625, le Curé conteste cet article, sur quoy les frères assemblez avec les anciens authorisent l'échevin de se pourvoir pour se maintenir en exécution des reigles. V. fol. 481. Ce fut le 9ᵉ fevrier 1625. Le mandement du lieutenant général fut signifié à cet effect au Curé et, ce non obstant, le Curé le 26ᵉ du dit mois fit prendre d'authorité les cierges à l'enterrement d'une sœur ; pour quoy nouvelle délibération des frères le 2ᵉ mars qui authorise de poursuivre le dit mandement jusqu'à arrest définitif.

Il fut rendu une sentence au bailliage, le 3ᵉ mars 1625, par laquelle la Charité fut maintenue dans le droit de jouir des dits luminaires tant à Nostre-Dame qu'à Saint-Léonard et il paroit qu'alors le Curé y acquiesça ; mais le vicaire de Saint-Léonard, le 4ᵉ avril suivant, se trouva au banc de la Charité ou estoit le Curé, lequel vicaire dit qu'il avoit appelé de la sentence du lieutenant général, autant qu'il est dit par la dite sentence que la confrairie usera à l'égard de Saint-Léonard des mesmes droits qu'à Nostre-Dame, prétendant le dit vicaire avoir les dits cierges nonobstant les articles de la reigle, parce que les 12 l. qu'il reçoit de la dite Charité n'estoint pas au lieu des dits cierges. Sur quoy fut arreté que la reigle sera maintenue par toutes voyes légitimes. On ne scait pas ce que devint ce procez ; il est cependant constant que la Charité de temps immémorial ne prend pas à Saint-Léonard, les cierges qui sont sur l'autel et ne perçoit pas mesme le suaire, ou luminaire dont on parlera en suite.

A l'égard de Nostre-Dame, la question recommença en 1628, au banc de la Charité, le 30e febvrier où se trouvèrent des anciens frères. Le provost représenta que non obstant la sentence du baillif du 3e mars 1625, le Curé de Nostre-Dame et le vicaire de Saint-Léonard avoint pris les cierges posez sur l'autel à l'inhumation des frères et sœurs, pourquoy on vouloit les obliger de restituer, mais que les dits Curé et vicaire vouloint prendre les dits cierges par chacun an à un prix modéré et compenser ce qu'ils en ont pris avec les frais qu'ils ont faits pour le service de la confrerie. Les Curé et vicaire représentèrent de leur part que par l'établissement de la confrairie, ils souffrent grande diminution en leurs droits, que d'ailleurs le Curé fournit des torches à porter devant le Saint-Sacrement aux malades, aussi bien ceux de la confrairie qu'autres paroissiens, quoique la charge en doive tomber à la confrairie en ce qu'elle prend les cierges qui sont posez sur les corps, tout ainsy que le thrésor de Saint-Léonard, fournit la torche pour le viatique des malades et pour ce prend les suaires de ceux qui décèdent et pour ce, le Curé demandoit d'estre déchargé de la dite torche à l'égard de ceux de la confrairie ou luy en estre donné recompense Sur quoy a esté arresté que les cierges de l'autel aux inhumations de ceux de la Charité qui ne sont en charge de service et n'ont servi seront baillez pour Nostre-Dame à ferme au sieur Curé à 7 l. 10 s. par an pour autant de temps qu'il sera posesseur du bénéfice, sans y comprendre les cierges et torches que la Charité fournira, ny les suaires qui seront fournis par les parents de ceux de la dite confrairie, à laquelle ils demeureront. Duquel fermage, le Curé demeurera quitte par ce qu'il fournira la torche à porter devant le Saint-Sacrement à ceux de la confrairie comme pour les autres. Que pareillement seront baillez à ferme au vicaire les dits cierges à 6 l. par an, à continuer durant qu'il sera vicaire sans préjudice des suaires que le thrésor de Saint-Léonard prétend avoir. Laquelle somme de 6 l. demeurera par augmentation de gages au dit vicaire. Que pareille somme de 6 l. sera aussi accordée au Curé pour autant qu'il sera Curé pour augmentation de gages. Le Curé et vicaire consentirent à tout, et que la dite délibération tint lieu de bail à ferme, fol. 464. Il faut observer qu'alors c'estoit Paquier qui estoit Curé et, en 1625, c'estoit Tuaudière. À la marge de la dite délibération est écrit qu'elle a esté faite par inadvertance, les frères n'ayant pas consulté les reigles. Cependant les Curez et vicaires en conséquence de cette délibération ont jouy sans troubles des dits cierges posez sur l'autel. Excepté qu'en 1718 quelques frères servants voulurent agiter cette question et la propesèrent au banc au sieur Curé avec dessein de le poursuivre ; mais aprez l'explication du sieur Curé, l'affaire en est demeurée là sans qu'il y aye aucun écrit.

Quoique le Curé depuis 1628 jouit des cierges posez sur l'autel, il abandonnoit le suaire ou luminaire posé sur les corps à la confrairie. C'estoit un gros cierge ou un amas de différents cierges qu'on appeloit *croisé* par ce qu'il y avoit au milieu une croix de cire. On mettoit le tout sur le corps quelque fois dans un bassin et ce *croisé* appartenoit à la confrairie de Sainte-Croix réunie à celle de Charité qui en avoit jouy jusqu'en 1681, que le curé Chenard voulut s'y opposer soutenu de l'autorité de S. A. R. ; mais la confrairie par sa délibération du 10e may 1681, où furent appelez les anciens, résolut de deffendre les dits suaires aux termes des reigles, fol. 371.

Le dit sieur Curé avoit formé plusieurs autres contestations aux frères sur ses messes, le transport des corps, etc., ce qui les obligea de se pourvoir au parlement ou ils obtinrent un arret sur requestes par lequel ordonnant l'exécution de l'arrest d'homologation des reigles, il les renvoye, en cas de contestation, par devant les juges des lieux. Et en conséquence, ils firent assigner le Curé au bailliage d'Alençon. Mais à la requeste du promoteur, l'official de Séez deffendit au Curé de procéder sur la dite assignation ailleurs qu'en l'officialité, le 18 juin 1681 ; et l'Évèque de sa part donna commission de poursuivre au grand Conseil un renvoy des dits différents à son officialité, le 21 juin. Les frères appelèrent comme d'abus de la dite sentence du 18 juin, et ils avoint obtenu auparavant une sentence par défaut du baillif d'Alençon conformative de toutes leurs prétentions, le 14 août 1681.

Tout cela produisit beaucoup de disputes et de scandales, qui furent arrestez par une transaction du 25 febvrier 1682, par laquelle le Curé est reconnu pour premier chapelain et chef de la confrairie, qu'on sera tenu de l'avertir des fondations qu'on y voudra faire, qui seront faites de son consentement, que ceux qui seront reçus prêteront le serment entre ses mains, que la Sainte-

Croix sera enfermée sous deux clefs dont il aura une, qu'on conferera avec luy des dépenses extraordinaires, que les questes seront distribuées par les frères en présence d'un des chapelains et du consentement du sieur Curé, que le drap mortuaire de la confrairie servira aux inhumations des frères qui auront servi et de leurs femmes, que les services pour les deffuncts se fairont comme par le passé, que les messes basses se diront une ou plusieurs à la fois pour la commodité des frères dont le jour sera marqué par le Curé, que les chapelains seront tenus de porter le chaperon sur l'épaule en évidence, que les corps seront portez directement dans l'église, en laquelle ils doivent estre inhumez, à l'exception de ceux qui seront inhumez dans des églises de religieux ou l'hospital, etc., qu'en cas de difficulté sur l'explication des reigles, on se pourvoira par devant l'Évêque de Séez, et que pour engager le Curé dans les intérests de la confrairie, les dits frères ont cédé au Curé et vicaire de Courteilles l'usufruit des suaires, lesquels appartiennent à la dite confrairie, pendant la vie seulement du sieur Curé, ou qu'il gardera son bénéfice et la chapellenie, que les frères assisteront à toutes les processions solennelles : du Saint-Sacrement, du Rosaire, etc. auront leur place au chœur. Laquelle transaction fut faite de l'avis de M. de Morangis, intendant d'Alençon (1), dans l'assemblée des frères, fol. 373.

Mais quelque temps aprez, les frères servants et anciens s'estant assemblez, ils désavouèrent la transaction cy dessus comme nulle et contraire aux reigles et posession des frères et aux anciennes délibérations et authorisèrent les frères qui suivroint à se maintenir dans leur posession et l'usage de leurs reigles.

Cette délibération est de 1682 et n'est pas datée du mois, fol. 380.

Cependant le sieur Curé a jouy de l'effect de la dite transaction jusqu'à sa mort arrivée en juin 1694, auquel temps les frères se mirent en posession des suaires ; mais le curé Belard fit différentes instances à la compagnie pour estre maintenu en l'usage des dits suaires comme son prédécesseur et, aprez plusieurs assemblées, on fit enfin une délibération le 2ᵉ septembre 1695, fol. 268, par laquelle les frères, aprez que le Curé se fut départi de sa

(1) Antoine Barillon, chevalier, seigneur de Morangis, de Loüant et de Marigny, maîtres des requêtes, intendant d'Alençon de 1676 à 1684.

demande pour vivre en paix avec la confrairie, et consenti que la confrairie perceut le dit luminaire pendant sa vie seulement pour ne pas préjudicier à ses successeurs. La compagnie, assemblée avec les anciens, authorisa l'échevin de payer au Curé 10 l. par an, en outre ses rétributions ordinaires pendant sa vie seulement. Ce qui s'exécute.

Il y eut en 1664 une contestation entre le curé Paquier, les frères et les chapelains sur l'observation des reigles. L'affaire fut portée devant l'official. Le Curé obtint une sentence par défaut en may 1664 et comme il estoit deffendu aux chapelains de faire aucune fonction de la dite confrairie, le Curé les fit assigner à l'officialité pour y avoir contrevenu, et ils y furent condamnez. Le 11 juin 1664, ils en appelèrent. L'official jugea de nouveau que, non obstant toute appellation, la sentence du 11 juin seroit exécutée sous peine de suspense par le fait. Le 19ᵉ juillet 1664, les frères se pourveurent par devant le lieutenant général, ce qui obligea l'Évêque de Médavy (1) de se pourvoir au Conseil, où il obtint un arrest le 9ᵉ aout 1664, par lequel les sentences de l'official sont confirmées et deffendu au lieutenant général de prendre aucune connaissance du fait de la dite confrairie.

En conséquence de quoy, l'Évêque de Séez jugea contradictoirement les contestations mues entre le Curé, les chapelains et les frères, le 31 août 1664. L'Évêque Forcoal (2), en 1681, se servoit de cet arrest de 1664 pour appeler à son official les causes de la confrairie.

Il y a eu de temps en temps plusieurs autres contestations entre les Curez et les frères. Le curé Paquier 2ᵉ se plaint, dans un de ses registres, qu'il a esté traité indignement par eux. Il est difficile de ménager tellement treize frères, qui changent tous les deux ans, et il est dangereux au bien de la paix d'avoir des questions avec eux ; car toute la ville épouse bientost leur party. Ainsy il est à propos que le Curé les ménage autant qu'il est possible.

Le vicaire de Saint-Léonard par l'art. 3 des reigles a 12 l. de rétribution sur la Charité, cela s'observe. En 1695, on luy en fit contestation en ce que la confrairie ne jouissoit pas à Saint-

(1) François-Rouxel de Médavy, évêque de Sées de 1651 à 1670.

(2) Jean Forcoal, évêque de Sées de 1670 à 1682.

Léonard du suaire qui semble avoir es!é cédé à la Charité, en considération des dits 12 l. Sur la réponse que fit le vicaire qu'il renonçoit au dit suaire, il fut résolu le 20 janv. 1695, fol. 267, de le payer comme à l'ordinaire. Le Curé y consentit et prétexta que la renonciation faite par le vicaire au suaire ne pouroit luy préjudicier et les frères repondirent que le dit luminaire ne pouvoit appartenir qu'à la confrairie

Jusque-là la Charité n'avoit pas receu le dit luminaire parce que le thrésor le reçoit ; mais profitant de l'occasion du procez entre le Curé et les thrésoriers pour le distric en 1700, ils s'emparèrent d'un flambeau aux inhumations, de quoy le Curé se plaint quelque fois et n'a voulu poursuivre de peur d'attirer un nouveau procez sur les cierges. Cependant c'est une innovation et on pourra, quand on voudra, obliger le thrésor et la Charité de se reigler ensemble sur le fait du dit suaire, n'estant pas juste que le Curé perde deux flambeaux au lieu d'un qui est le cinquième et qui tient lieu du luminaire.

Le vicaire de Saint-Roch, jusqu'à la destitution du sieur Meslé 1710, avoit toujours perceu le luminaire ou cinquième flambeau, depuis les vicaires suivants en ont jouy encore quelque temps ; mais on a commencé d'en former contestation en 1716 fondée sur la transaction de 1682 et sur ce que le distric de Courteilles est un retranchement de celuy de Nostre-Dame.

Dans la visite de 1713, l'Évêque alla à la chapelle et au banc de la Charité. Les frères présentèrent leurs registres, l'Évêque les trouva en bon ordre et confirma les statuts de la confrairie.

En 1720, le revenu de la confrairie estant extraordinairement diminué par la réduction des rentes et amortissement faits en billets de banque, on a esté obligé de réduire les services et fondations par provision, de manière qu'au lieu que cy devant il y avoit douze messes par semaine, on les a réduites à onze et les 9 services à 5. La confrairie s'est trouvée chargée de 5,740 l. en billets de banque qu'elle a placés sur les domaines, au denier 50. On a encore réduit les trois messes qu'on disoit le lendemain des festes de l'invention et de l'exaltation de la Sainte-Croix à une, et pour ne pas priver les fondateurs des prières qu'ils se sont procurées, il a esté reiglé par le Curé et frères que les messes qui subsistent et services seront célébrez pour et au nom des fondateurs et bienfaiteurs en général et en particulier pour plusieurs qui sont dénommez et le tout par provision jusqu'à ce qu'on soit en estat de faire autrement.

Pour diminuer les charges de la confrairie, on a retranché 5 l. sur chacun des quatre clercs, et le Curé a consenti verbalement de recevoir 10 livres en moins que les années précédentes, en 1721 ; mais dans la quittance qu'il a donnée en décembre 1722, au lieu de 94 l. 10 s. qu'il devoit recevoir, il n'a receu que 80 l., parce qu'il y a quatre services de moins qui font 6 l. et le restant montant à 8 l. 10 s., le Curé a déclaré le remettre volontairement à raison du mauvais estat de la confrairie, se réservant de se faire payer de son entier, quand le fond en sera restabli ce qui a esté inséré dans la quittance donnée à M. de Montigny et dans celle donnée à M. Hayer, procureur du roy.

On n'a rien retranché sur les chapelains, parce que leurs rétributions sont trop médiocres.

Le samedy 10e mars 1725, les demoiselles Pavard ont donné par contract passé devant les notaires une maison sise fauxbourg Lencrel, valant environ 160 l. de rente, à condition d'en recevoir par an pendant leur vie 130 l. et qu'aprez leur mort sera célébrée une messe chaque mercredy, à onze heures à perpétuité pour elles et leurs parents et en outre huit services par an, comme ils ont coutume d'estre faits en la chapellenie pour le repos des âmes de leur père et mère, de leurs quatre sœurs deffunctes et des deux donatrices, le jour de leur deceds. Ce qui a esté fait en présence de l'avis et consentement du sieur Curé.

Le 24 mars 1725, Nicolas Mareschal a donné 100 l. par supplément de ce qu'il avoit donné cy devant, affin que les quatorze messes et le service qu'il avoit fondé et qui avoint esté reduits fussent restablis et que le service sera dit le 30 may pendant sa vie pour luy et Marguerite Baudouin, sa femme, et le jour de son deceds aprez sa mort, et les quatorze messes seront dites les 4e samedis de chaque mois et les deux autres samedis excédents, fait de l'avis de M. le Curé.

CONFRAIRIES DE SAINT-LÉONARD

Par le reiglement de l'évêque de Séez de 1625, il paroit qu'il y avoit dans l'église ou chapelle de Saint-Léonard la confrairie sous l'invocation de tous les saints ; 2e la confrairie de Sainte-Catherine et de Sainte-Barbe. Pour la confrairie de Tous Saints, il est dit qu'elle est desservie par sept chapelains, le Curé de la paroisse d'Alençon (1) et son vicaire en icelle chapelle compris. Dans la transaction de 1571, entre le Curé et le Prieur, il est parlé de cette confrairie comme faisant partie du revenu du Curé d'Alençon. Il en a esté chapelain jusqu'à présent sans aucun choix ny nomination ainsi que le vicaire. Les autres chapelains nomment deux personnes pour remplir les chapellenies vacantes qu'ils présentent à M. le lieutenant général qui en choisit un. On ne scait depuis quand, ny de quel droit. Le Curé, depuis environ quarante ans, n'assistant pas aux offices de cette confrairie, y met un commis. C'est un mal qu'a fait le curé Chenard, auquel il n'est pas si facile de remédier. Ce commis est payé par le Curé, selon les conventions qu'il fait avec luy. Depuis 1694, le Curé donne au commis les casuels des services et des anniversaires et se réserve pour luy le gros qui n'est que de 30 l. par an. Pourquoy il est obligé comme les autres chapelains de faire dire une messe par semaine qui est le jeudy.

L'office de la confrairie consiste en une messe haute du jour, chaque jour de l'année à 8 heures du matin. En 1625, il y avoit une autre messe basse chaque jour. Le revenu de cette confrairie est fort diminué. Il y a beaucoup de services anniversaires.

Dans un accord fait en 1649, entre le Curé et les chapelains, il est dit qu'en égard à la modicité du revenu de la confrairie, les chapelains se fourniront de cierges mesme aux services de la confrairie, que le vicaire recevra le pain et le vin qu'on donne aux vigiles des frères et sœurs pour estre partagez entre les chapelains de six mois en six mois.

Dans une fondation faite en 1649 acceptée par le Curé, le vicaire à double rétribution.

En 1682, il y a un accord fait entre le Curé et les chapelains par lequel les chapelains s'engagent de n'accepter aucune fondation sans le Curé ou sans son vicaire en cas d'absence et à charge de la lui faire ratifier. Cela s'exécute communément, et quelques fois on y manque.

(1) Il faut observer que dans cette chapellenie le Curé est chapelain né et n'est pas choisi que le vicaire de mesme ; de manière qu'au sieur Besnard, vicaire, a succédé Treson ; à Treson, Guilloré à Guilloré, Poitevin ; à Poitevin, Chené sans aucune nomination (*Note de Belard*).

11

Le 18 may 1699, le Curé obtient sentence au bailliage d'Alençon contre les chapelains, par laquelle ils sont obligez de luy remetre une clef du chartrier. Le Curé jusqu'à présent ne la leur a pas fait signifier.

Autrefois la messe des frères de la confrairie de Tous Saints se remetoit à 10 heures et servoit de messe paroissialle, parce qu'il n'y en avoit pas ces jours la.

Les thrésories dès 1655 avoint présenté une requeste à l'Évèque pour avoir une messe paroissialle, le Curé y avoit consenti pourveu qu'il n'en paya pas la rétribution ; et comme cela avoit esté différé jusqu'en 1713, que sur la requeste des dits thrésoriers, l'Évèque ordonna que le Curé fairoit dire une messe paroissialle les jours de festes et ainsy la messe de Tous Saints de ces jours la a esté remise à huit heures.

Pour les confrairies de Sainte-Catherine et Sainte-Barbe, elles sont aprésent réunies à celle de Tous Saints, sans qu'on sache depuis quand ny comment. Le service consiste en plusieurs grandes messes qu'on dit par année jusqu'à la Sainte-Catherine, dont la rétribution consiste en quelques boisseaux de grains qu'on distribue aux chapelains. Il paroit en 1649 un pourveu pour une chapellenie de Sainte-Catherine donné par le Curé à deux autres chapelains.

Il paroit encore un pourveu pour une chapellenie de Saint-Eloy en la dite église, donné en 1649 par le Curé à un chapelain. On ne scoit ce que c'est que cette confrairie, il n'en est pas parlé dans le reiglement de 1625.

Le reiglement dit que la confrairie de Sainte-Catherine a quatre chapelains dont le Curé est le chef et que le service consiste en onze messes solennelles outre le jour de Sainte-Catherine, avec le lendemain un service pour les morts et trois messes hautes un autre jour.

Dans le dérangement arrivé dans le royaume par les billets de banque en 1720, lesquels ont causé beaucoup d'amortissements et la réduction de plusieurs rentes, au denier 40 et 50, l'estat de la confrairie a beaucoup changé et le revenu tellement diminué que dans le comte rendu par Bidon, en avril 1721, il paroit que la confrairie n'a plus que deux cent quatre vingt-dix livres par an en rentes et terres, en outre, les casuels qui peuvent monter à 60 t et ce que produira la somme de onze cent vingt livres, tant en rente sur les domaines qu'en billets de banque. De manière que pour faire subsister la dite confrairie, le Curé avec les chapelains ont reiglé que par provision et en attendant le rétablissement des fonds de la chapellenie, les dits 290 l. seroint employez : 1re à payer la rétribution des sept chapelains qui n'ont que 30 l. par an ; celle de l'administrateur qui est de 20 l. ; celle du clerc qui est de 7 l. ; 2e à payer pour 50 l. par an de fondations dont les biens subsistent : La messe pour Joseph Choine, un service pour Antoine, un pour Magdeleine Saimen, une messe pour le sieur Dapré, un service pour Anne Genu, un pour fr. Hobon, un pour J. Champlailly ; 3e à payer quelques rentes dont la confrairie est chargée ; 4e aux luminaires, décimes et réparations et qu'à la fin de l'année, ce qu'il y aura de restant sera employé à faire dire des services généraux pour les fondateurs et bienfaiteurs.

Il a encore esté statué et reiglé que pour ne frustrer pas les fondateurs des prières qu'ils ont voulu se procurer, on célébreroit la messe de chaque jour à leur intention généralle et qu'en outre, le jour que tomberont les services, on faira une particulière recom_mandation de ceux pour qui ils doivent estre faits avec le *Libera* à la fin et l'avertissement au prone, le dimanche précédent.

Par le comte rendu ce jour-là, il reste plus de deux cens de bon entre les mains de l'administrateur pour remplacer dans trois mois ; et il a esté reiglé qu'on se pourvoiroit par devant Mgr l'évèque pour confirmer la présente délibération.

Et depuis le 20 aout 1721, les chapelains ne voulant acquiter les charges de la confrairie à cause de la modicité de la rétribution de 30 l. par an, il a esté convenu au bas du dit comte, signé des sieurs Curé et chapelains, qu'on cesseroit de chanter la dite messe tous les jours et qu'elle seroit chantée les dimanches et festes, et les jours qu'il y aura quelque service fondé ou casuel.

PETITES CONFRAIRIES ÉTEINTES ET SUBSISTANTES

En 1674, l'évèque de Séez érigea une confrairie pour la rédemption des captifs à la réquisition du prieur général de l'ordre de la Trinité, du curé d'Alençon et de personnes notables. Il y avoit un tronc dans l'une et l'autre église, pour recevoir les

charitez, qui devoint estre employées au rachapt des captifs (1).
Le Curé en estoit le chef; il pouvoit commetre sous luy un
prestre pour enregistrer les sœurs et frères, bénir et donner les
scapulaires. On faisoit une procession un dimanche de chaque
mois aprez vespres. On exposoit le Saint-Sacrement le jour de la
Trinité pendant tout le jour avec procession autour de l'église.
Les aumones devoint estre mises entre les mains du dit prieur
général; il y avoit des indulgences, etc. Le Curé commit à cet
effect le prestre Goujeon, par un pourveu en forme, signé de luy,
contre signé du dit Goujeon et scellé du sceau de ses armes.
Cette confrairie ne paroit avoir subsisté que jusqu'en 1677. Et
dans le tronc qui fut ouvert au jour de la Trinité 1677, on trouva
43 l. 9 s.

En 1696, en conséquence d'un bref de Innocent XII, lequel
accorde des indulgences plénières aux congrégations ou assemblées érigées ou à ériger pour le soulagement des pauvres.
L'évêque de Séez permit la publication des dites indulgences
pour les frères et sœurs de la Charité et assigna le maitre autel
de l'église paroissialle d'Alençon pour y gaigner les indulgences
les jours de l'Épiphanie et de la Trinité. Et sur la requeste du
Curé, l'Évêque consent qu'il érige une confrairie de dames
dévotes qui s'appliqueront à la visite et secours des pauvres dont
il se réserve de faire les statuts et reiglement. Ce 10 feb. 1696.

Cette confrairie n'a pas eu de progrez, le Curé s'est contenté
d'en avertir au prone et d'en faire part aux dames qui sont char-
géez dans les quartiers du soulagement des pauvres de la paroisse
dont on parlera dans la suite.

Il y avoit autrefois à Nostre-Dame une confrérie de Sainte-
Geneviefve de la fondation des Bouvet (2), dont le service estoit
le jour de la feste, dans la chapelle de la sainte qui est la dernière

(1) On sait que, jusqu'à la prise d'Alger, en 1830, les pirates Barbaresques arrê-
taient les vai seaux européens, pillaient les côtes et réduisaient en esclavage tous
ceux qu'ils pouvaient saisir l'our leur résister, l'Église avait un ordre militaire,
les chevaliers de Malte, qui faisaient les armes à la main la police de la Méditer-
ranée, un autre ordre dit les Trinitaires ou les Mathurins qui rachetait les captifs
des Musulmans. Un de leurs premiers couvents fut fondé dès 1204, à Saint-Éloi.
près Mortagne (Orne). Mais il fallait beaucoup d'argent pour satisfaire les exigen-
ces des pirates, des confréries se fondèrent en grand nombre pour en réunir par
des quêtes. (Cfr. : Raimond Bordeaux. *Miscellanées d'archéologie normande*. p. 21 ;
Veuclin. *Les confréries des captifs à Bernay et aux environs*).
(2) Bouvet de Louvigny, seigneurs de Louvigny, Ancinnes, Saint-Rémi-des-Monts.
Cette famille possédait la terre de Louvigny dès 1559 (Cfr. : O. Desnos. *Mém. hist.*,
t. I, p. 51 ; — Cauvin. *Essai sur l'armorial du diocèse du Mans*, p. 40 ; — Pesche.
Dict de la Sarthe, t. II, p. 619).

du costé du cimetière ; on l'a fait encore il y a environ vingt ans. C'est la dite famille qui en a les titres et revenus, sans qu'il en paroisse rien dans le reiglement de 1625 ny ailleurs. Feu M° de Bresonville, mère du sieur du Rosey, qui est descendue des Bouvet, faisoit faire ce service et en avoit les revenus.

Il y a une autre confrairie fort antienne dite de l'Angevine, qui avoit beaucoup de revenus et estoit administrée par les maîtres garde du corps des Tanneurs.

Il en est parlé dans le reiglement de 1625. Il y avoit plusieurs messes fondées et aujourd'huy le service est réduit à une messe haute le jour de la Nativité de la Vierge au maître autel. C'est cette confrairie qui est chargée de l'entretien de la vitre sur l'orgue depuis 1510.

Il est parlé dans le reiglement de 1625 dés messes de Saint-Chrespin et Saint-Honoré. Les cordonniers ont fondé au thrésor un service et quelques messes. Il est parlé de ce service cy devant, article du thrésor. Le Curé en reçoit 5 l. 5 s. Les boulangers ont un pareil service qui n'est pas fondé. Les menuisiers en ont un fondé à la Charité. Les drapiers en ont un semblable à celuy des cordonniers qui n'est pas fondé. Les tailleurs en ont un moindre. Item, les pélerins de Saint-Jacques, les serruriers, les carleurs, pottiers. A Saint-Léonard, les marchands, les bonnetiers, les bouchers, les maréchaux, les brasseurs, les chapeliers ont leurs services qui ne sont pas fondez.

Le Curé pour ces services de Notre-Dame a ordinairement pour les grands non compris les messes 2 l. et pour les petits 1 l. 10 s. A Saint-Léonard, le vicaire a le double des prestres.

Il y a une espèce de confrairie pour M^rs du palais, le jour de Saint-Ives. Il en sera parlé en parlant de la chapelle du palais.

COUVENT DE SAINTE-CLAIRE.

Ce monastère a esté establi par Marguerite de Lorraine du-chesse d'Alençon avant 1510 (1). Car en cette année paroit une

---

(1) Marguerite de Lorraine, veuve de René duc d'Alençon, fonda la maison de l'*Ave Maria*, le 6 février 1498, sur une portion de l'île Jaglolai occupée aujourd'hui par une éco'e communale de filles. L'église fut consacrée le 11 août 1499, mais les religieuses n'en prirent possession que le 18 juillet 1501. (Abbé Laurent. *Histoire de Marguerite de Lorraine*, p. 67).

transaction faite par devant notaires entre Madame la duchesse, Mgr le duc son fils, M. Jean Maignen curé d'Alençon, et les Religieux et Religieuses Sainte-Claire. Comme les Religieux sont denommez dans cette transaction il paroit qu'ils faisoint corps de communauté et on dit communément qu'il y en avoit dix ou douze qui faisoint l'office et depuis longtemps ce nombre est réduit à deux pères et quelques frères (1). Le sujet de la transaction estoit pour l'indemnité de l'établissement de ce monastère. Le Curé prétendoit : 1° que de droit commun, il devoit percevoir les oblations faites dans les églises, chapelles et oratoires de sa paroisse de quelqu'espèce que fussent les dites oblations et par qui que ce fut qu'elles fussent offertes ; 2° que de ceux qui mouroint en sa dite paroisse, et y estoint inhumez ès limites d'icelle il avoit droit d'en prendre leur sépulture, luminaires, et oblations tant des funérailles qu'obsèques. Au préjudice de quoy le monastère disoit qu'il n'avoit pu estre érigé de manière que les dites oblations et sépultures, elles faites, ne réussissent à son profit. Le Curé ajoutoit que supposé que les dits monastères eussent sur cela aucun privilège du pape, le Curé son prédécesseur n'y avoit pas donné son consentement. Pour quoy ne luy pouvoit nuire ny à ses successeurs ; et supposé que les dits monastères pussent prendre les dites oblations et sépultures, qu'en tout évènement il devoit estre par ceux qui avoint la dite chose fondée à son préjudice récompensé et rendu indemne ; et pourtant que Madame qui à fondé le dit monastère devoit du dit intérest porter.

Les Religieux, de leur part, disoint que des oblations qui estoint faites en leur église en faveur de leur *religion,* le Curé ne devoit rien avoir de droit commun et pareillement par leurs bulles apostoliques ; et au regard des sépultures qui se faisoint en leur église des paroissiens ou non, que les Curez ne pouvoint selon le droit et raison contredire, sans qu'ils empeschassent que les Curez n'eussent leur droit accoutumé, mais pour les torches, cierges, suaire, les draps et autres choses qui se portent avec le corps des trépassez, ils disoint leur devoir appartenir hors sa canonique portion, qui seroit d'une quatrième partie, et à l'égard

(1) Charles IV duc d'Alençon donna en novembre 1509 le restant de l'île Jaglolai (côté de la place d'Armes actuelle) pour y construire la maison des Cordeliers chargés de diriger les religieuses. (O. Desnos *Mémoires his'oriques* T. I, p. 57).

de la récompense prétendue par le Curé disoint qu'ils ne devoint y entendre et à ma dite dame s'en raportoint.

Pourquoy on transige le 6ᵉ d'avril 1510 ainsi qu'il s'ensuit : La duchesse présente, se faisant fort du duc son fils, considérant la volonté du duc René son époux qui luy avoit fait fonder le dit monastère et par la occasion principale de la diminution du revenu du dit bénéfice, qu'en outre à raison de la grande maladie du duc son fils, le dit seigneur duc son époux et elle avoint voué faire dire à toujours désormais trois messes par chacune semaine : une de Nostre-Dame de pitié, de Saint-Grégoire, et l'autre de Saint-Antoine de Pade, consent que pour demeurer quitte de la fondation des dites trois messes et de la récompense prétendue par le Curé, luy et ses successeurs prennent par chacun an sur la recette ordinaire du dit lieu d'Alençon, la somme de 25 l. de rentes à deux termes. Et le dit Curé sera à ce moyen chargé de faire dire les dites trois messes et se désiste pour luy et ses successeurs de tout droit par luy demandé de la canonique portion des oblations, luminaires, cierges, draps, et autres choses qui seroint apportées en église du dit monastère des corps qui y auroint choisi leur sépulture ; et n'est pas entendu que des dits inhumez, le dit Curé et ses successeurs n'ayent leur droit de sépulture accoutumé. Par lequel Curé et ses vicaires ne pourra estre soutenu que les dits corps doivent estre portez en l'église paroissialle et chapelles de Saint-Léonard et Saint-Blaise, ny autre église, mais tout droit ès dite église de Sainte Claire ; jusqu'au quel lieu et porte du monastère, le dit Curé et ses vicaires seront tenus convoyer les corps, sans que toutes fois ils en puissent prétendre ny demander aucun salaire, au préjudice des dits Religieux et Religieuses par réduction de luminaire ou autre chose. de manière que tout demeure au dit monastère. Et ont les dites parties promis procurer devers Mgr l'évèque de Séez qu'il ratifie le dit concordat.

Le dit accord enregistré à la chambre des comtes du Duché en 1516 le 4ᵉ août, et le 10ᵉ en suivant confirmé par l'évèque de Séez, et le 9ᵉ août par Charles duc d'Alençon. Les originaux sont dans le monastère de Sainte-Claire.

Cet accord s'exécute (1). Quant à la somme de 25 l. que le

(1) En 1560 ou environ, le 4ᵉ juillet sentence de l'official sur le scandale arrivé par le refus du vicaire de porter un corps au monastère, par laquelle l'official en exécution du dit concordat ordonne que les Curé et vicaire assisteroint les corps jusqu'à l'église du monastère pour veu qu'on les requit hors le temps de l'office. (Note de Belard)

Curé reçoit sur le domaine, comme on a dit cy devant ; mais les trois messes sont réduites en une comme il a esté dit encore, et comme il faut 25 l. pour la rétribution de la dite messe, il ne reste rien au Curé pour son indemnité. Aussy le Curé Chenard dans sa requeste pour faire réduire les dites trois messes en une en 1690, se réserve à poursuivre les droits rectoriaux, à quoy l'évêque le réserve. A l'égard des oblations, on ne connoit pas que depuis ce temps-là le Curé en aye rien receu dans les dites églises de Sainte-Claire.

Pour le transport des corps de ceux qui veulent estre inhumez dans le dit monastère, il fut rendu une sentence à l'officialité de Séez un peu aprez l'accord sus dit le 4ᵉ de juillet.. .. par laquelle le sieur Caget, Curé, et Seurin, vicaire de Nostre-Dame, furent condamnez pour avoir refusé d'accompagner jusqu'à l'église de Sainte-Claire, le corps de la femme de Guillaume Leger, et ordonné qu'à l'avenir les Curé et vicaires assisteroint le corps jusqu'à l'église du dit monastère en exécution de la transaction pour veu qu'on les requit hors le service de la paroisse.

Il paroit qu'en 1672, le Curé vouloit qu'on porta les corps en sa paroisse avant que de les porter à Sainte-Claire. C'est ce que les Cordeliers disent dans le procez qu'ils eurent avec luy au sujet de l'inhumation d'un domestique de M. l'archevêque de Narbonne dont voici le fait. Un valet de Mgr l'archevêque de Narbonne estant décédé en sa maison vis à vis les filles Sainte-Claire dans le marché aux bœufs, l'archevêque envoya au Curé son aumosnier pour le prier de venir transporter le corps de son domestique à Sainte-Claire ; le Curé dit qu'à cause du peu de temps qu'il y avoit qu'il estoit mort, il falloit remettre l'enterrement au lendemain. Sur ce refus, l'archevêque fit transporter le dit corps la nuit en l'église de Sainte-Claire par son aumosnier en habit noir, et l'ayant déposé en l'église, il y fut inhumé le lendemain. Sur quoy, le Curé fit assigner les Cordeliers devant le bailli pour leur faire deffense d'enterrer le dit corps qui ne leur avoit pas esté présenté par luy. Ce qui leur fut signifier. Et comme les Cordeliers ne laissèrent pas de l'enterrer, l'affaire fut portée à l'officialité, où les Religieux disoint que le Curé avoit refusé de conduire le dit corps par ce qu'il vouloit le faire porter à son église auparavant, et ayant produit une attestation de l'archevêque de Narbonne, qui déclaroit qu'il avoit ordonné aux Cordeliers de faire le tout suivant les pouvoirs qu'il en avoit de·M. l'évêque de Séez, l'official débouta le Curé des fins de son action avec dépens, et néanmoins deffendit aux Religieux de recevoir, ny inhumer aucun corps, s'il ne leur est enjoint par l'évêque de Séez ou personnes ayant pouvoir, et s'il ne leur est présenté par les Curé ou vicaires des lieux où il sera décédé. Le Curé appela de cette sentence et le différent fut terminé par une transaction devant notaires en 1673, par laquelle les parties conviennent d'exécuter l'accord fait en 1510 sans que la dite sentence de l'official leur y puisse porter préjudice, sans depens.

Cet accord de 1510 a esté exécuté dans la suite. En 1673, Mᵐᵉ François Fouquet, archevêque de Narbonne fut porté à l'église Sainte-Claire par le Curé qui en fit le service et inhumation. Le registre du jour ne parle pas qu'il aye esté porté à Nostre-Dame; mais le journal du Curé dit qu'il fut porté d'abord à Nostre-Dame et des témoins en assurent (1).

En 1674, le père Damoisé, jésuite, fut porté de la chapelle des Jésuites en l'église Sainte-Claire, où le curé chanta devant le lieu de la représentation, le *libera* et le *De profundis*, donna de l'encens et de l'eau bénite en exécution de l'arrest du parlement portant reiglement pour la province. Le 29ᵉ août 1676 fut inhumé à Sainte-Claire, le corps du P. Nicolas Brisson, jésuite, conduit par le curé et le clergé devant le crucifix, et le *libera* chanté.

En 1684, le corps de Laurent Bidon de Montsort fut porté d'abord en l'église de Montsort, ensuite receu au milieu des ponts de Sarthe par le vicaire de Saint-Léonard et porté droit à Sainte-Claire sans reposer à Nostre-Dame, et il est dit dans l'acte. Ce que le Sieur Curé a bien voulu accorder aux parents.

Le 10ᵉ août 1686 a esté enterré à Sainte-Claire René Collet, advocat, après le service fait en l'église Nostre-Dame. Sa femme y a esté inhumée pareillement aprez avoir esté portée à Nostre-Dame en 1715 en febvrier. Le 18ᵉ juillet 1689 Pierre Lehayer, procureur du roy, a esté inhumé à Sainte-Claire par permission de M. le Curé aprez le service fait en l'église paroissialle en la manière accoutumée.

(1) François Fouquet, archevêque de Narbonne ,fut compris dans la disgrâce de son frère, Nicolas Fouquet, surintendant des finances, et fut exilé à Alençon. Il y mourut en 1673 et il fut enseveli dans le chœur de l'*Ave Maria*. ¡O. Desnos. *Mémoires historiques*. T II, p. 379).

Le 17 oct. 1696 René Mevrel a esté inhumé à Sainte-Claire aprez avoir esté porté à Nostre Dame, et ensuite reporté dans le chœur de Sainte Claire, où le Curé chanta le *libera* et dit les suffrages accoutumez. Le 3ᵉ septembre 1711 a esté inhumé à Sainte-Claire, le corps de Marie Brossard, aprez avoir esté apporté en la paroisse suivant l'usage.

Le 19ᵉ janvier 1712 a esté inhumé à Sainte-Claire, la demoiselle Hardy de Grandchamp aprez que le corps a esté porté en l'église Saint-Léonard, suivant le billet d'enterrement.

Le 20ᵉ mars 1713 a esté inhumé à Sainte-Claire, la demoiselle de Beaurepos aprez que le corps a esté porté à Saint-Léonard (1).

En febvrier 1715, le corps de la dame Collet aprez que le corps eut esté apporté à Nostre-Dame.

Le 30 avril 1720, le corps de René Collet advocat idem. V, le chapitre. *Transport des morts d'une église à une autre*

Le 25 mars 1722, le corps de dame Marie Quillet vefve de M. le procureur du roy, fut portée d'abord à Nostre-Dame et ensuite à Sainte-Claire en la manière accoutumée et double luminaire.

Le 18 janvier 1723, le corps de Catherine Chaslou fut porté d'abord à Saint-Léonard, ensuite à Sainte-Claire où on chanta le *libera*. Il y eut double luminaire. A l'égard du luminaire, on ne scait quel en a esté l'usage jusqu'en 1696, mais à l'enterrement du sieur Mevrel, il fut partagé suivant l'arrest donné pour le reiglement de la province. Il en fut fait autant à l'enterrement de la dame de Grandchamp en 1712. Pour l'enterrement de la demoiselle de Beaurepos en 1713, il y eut double luminaire, un qui resta à Saint-Léonard et un autre qui fut allumé en sortant de Saint-Léonard et resta à Sainte-Claire. Il en fut fait autant en 1715, à l'enterrement de la dame vefve Collet. Les religieuses de Sainte-Claire ont des domestiques de deux sortes : Elles ont des filles associées à la maison et qui font une espèce de corps. Ce sont les Cordeliers qui leur administrent les sacrements et les enterrent dans leur église, c'est un ancien usage; 2° ils ont des domestiques à gages Les quels sont paroissiens et dépendent en tout des Curez. En 1712, un de ces domestiques estant malade, le Curé fut averti de luy administrer les sacrements, et estant mort,

---

(1) Marie de la Croix de Beaurepos, fille de Louis Christophe de la Croix seigneur de Beaurepos et de Cerisay et de Louise Vedeau. (Moulard. *Recherches sur la paroisse d'Assé-le-Boisne*, p. 226).

il a esté enterré le 6ᵉ janvier dans le cimetière de la paroisse. Cependant auparavant ce temps là, un confesseur de Sainte-Claire prétendit que les dits domestiques estoint indépendants de la paroisse, et de son chef, en enterra un dans l'église de Sainte-Claire, mais il fut désavoué par son successeur.

On va en procession dans l'église de Sainte-Claire le jour de Saint-Marc et on y dit la messe, le jour de l'octave du Saint-Sacrement, et on est receu par le père confesseur à la porte de la rue du costé du marché aux porcs et on est reconduit de mesme ; à la feste de l'Assomption, où on fait une station. Dans la procession de Saint-Marc et de l'Assomption, on n'est pas receu par les Cordeliers, parce qu'il disent qu'ils ne font pas corps.

Le 18 janvier 1723, au convoy qui fut fait à Sainte-Claire du corps de Catherine Chaslou, le confesseur murmura de ce qu'on le porta sous le Crucifix. Cela fit qu'en juin 1724, M. de Malarville ayant demandé la sépulture à Sainte-Claire verbalement, le Curé la refusa jusqu'à ce qu'il sceut l'intention du confesseur. Lequel ayant dit qu'il ne souffriroit pas que le Curé portât le corps dans l'église. Il fut enterré à Saint-Léonard. Mais le 19ᵉ juillet 1724, le vicaire de Nostre-Dame y ayant porté le corps de Madame Pommereul intendante il y eut grande contestation. Les Cordeliers en grand nombre ayant voulu empescher qu'on ne portât le corps sous le Crucifix, et les prestres l'ayant emporté avec les frères de Charité, de manière qu'on chanta le *libera* et on donna de l'encens et de l'eau bénite. Ce qui a causé beaucoup de dispute et de scandale pendant l'absence du Curé (1).

(1) Catherine Oursin femme de Michel-Gervais-Robert de Pomereu marquis de Ricey, intendant d'Alençon (1720-1726), mourut dans cette ville le 17 juillet 1724. Son corps fut déposé sur un lit de parade dans une chapelle ardente tendue en noir avec ses armoiries. Un grand nombre de prêtres et de religieux s'y tenaient en prières. Le lendemain on fit le convoi à la tête du quel marchait la bannière des Frères de la Charité suivie de cinquante pauvres femmes couvertes de deux aunes de serge grise et portant chacune un flambeau de deux livres avec les armoiries. Suivaient les sœurs de l'Hôtel-Dieu avec toutes les filles de l'hôpital, puis cinquante Capucins ayant à leur croix trois aunes de toile très-fine, douze grandes croix ayant un parement de toile très-fine portées par douze clercs, le clergé séculier et régulier de toute la ville et des environs au nombre de 125 prêtres, les Frères de la Charité, les maires et échevins de ville, le corps porté par les Frères de la Charité, les échevins de ville tenant les quatre coins du poêle entourés par leurs gardes la pointe de leurs halebardes en terre, le capucin Jean-Baptiste confesseur de la défunte un flambeau à la main, les officiers de la maison portant également des flambeaux. Les Trésoriers de France en robes de taffetas noir, le Présidial, la Vicomté, les avocats, les procureurs, les gentilshommes et la noblesse de la ville fermaient le cortège qui était accompagné et suivi d'un nombre infini de peuple. Le corps fut porté à l'église Notre-Dame où fut dite une grande messe et de là

COUVENT DES CAPUCINS

On ne trouve rien dans les papiers sur l'établissement des Capucins à Alençon, ny sur les coutumes introduites par rapport à eux (1).

Ils partagent la chaire de la dominicale (2) avec les P.P. Jesuites, on ne scait depuis quand, ny comment. Ils preschent de mesme tour à tour : le caresme, l'avent, et l'octave du Saint-Sacrement.

Ils assistent aux processions générales de la grande et petite feste Dieu, et à la procession de l'Assomption. Ils ont assisté à la réception de l'évêque dans ses visites de 1708 et 1712, tant à Nostre-Dame qu'à Saint-Léonard. En 1673, le 23 mars, fut inhumé dans le cimetière de Nostre-Dame Robert Rangaine, mort dans le monastère des Capucins estant leur domestique.

Ils ont chez eux la sépulture de la famille des Fromond seigneurs de Mieuxé. On ne scait ce qui s'est pratiqué dans l'occasion (3).

Le 6e novembre 1666 a esté enterré dans la chapelle des Capu-

au couvent des religieuses de Sainte-Claire. A la grande porte on trouva 40 Cordeliers en habits sacerdotaux pour recevoir le corps, célébrer le service et faire la sépulture. Une lutte s'engagea entre les Cordeliers et des prêtres qui se disputaient l'honneur de procéder à la cérémonie, des coups furent échangés, mais les Cordeliers eurent l'avantage et le clergé obtint seulement de laisser le drap mortuaire sur le cercueil pendant l'office.

Mme de Pomereu fut enterrée dans le chœur de l'Ave Maria aux pieds de l'archevêque de Narbone son parent. Après la cérémonie on distribua 500 l. aux pauvres de l'Hôtel-Dieu, 500 l. à ceux de la ville, 500 l. à toutes les paroisses d'Alençon pour faire faire des services. (Brière. *Histoire d'Alençon*, M. s. Lecomte de la Verrerie. *Votes historiques sur Alençon*, M. s. O. Desnos. *Mémoires historiques*, T. II, p. 457).

(1) Les Capucins s'établirent à Alençon peu après 1602, mais leur maison, qui sert aujourd'hui de dépôt de remonte, ne fut commencée qu'en 1647 et leur église fut consacrée le 1er août 1667. (O. Desnos *Mémoires historiques*, T. I, p. 64).

(2) Dominicale. Cours de Sermons pour les simples dimanches de l'année, c'est-à-dire hors le Carême et l'Avent. (*Dictionnaire de Trévoux*).

(3) Charles Fromont de la Benardière, receveur des tailles en l'élection d'Alençon, contribua beaucoup aux frais de la construction de l'église des Capucins. Il y fut inhumé dans un caveau sous la chapelle de la Vierge, qui devint la sépulture de sa famille. Le 2 mars 1655 il avait échangé avec le marquis de Râ les la sergenterie de Carrouges et la terre de la Benardière contre les fiefs du Bu et de Bouaille situés dans la paroisse de Mieuxcé près Alençon, et ses descendants portent le nom de Fromont de Bouaille. (O. Desnos *Mémoires historiques*. T. I, p. 64. T. II, p. 507).

cins Marguerite du Hameau vefve de M. de la Benardière, par la permission de M. le Curé. L'acte ne dit pas comment.

Le 29 mars 1668 y a esté enterré le sieur de la Besnardière conduit par le seul Curé en habit décent et de quelques ecclésiastiques en habit ordinaire Il estoit mort à Mieuxé.

Le 10ᵉ febvrier 1693, on y enterra un enfant presenté par le vicaire de Saint-Léonard, parce qu'il estoit mort dans son distric, le Curé absent. L'acte ne dit pas comme la chose se passa.

Quand le P. général des Capucins arriva à Alençon en 1680, le Curé fut prié d'aller au devant de luy en clergé. Le Curé le refusa et l'éveque luy en fit compliment par une lettre du 4ᵉ juillet.

Le 9ᵉ avril 1714, il arriva un autre général (1) à Alençon l'intendant envoya son carosse au devant de luy jusqu'au Perron, les personnes distinguées y allèrent avec leurs carosses. La ville et le lieutenant général y alla et luy fit porter les présents de ville au son des *demies*. Le Curé, accompagné de quelques prestres en habit noir, alla le saluer et luy fit un compliment latin. Les jésuites en firent autant, et tous les corps de la ville qui le complimentèrent. Il rendit les visites à pied accompagné de ses quatre sécretaires.

Dans l'histoire de Normandie par le sieur Masseville, il est dit page 346 du 6ᵉ tome que les Capucins furent appelez à Alençon, par les habitants l'an 1602, qu'ils y furent favorisez par le comte de Matignon, lieutenant général de la province, et que le sieur de la Benardière (receveu des tailles) contribua beaucoup à la construction de leur monastère.

Le 21 octobre 1726, Clément Barbé estant décédé fortuitement dans le monastère des Capucins, le corps fut presenté par la

---

(1) Jean Léopold de la famille impériale, général des Capucins, édifia toute la ville par ses austérités. On racontait qu'avant d'entrer dans le couvent il baisa les pieds des Capucins, qu'il ne mangeait que trois onces de pain par jour, qu'il ne dormait que deux heures par nuit, que son froc etait plein de pièces.

Il arriva accompagné de 113 Capucins, on lui fit une réception princière, il reste trois semaines au couvent d'Alençon, y tint un chapitre général et y célébra la canonisation de saint Félix *de Cantalice*, capucin. L'église du couvent fut décorée pour la circonstance et ornée du haut en bas de très belles tapisseries. La cérémonie dura du 22 au 30 avril. Le jour de la clôture la procession fut escortée par la milice bourgeoise, sous les armes, avec ses drapeaux, tambours, violons et suivie par le maire, les échevins, les magistrats, etc. Le soir on tira un feu d'artifice dans la cour des Capucins. (O. Desnos. *Mémoires historiques*, 2ᵉ édition, p. 152. *Note de M. de la Sicotière*. Brière. *Histoire d'Alençon, m s*. Lecomte de la Verrerie. *Notes historiques sur Alençon, m s*).

comté assemblée sous le portail de leur église à M. le vicaire qui
ayant receu du P. gardien le goupillon l'aspergea et aprez les
prières accoutumées le conduisit au cimetière de Saint-Blaise estant accompagné de plusieurs Capucins qui descendirent jusqu'au
faux bourg.

DES JÉSUITES (1).

Le roy Henry IV, passant par Alençon, y avoit emprunté de la
ville 6.000 l. qu'il constitua en rente sur les tailles de l'élection
d'Alençon au denier dix, ce qui produisoit 600 l. par an. Ces 600 l.
furent destinéez à l'éstablissement d'un college. En 1609 M. de
Matignon gouverneur et baillif d'Alençon ordonne que la dite
somme sera employée à l'entretien des précepteurs qui enseigneront la jeunesse tant catholiques que de la religion P. R. autant
que les habitants estimeront nécessaires Lesquels précepteurs
enseigneront séparément jusqu'à ce qu'on aye le moyen de faire
un plus grand fond pour parvenir à un meilleur establissement.
Et seront les dites 600 l. distribuéez de manière qu'il y en aye 350 l.
pour les précepteurs catholiques, et 250 pour ceux de la R. P. R.

En 1620, les habitants d'Alençon présentent requeste à la reine
mère, comme duchesse d'Alençon, pour demander son consentement à l'establissement d'un college de Jesuites ; et elle y consent
sous le bon plaisir du roy. Le roy y consent la mesme année à
condition que les dites 600 l. de rente seront employées au dit
college.

En 1621, le roy permet aux habitants de faire lever pendant six
années sur chacun pot de vin 6 d. et 3 d. sur chaque pot de cidre
et poiré qui seront vendus en détail dans la ville, pour estre les
dits deniers employez aux réparations de la ville, du clocher de
l'église, et le surplus à l'augmentation du collège. Et les habitants
afferment le dit octroy à la somme de 3.120 l.

Dans le mesme temps, les habitants présentent requeste à M.
l'évèque de Séez pour consentir au dit establissement. Ce qu'il
fait. En 1622, les jésuites traitent avec la ville. La ville s'engage à
leur donner les 600 l. de rente sur les tailles, et 1,400 l. sur les

(1) C. f. r. de la Sicotière. *Histoire du collège d'Alençon* *Annuaire normand*,
1842, p 366 et s.

octrois. Et les Jésuites s'engagent d'enseigner gratuitement les enfans de l'une et de l'autre religion, sans que ceux de la R. P. R. soint contraints à aucun exercice contraire à leur profession ; qu'ils fourniront autant de classes et de régents que la quantité des écoliers le requerera pour enseigner les lettres humaines. Les habitants s'engagèrent encore à fournir aux dits Jesuites une maison jusqu'à la valeur de 6,000 l., et des meubles jusqu'à la va_ leur de 2.000 l.

Les habitants de la R. P. R. s'opposèrent au dit establissement, et sur leur opposition intervint arrests du Conseil en 1623 qui or-donne que de la rente de 600 l. les Jésuites auront 350 l. et que les autres 250 seront pour les maîtres d'école de ceux de la R. P. R.

En 1623, on tint une assemblée de ville à l'issue de la messe pa-roissialle de Nostre-Dame où on confirma tout ce que dessus. Et en 1624, le Conseil donna un arrest pour obliger le receveur de payer aux Jésuites la dite somme de 350 l. et celle de 1.400 l. En 1624, le P. Jean-Baptiste de Saint-Jure, nommé recteur pour le dit college, fit ratifier tout ce que dessus par le lieutenant général en présence des échevins et autres. Dans la mesme année les ha-bitants achetent une maison aux Etaux pour les Jésuites 7.000 l. dont ils payent 6,000 l. et les Jésuites 1,000 l. à condition que, si le collège ne subsiste pas, la dite maison retournera à la ville. Dès 1623, les Jésuites avoint présenté leur requeste à l'évèque pour avoir permission d'ouvrir leurs classes, enseigner, d'avoir le Saint-Sacrement en leur chapelle, et faire tous les exercices de .religion. Ce qui leur fut accordé le 7e septembre 1623.

Les Jésuites ont resté dans la dite maison des Etaux jusqu'en 1674 qu'ils entrèrent dans la maison où ils sont aujourd'huy qui leur a esté donnée par M. l'archevèque de Narbonne, et jusqu'à ce qu'ils ayent eu une église, les corps de leurs pères morts ont esté inhumez à Sainte-Claire.

Ils jouissent aprésent de la dite somme de 600 l. en leur entier, au moins depuis la révocation de l'édit de Nantes.

Il y a environ 20 ans, qu'ils ont réuni à leur college la chapelle du Parc du château avec les dépendances qui vaut environ 600 l. de rente.

Le 12 may 1678 fut inhumé dans le cimetière de Nostre-Dame le corps de Marin Louify âgé de 22 ans décédé dans le college des P.P. Jésuites, et correcteur du dit college.

Les P.P. ont depuis très longtemps dans leur église une indulgence pour les morts le 3ᵉ dimanche de chaque mois et ils publient qu'il faut communier en leur église pour la gaigner. On n'a pas veu leur bulle d'indulgence. En 1657, il y a eu contestation à Nevers entre les curés et les Jésuites au sujet de la dite indulgence. Sur la requeste des curés, le recteur du college fut intimé chez l'Évèque. Il s'y trouva ; le quel interpellé de justifier la dite bulle d'indulgence dit n'avoir pu avoir encore response de Rome. Sur quoy, à la requeste des dits cures, l'Évèque ordonna qu'il seroit sursis à la publication de la dite indulgence jusqu'à ce que la response de Rome soit communiquée aux dits curés pour ensuitte estre reglez sur leurs differents. Il s'est fait depuis ce temps là beaucoup de procédures devant l'évèque, et les Jésuites interpellez de montrer l'original de la dite bulle ou ordre du Général, n'ont pu le faire et le 1ᵉʳ jour de febvrier 1658, les Jésuites, ne comparaissant pas selon leur intimation devant l'évèque, la dite indulgence sursise.

Les P P. Jesuites ont reçeu une fondation en 16   pour faire une controverse dans leur église. Le temps de cette controverse a varié. C'estoit anciennement tous les dimanches de l'année aprez vespres, à l'exception des vacances, de l'Avent et du Caresme. C'est aujourdhuy seulement tous les troisièmes dimanche du mois. Ces controverses sont d'une petite utilité.

Les Jésuites font faire à leurs écoliers une procession les trois jours gras. Elle se fait ordinairement dans leur cour, d'où ils vont dans leur église sans passer dans la rue. En 1717 ou 1718, ils firent cette procession par dans la rue en passant par la porte du college et revenant par la grande porte de leur église. Cela se fit le lundy et le mardy, car le dimanche on avoit suivi l'usage. Le Curé s'en plaignit, et depuis on a continué la coutume de ne sortir pas dans la rue.

Les Jésuites confessent les malades sans demander permission. Le Curé les a quelquefois inquietez et fait recommencer les confessions, mais aprésent il n'en dit plus rien, parce qu'ils sont fort utiles, et appliquez à la consolation des malades.

Ils ont coutume de faire faire la première communion à leurs écoliers le dimanche de la Passion. Il seroit meilleur que cela se fît à la paroisse, mais c'est un ancien usage.

La réunion de la chapelle du parc du château a esté faite en

1700 au college à condition qu'ils auront une théologie, et ayant proposé depuis en 1712, en s'établissant dans le séminaire de Séez d'y transferer cette théologie et de mettre un deuxieme regent de philosophie à Alençon, la ville s'en plaignit à la cour, et les choses en sont demeurées là.

Les reigles de la société pour la conduite des femmes sont dans l'art. des *differents sujets*. Ils sont ordinairement 15 religieux dans le college en comptant les frères.

Le 13 novembre 1688, dame Marie Costard vefve du sieur de Pequeux, thrésorier de France fut inhumée aux Jésuites. L'acte d'inhumation qui est dans le registre de Nostre-Dame, porte que l'inhumation fut faite à l'assistance du clergé, après avoir fait l'office dans l'église paroissiale, d'où le corps fut transporté dans celle des Jésuites en execution de son testament.

Cette mesme année 1688 a esté passé un contrat au notariat d'Alençon entre le dit sieur de Pequeux et la dite Dame Costard et les P P. Jésuites par lequel les P.P. consentent que le dit sieur Pequeux fasse mettre ses armes dans leur chapelle de Saint-Ignace et y aye droit de sépulture pour luy et ses successeurs en consideration des grands dons que le dit sieur a donnez pour la construction de l'église.

Le 21 novembre 1712 estant mort un novice jésuite appelé Jacques Delaunay dans la maison de M. du Rouillé, le convoy s'en fut dans l'église des Jésuites sans estre porté en la paroisse, le corps porté par quatre Jésuites. Les Jésuites se trouvèrent à la porte qui receurent le clergé, et aprez avoir chanté au milieu de l'église, un *respond* et donné de l'eau bénite, il se retira avec M. le Curé qui en agit ainsy par consideration et sans tirer à conséquence, comme il est porté dans l'acte d'inhumation. Le 29e novembre 1725, et le 3e décembre de la mesme année, les corps de deux enfans de M. du Nepveu, lieutenant particulier décédez sur le distric de Saint-Léonard ont esté transportez en l'église des Jésuites par le vicaire, aprez avoir esté portez en celle de Saint-Léonard, et le clergé, aprez avoir chanté les prières accoutumeez, s'est retiré. Il y a eu double luminaire. Le   1726, les Jésuites ayant contesté au dit sieur du Neveu et à ses cohéritiers de M. le Pequeux, la validité du contract de 1688, et conséquemment le droit de sépulture en leur église, est intervenu sentence contradictoire au bailliage par laquelle les dits héritiers sont déboutez.

12

DES RELIGIEUSES NOSTRE-DAME (1).

Le 7ᵉ juin 1628, l'évèque de Séez approuve l'établissement du monastère des religieuses de Nostre-Dame à Alençon pour quatre religieuses sorties du couvent de la Flèche et qui estoint venues à la réquisition des habitants pour l'instruction de la jeunesse, et avec la permission de l'évèque de Séez à qui les habitants présentèrent leur requeste, assurant qu'il y avoit une maison très commode pour demeurer en propriété aux dites religieuses. Elles arrivent à Alençon le 29 juillet 1628 elles y furent amenées par des dames et demoiselles députées par la ville. Elles furent d'abord conduites en l'église paroissialle, où elles furent receues au chœur par grand nombre d'ecclésiastiques, en présence des officiers et personnes notables et tant de peuple que l'église pouvoit difficilement le contenir, et aprez le *Te Deum* chanté, elles furent conduites en leur maison qu'elles avoint achetée de l'abbaye de Séez dont elles prirent posession. Et le 30ᵉ jour de juillet on y célébra la messe et le Saint-Sacrement posé en leur chapelle le 25 octobre. Le tout fait et les classes disposées aux frais des dites religieuses; sans qu'il en aye rien couté aux habitants que leur consentement.

Ce monastère a depuis considérablement augmenté et enclos plusieurs maisons considérables. Les Curez précédents n'ont demandé aucune indemnité pour l'establissement de ce monastère qui leur fait un tort considérable. En 1718, le Curé consulta s'il pouvoit au moins demander son indemnité pour des maisons encloses depuis 40 ans. On a respondu que le laps de 40 ans a acquis une prescription en faveur des religieuses qui les met à couvert de toute recherche, et les Curez sont censez avoir renoncé à leurs privilèges, qu'il n'y a pas mesme lieu de demander du dédommagement pour les acquisitions faites depuis 40 ans, parce qu'il falloit que le Curé s'y opposa au moment que le changement s'est fait.

En juillet 1684, le Curé ayant eu avis que demoiselle Macé pensionnaire au dit monastère estoit morte fixa l'heure de l'inhumation à la réquisition des religieuses du monastère ; mais

(1) Le couvent des filles Notre-Dame, entièrement détruit, se trouvait sur l'emplacement ou s'élève aujourd'hui la Halle aux grains.

les dites religieuses ayant resolu ensuite de la faire enterrer par leur chapelain, le sieur Curé leur fit signifier par un huissier qu'il estoit prest de faire la dite inhumation à l'heure marquée, et que le refus qu'elles en font ne pourra luy préjudicier protestant de se pourvoir devant juge competent.

Le 26 aoust 1688, le lieutenant général, à la requisition du Curé, se transporta à la grille du monastère, où estant le sieur Chevrel prestre, au nom du Curé fit une clameur de haro à l'occasion du corps de sœur Jeanne Chosrin que les religieuses vouloint enterrer dans l'enclos de leur monastère et dans la nef de leur église. Le fait est que la dite Chosrin tourière externe du dit monastère et demeurant ordinairement dans le territoire de la paroisse estoit entrée à cause de sa maladie dans l'intérieur du monastère où elle mourut. Le Curé pretendoit qu'elle ne perdoit pas sa qualité de paroissienne par l'entrée du monastère, et qu'ainsy il devoit l'inhumer dans son cimetière aprez sa mort Les religieuses de leur costé consultèrent les grands vicaires, le siège estant vacant, qui respondirent qu'il falloit suivre l'usage. Et comme les religieuses prétendoint estre en possession de faire enterrer les dites tourières décédées dans leur monastère, dans leur église, elles firent faire cette inhumation par leur chapelain contre laquelle le Curé protesta, car l'inhumation et le service estoint bien avancé quand le lieutenant général se presenta à la grille.

Le 13 décembre 1692, l'évêque de Séez, dans la visite du dit monastère art. 7, ordonne que les religieuses ne pouront appeler aucun estranger pour les inhumations qui seront faites par le confesseur avec deffenses de transferer son pouvoir à un autre.

En 1699, le Curé présenta sa requeste à l'évêque de Séez par laquelle il énonce qu'en 1698, il s'estoit adressé à son prédécesseur pour reigler quelques contestations entre luy et les religieuses de Nostre Dame, affin de prevenir le scandale qui en peut arriver. Il remontre que le Curé n'a demandé aucune indemnité de l'establissement du dit monastère que pour s'y conserver toute sa juridiction, et l'étendue de ses droits, que consequemment il demande : 1° d'estre maintenu dans ses droits rectoriaux en cas de déceds au moins des pensionnaires et des domestiques, et prouve ses prétentions par des authoritez et des exemples; 2° que les religieuses seront obligées d'appeler le Curé à la mort des pensionnaires et des tourières; 3° qu'il poura, quand il jugera à propos, faire les inhumations qui se fairont dans la chapelle externe du dit monastère ; 4° que les tourières externes ne pourront faire leur communion pascalle ailleurs qu'en la paroisse et que le dit monastère donnera tous les ans aux Curez une somme d'argent pour l'indemniser des nouveaux acquets qu'il a fait à son préjudice.

La requeste fut signifiée aux religieuses qui y ont respondu. Le Curé fit de nouvelles deffenses aux quelles les religieuses ont encore répliqué, et comme le Curé s'est trouvé dans d'autres affaires, celle la en est demeurée là.

Le 21 septembre 1656 fut enterrée dans le dit monastère par la permission du Curé et par luy mesme Anne Lecomte tourière et servante domestique. Les droits furent payez.

Le 23 avril 1685, le corps de Jacques Bienvenu prestre chapelain des dites religieuses fut porté à Nostre-Dame, et aprez l'office fait en l'église paroissialle fut porté en la chapelle du monastère selon son testament et inhumé en l'assistance de tout le clergé.

Le 30 décembre 1699 Renée Lenoir pensionnaire du dit monastère a esté enterré en l'église paroissialle selon son testament, le corps fut présenté à la porte du monastère. En 1718 en décembre, la dame de Bonnevent, pensionnaire décédée au dit monastère fut transportée au monastère des Cordeliers de Séez (1). Son corps fut d'abord mis dehors du monastère, par les religieuses, à la porte de la rue, où le Curé le leva pour le conduire en l'église paroissialle, d'où il fut mis dans un chariot, pour estre porté à Séez.

Cette conduite des religieuses de mettre ainsi les corps à leur porte est irrégulière, et doit estre réformée.

L'HOSPITAL

Il estoit fondé dès l'an 1204, car Robert, comte d'Alençon, dans sa charte de cette année, le suppose establi, et lui donne la dixme

(1) Barbe de Bougis veuve de Pierre de Loysel, écuyer, sieur de Bonnevent, chevalier des ordres de Notre-Dame du Mont-Carmel et de Saint-Lazare. Son testament en date à Alençon du 18 janvier 1712, renferme plusieurs dispositions en faveur des Cordeliers et des Dames hospitalières de Seès, des religieuses de Notre-Dame, des filles de Sainte-Claire et des Capucins d'Alençon. (*Chartrier de Lisle*).

de ses trois moulins : du pont de Sarthe, du pont du Guichet et du chateau, pour estre la dite dixme et des anguilles qu'on poura pescher, partagée en moitié.entre le dit hospital et deux chapelains qui deserviront la dite maison, sous l'invocation de la Sainte-Vierge et de Saint-Jean-Baptiste. Il permet encore à l'hospital d'avoir dix porcs francs dans ses forets par an (1).

En 1530, Henry roy de Navarre duc d'Alençon, dans sa charte de la dite année pour apporter de l'ordre à l'administration du revenu du dit hospital, où il avoit esté averti qu'il y avoit grand abus et confusion, observe que le revenu du dit hospital se montoit par an à la somme de 6 ou 700 l. ou environ, lequel pouvoit satisfaire tant au service divin qu'à la sustentation des pauvres et ensuite, à la réquisition des officiers et notables de la ville, et en confirmant les articles qu'ils avoint eux mesmes dressez pour le bon ordre du dit hospital, ordonne (2) :

1° Que dorénavent le service divin de la maison Dieu sera fait selon les fondations et legs anciens,

2° Que par les échevins sera élu un receveur et administrateur qui rendra comte chacun an devant le Bailly ou son lieutenant, auquel pouront assister les advocats et procureur du roy, les gens commis à tenir le bureau de la dite maison et deux échevins sans vacation ny salaire,

3° Pour que le revenu du dit hospital soit bien distribué et aussy pourvoir aux pauvres honteux de la ville, et faux bourgs seront élus chaque an trois notables personnes qui chaque vendredy visiteront la dite maison Dieu, tiendront le bureau, et pour cette presente année avont nommé Jean Moinet, Me des requestes de nostre hostel, René Damilly, nostre lieutenant général, et M. Pierre Caroli, nostre aumosnier et Curé de nostre ville d'Alençon,

4° Au dit hostel Dieu seront seulement receus ceux de nostre ville et faux bourgs, les enfans exposez sans fraude, gens impotens et malades, qui ne peuvent gaigner leur vie, et nuls autres.

(1) Le titre original de cette donation est conservé dans les archives de l'Hospice.

(2) Le roi et la reine de Navarre donnèrent deux règlements à l'Hospice d'Alençon en janvier 1530 et le 11 juillet 1538. Marguerite en signa seule un troisième. le 5 janvier 1541. Les originaux de ces pièces existent dans les archives de l'Hospice. Le comte de la Ferrière-Percy en a publié des extraits d'après un manuscrit de la Bibliothèque nationale. (*Marguerite d'Angoulème, étude sur ses dernières années*, p. 153).

5° Suivant la fondation de nos prédécesseurs, le chapelain de Saint-Jean faira son devoir d'administrer les sacrements aux malades, ensevelir et inhumer les morts, avec les autres charges contenues en la fondation, sans rien prendre fors les droits et revenus accoutumez sur la dite maison Dieu, auquel sera délivré logis et jardin. Ce reiglement a esté observé jusqu'en 1676, et on distribuoit le restant des revenus à des pauvres honteux de la ville. C'estoit des femmes et des filles qui se donnoint à la maison, qui avoint soin des pauvres et ces femmes et filles y portoint ce qu'elles avoint de bien.

Cela a duré jusqu'en 1676 que S. A. R. M⁰ de Guise fit un nouveau reiglement approuvé de l'évêque de Séez, homologué au parlement et confirmé par lettres patentes du roy

Lequel reiglement n'est pas exécuté en tous ses points; et la princesse fut obligée de déroger en plusieurs choses. Comme il est imprimé, il est entre les mains de tout le monde.

Par le dit reiglement, on change les filles et les femmes qui avoint soin du dit hospital, et on met en la place huit sœurs de la Charité, et depuis le nombre des pauvres et des sujets de la dite maison Dieu estant augmenté, S. A. R. en 1686 augmenta le nombre des sœurs jusqu'à 14 par contract passé par devant les notaires de Paris le 9ᵉ may 1686 et donna 600 l. de rente sur son domaine pour les six nouvelles sœurs qu'elle avoit fondéez et engage les dites sœurs de tenir l'école des filles, porter les remèdes aux pauvres malades de la ville et faux bourgs, distribuer à la dite maison Dieu du potage aux pauvres de la ville et faux bourgs ; en outre les quatorze sœurs fondées S. A. R. en fit venir jusqu'au nombre de 19 et en payoit 5 de ses deniers et par son testament, elle donne 4.000 l. pour faire 200 l. de rente pour la nourriture des deux nouvelles sœurs et consequemment elle en fonde seize.

Mais comme en 1703, on n'estoit pas payé des dits 600 l. fondez en 1686 et que l'hospital se trouvoit surchargé, les présidents du dit hospital écrivirent au supérieur de Saint-Lazare, et demandèrent la réduction du nombre des 19 sœurs. Il y eut sur cela plusieurs explications. Elles produisirent alors le contract de 1686 qu'on ne connaissoit pas, et dont on n'estoit pas payé. Et enfin, le nombre des sœurs fut reduit à seize, ce qui se pratique encore aujourd'huy, et l'hospital reçoit outre la somme de 1.000 l., celle de 800 l. portée par la deuxieme fondation et par le testament. A l'égard de 600 l. portez par la 2ᵉ fondation de 1686, depuis la mort de Mᵉ de Guise, l'hopital n'en avoit rien receu en 1706, d'autant qu'il n'y avoit aucun fond pour cela. Mais les sœurs ayant agi auprez de S. A. R. Mᵉ la grande duchesse, elle consentit par contract du 9ᵉ juillet 1706 que sans avoir égard au passé, elle fairoit payer à l'avenir la dite rente de 600 l., ce qui a esté exécuté plusieurs années sur le revenu de la dite A. R. à Alençon. Les 4,000 l. portez par le testament ont esté amortis et constituez par l'hospital. Le dit hospital avoit toujours esté conduit conformement au reiglement de 1676 par quatre présidents dont le premier estoit ecclésiastique, et S. A. R. y nommoit toujours le Curé, de manière que jusqu'à sa mort le Curé y avoit esté et mesme aprez sa mort il y fut conservé jusqu'en 1705, que la ville jugea à propos, en exécution du reiglement, de changer et de nommer un autre ecclésiastique. Ce qui se pratique encore aujourdhuy de six en six ans ; mais il s'estoit élevée une autre difficulté en 1699 à l'occasion d'une déclaration de Sa Majesté du mois de décembre 1698. Le roy, pour la conduite de plusieurs nouveaux hospitaux qui seroient establis dans le royaume sur le débris des maladreries, avoit fait par sa déclaration une espèce de reiglement dans lequel il est exprimé que les dits hopitaux seront conduits par les Curez des lieux où ils sont establis et l'un aprez l'autre quand il y en a plusieurs par les sieurs juges et procureur du roi, etc.

En consequence de laquelle déclaration, le Curé de Montsort prétendit qu'il estoit en droit d'entrer à l'hospital comme directeur et d'y entrer avant le Curé d'Alençon, comme son ancien. Il présenta sur cela au roy une requeste, et sur deux autres sujets. Elle fut communiquée au Curé d'Alençon qui y respondit ; et aprez plusieurs écrits, la chose fut renvoyée à l'intendant et enfin en est demeurée là. Par ce qu'en effect, la déclaration de 1698 n'est que pour les hopitaux qui n'ont pas de reiglement et ne touche pas à ceux qui sont anciens. C'est pour quoy, le Curé d'Alençon s'est rétiré de luy mesme du dit hospital, quoi que le lieutenant général et le procureur du roy s'y soint maintenus en vertu de la déclaration de 1698 qu'on a mise en 1699 dans les registres du dit hospital. Ce qui fait que le Curé poura y rentrer quand il voudra et y demeurer tant qu'on l'y souffrira.

Le Curé d'Alençon est rentré aux délibérations de l'hospital en octobre 1722.

Le 21 avril 1713, Elisabeth Pigoré a fondé une sœur. En 1718 le 1er juillet, le Curé d'Alençon a donné 2.500 l. à l'hospital pour l'entretien d'une 17e sœur qui sera tenue de porter la *portion* (1) aux malades de sa paroisse dans les maisons, et en cas que la charité de la *portion* cesse, au lieu de la dite sœur, sera fondé un lit surnuméraire pour un malade à la nomination du Curé et de ses successeurs qui pourront le remplir d'un étranger comme d'un de la ville. Le Curé s'est contenté que cet engagement aye esté inscript sur le registre du dit hospital, et les présidents se sont engagez de le faire ratifier au prochain bureau général.

Le 3 mars 1719, une inconnue a fondé une sœur pour la boulangerie.

Au mois de septembre 1720, le Curé d'Alençon donne au dit hospital dix mil deux cens livres en billets de banque pour estre constituez au denier 40 à l'hostel de ville à Paris avec ceux du dit hospital pour des œuvres pies qu'il se reserve de déclarer et de concerter avec les presidents pour estre executées aprez sa mort, et en cas de mort avant que de faire la dite déclaration pour contribuer à l'entretien de la *portion* des pauvres malades de la ville pour les quels, il a fondé une sœur cy devant. Et s'est reservé le dit sieur Curé, la jouissance des dits 10,200 l. pendant sa vie sur le pied que le dit hospital en sera payé. La quelle donation du sieur Curé, qui n'avoit pas esté inscripte dans les registres du dit hospital, à cause que la chose n'estoit pas consommée à l'hostel de ville a esté acceptée et inscripte dans le dit registre par tous les présidents et les lieutenant général et procureur du roy. Le 21 may 1721 dans la déliberation pour faire la declaration des effects en papier appartenant au dis hospital, entre les quels est signifiée la dite donation de 10,200 l. qui fait partie d'un contract sur l'hostel de ville de Paris en faveur du dit hospital pour la somme de 32.200 l.

Ce contract de 32.200 l. a esté diminué dans la liquidation qui en a esté faite par les commissaires nommez par le roy ; et le Curé d'Alençon a esté obligé d'en porter 3,000 l. de perte pour sa

(1) Voir ci-dessous le chapitre consacré spécialement à la *Portion ou Marmite des pauvres*.

part, de manière que sa donation de 10200 l. est réduite à 7,200 l. le 6e novembre 1722. Le dit Curé d'Alençon donne encore au dit hospital la somme de 4282 l. pour joindre à celle de 7200 l. ce qui fait en tout 11,482 l. pour œuvres pies, en particulier pour faire un fond pour l'entretien de la *portion* Les quels 11 482 l. sont constituez à l'hostel de ville de Paris ; comme il paroit par la délibération du bureau de l'hospital du 6e novembre 1722. Le   aout 1721, le Curé d'Alençon a donné encore 1,000 l. qui ont esté constituez en faveur du dit hospital sur Me de la Corneillière, et réduits à 20 l. de rente pour estre les dits 1000 l. employez aprez sa mort à l'entretien de la dite *portion*.

Le 31 décembre 1722, le Curé d'Alençon donne encore 500 l. pour acquiter une rente de 23 l. pour estre les dits 500 l. employez aprez sa mort à la dite *portion*.

En octobre 1722, le Curé d'Alençon fut invité par les administrateurs de revenir aux delibérations et assemblées du dit hospital. Ce qu'il a fait, mais cela excita le chagrin du sieur Foucher premier chapelain qui prevoyoit que le Curé seroit un obstacle à ses entreprises ; c'est pour quoy il engagea les prestres de signer un accord par le quel ils l'authorisent à s'opposer aux prétentions du sieur Curé, et en consequence le dit Foucher en janvier 1723 fit faire deffense au Curé de se trouver au dit hospital, déclarant que ny luy, ny le lieutenant général et procureur du roy n'y avoint aucun droit, la déclaration de 1698 n'y ayant pas lieu, et pour le refus du sieur Curé, luy donne assignation par devant le baillif ; mais comme en mesme temps, le sieur Foucher presenta une requeste au Conseil aux mesmes fins, que cette requeste fut renvoyée à Mgr de Séez, et à M. l'intendant pour donner leur avis, et que cette requeste fut communiquée par eux à M. le Curé qui y fit sa response, le dit sieur Curé demanda au baillif son renvoy au Conseil, ce qui luy fut accordé par sentence du 5 avril 1723. Mrs l'évèque de Séez et intendant d'Alençon ont donné un avis favorable pour le Curé qu'ils ont remis avec les papiers entre les mains de M. de la Vrillière ; mais on n'a pu encore avoir jugement ce 22 avril 1724. Entre temps le Curé avec Mrs le lieutenant général et procureur du roy continue d'assister aux délibérations.

En janvier 1724, le roy ayant créé des charges de maire, et d'échevin, les pourveus dés dites charges scavoir : le sieur du Boisde Sé lieutenant du maire et le sieur Collet 1er échevin se sont présentez au bureau pour avoir voix délibérative en conséquence de la déclaration de '698 executée en la personne de Mrs le Curé, lieutenant général et procureur du roy. Le bureau n'a pas voulu les recevoir disant qu'il y avoit contestation au sujet de cette déclaration, dont il falloit attendre la décision du Conseil, que d'ailleurs, encore bien que par la dite déclaration le maire dut estre receu, il n'estoit pas parlé du lieutenant du maire. Le dit lieutenant du maire a fait signifier deffenses de s'assembler sans luy avec protestation. Mais les dits maires et autres officiers municipaux ayant esté supprimez en juillet 1724, la contestation a esté finie. Elle a recommencé entre Foucher et le Curé en août 1724. Foucher fit signifier le 18 aout un arrest sur requeste du Parlement du 8e juillet par lequel il est receu appelant de la sentence cy dessus du 5e avril 1723 et deffendu au Curé de s'immiscer dans l'administration de l'hostel Dieu jusqu'à ce que par la Cour, parties ouyes, il en soit autrement ordonné. Le Curé ne s'est pas pourveu contre le dit arrest pour ne lier pas la cause au parlement et poursuit un arrest au Conseil.

En octobre 1723 dans l'estat détaillé qui a esté fourny au Conseil, il paroit que l'hospital n'a de net que 4,110 l. pour nourriture et entretien de 241 personnes, ce qui fait pour chacune environ 8 l. par an.

Le 18e juillet 1724, le roy ayant rendu une déclaration pour establir des hospitaux généraux, M. de Pommereul intendant d'Alençon destina quatre villes de la généralité et Alençon en fut une. Comme il n'y avoit pas de bastimens superflus à l'hostel Dieu, on fut obligé d'en prendre au chateau, et on y a fait une dépense assez considérable pour les ajuster.

En exécution de la dite déclaration, on y enferma environ 80 pauvres, tant de force que volontairement, qui ont esté nourris aux dépens du roy, de la cuisine de l'hostel Dieu et le roy a payé les ustensilles et les meubles. On y bastit aussy une chapelle, et on a donné des rétributions au greffier du dit hospital, et 150 l. au chapelain. Et cet hospital général est conduit par les directeurs de l'hostel Dieu et aussy par Mrs le lieutenant général, procureur du roy et le Curé d'Alençon sans opposition.

Mais comme les bastimens et la place du dit chateau n'estoint ny suffisans, ny convenables pour le dit establissement, le Curé engagea M. l'intendant à prendre d'autres mesures et à travailler à unir le dit hospital général avec l'hostel Dieu. L'intendant a convoqué à cet effect dans son palais le 28 may 1725 une assemblée des notables où se trouvèrent M. l'évêque de Séez, le Curé d'Alençon et celuy de Montsort, les échevins, les directeurs de l'hostel de Dieu et les principaux officiers des compagnies. Et on convint dans cette assemblée de faire union de l'hostel Dieu et de l'hospital général sans confusion de manière que l'hospital ne seroit pas comme une extension de l'hostel Dieu.

Le Curé fut chargé de dresser le résultat de l'assemblée, avec un projet de reiglement, et le tout fut envoyé par M. l'intendant à M. le Controlleur général. Et le 14° aout 1725 a esté rendu un arrest du Conseil en conformité contenant et approuvant le dit reiglement en 24 articles dont les principaux sont :

Art. 1. Que l'hospital général insinué dans le reiglement fait en 1676 par S. A. R. M° de Guise pour l'hostel Dieu d'Alençon, et attendu depuis ce temps la sera enfin establi à Alençon dans les formes les plus authentiques en exécution de la déclaration du 18 juillet 1724.

Art. 2. Que le dit hospital général sera establi dans l'emplacement de l'hostel Dieu, et dans les lieux contigus et adjacens, et mesme dans les bastiments superflus de l'hostel Dieu.

Art. 5. Que pour entretenir l'union et la bonne intelligence entre l'hostel Dieu et l'hospital, et pour agir de concert dans l'administration de l'un et de l'autre, la direction sera commune et l'un et l'autre seront conduits par les mesmes présidents...

Art. 6. Que comme l'establissement et conduite de l'hospital demandent plus d'attention et d'assiduité que la simple conduite de l'hostel Dieu, outre les quatre présidents directeurs choisis par la ville ; le lieutenant général, le procureur du roy du bailliage et le Curé de Nostre-Dame de la ville d'Alençon seront admis comme directeurs néz pour la conduite de l'un et de l'autre suivant l'esprit de la déclaration du roy de décembre 1698.

Art. 19. Que les chapelains de l'hostel Dieu prendront soin du spirituel des pauvres de l'hospital ainsy que des pauvres de l'hostel Dieu.

Art. 20. Que l'administrateur de l'hospital sera nommé par la ville comme celuy de l'hostel Dieu.

Art 21. Que l'hospital aura un greffier auquel sera assigné un revenu annuel par les directeurs et par eux choisi.

Art. 2ᴢ. Que le bureau de l'hospital tiendra les vendredis de quinzaine en quinzaine, et mesme plus souvent s'il y a nécessité auquel cas, il sera convoqué par le lieutenant général, et en son absence par le 1ᵉʳ directeur aprez luy.

Art. 24. Qu'en cas que dans la suitte, il fut jugé convenable de transporter ailleurs le dit hospital, ou que par d'autres raisons, il cesse d'estre uni à l'hostel Dieu, en ce cas seulement, le dit hostel Dieu entrera en posession et jouissance des bastiments nouveaux qui auront esté faits sur son terrain et reprendra sa forme ordinaire comme par le passé.

Et pour l'exécution du présent reiglement seront en tant que besoin toutes lettres nécessaires expediées. Et le roy donne 15000 l. pour faire des bastiments.

Le dit arrest du Conseil a esté authorisé par lettres patentes du 12 décembre 1725 homologuées au parlement le 23 janvier 1726, en la chambre des comtes le 27 novembre, au bailliage d'Alençon le 16 décembre, au bureau des finances le 3ᵉ décembre, à l'officialité le 27 janvier 1727, à l'hostel Dieu le 31 janvier, à l'hostel de ville le 19ᵉ décembre 1726.

CHAPELAINS DE L'HOSPITAL

Par la charte de 1204, il doit y avoir deux chapelains qui doivent partager ensemble la moitié de la dixme des moulins. Par le reiglement de Henry en 1530, il est porté que par la fondation premiere il ne doit y avoir qu'un chapelain appelé de Saint-Jean, qu'ensuite il y en auroit eu deux, ensuite deux autres prestres, ce qui faisoit quatre et que depuis environ 30 ans, il y en auroit eu jusqu'à six au préjudice des pauvres, par ce que sous ombre du service divin, les dits prestres emportoint la meilleure partie du revenu, et avoint chacun pour leurs gages 33 l. 6 s. 8 d. ce qui faisoit pour les six 200 l. avec 24 septiers de bled froment, tout le revenu des vignes (1) de la dite maison Dieu et 104 charretées de bois avec le plus beau et meilleur du logis de la dite maison.

(1) On ignore où se trouvaient les vignes de l'Hopital mais il est permis de supposer que c'était à Montsort, où il existait dès le xiiiᵉ siècle un vignoble qui paraît avoir eu une certaine importance. (*Liber albus capituli Cenomaunensis*, p 135 et 439).

Pour quoy reformer, il n'est plus parlé dans le dit reiglement que du chapelain de Saint-Jean en les termes qu'il est porté dans l'article cy dessus page   .

Quand S. A. R. arriva à Alençon en 1676, l'hospital estoit deservi par un commis establi par l'évèque de Bethleem titulaire de la chapelle de Saint-Jean. S. A. R. ordonne dans l'art. 1 de son reiglement, que le titulaire fourniroit au commis un revenu suffisant et faute de quoy, il jouiroit des revenus de la dite chapelle en attendant que le titulaire vienne resider. Et ce titulaire estant mort en 1701, le roy nomma le sieur Lesesne, docteur de Sorbonne qui prit un visa de l'évèque à cause de l'administration des sacrements. S. A. R. nomma aussi un deuxieme chapelain (2), et ordonna art. 2, qu'en cas de destitution, il en sera nommé un autre par elle ou ses successeurs. Ce deuxieme chapelain ayant quité, ce fut le bureau de l'hospital qui en nomma un autre ; mais ensuite, attendu les termes du reiglement, les sieurs Tison et Lecomte choisis par l'hospital, se sont fait nommer par le roy, sans qu'il soit parlé du choix de l'hospital.

Il y avoit en 1676, une chapelle sur le boullevard du pont de Sarthe, sur le territoire de Montsort sous l'invocation de Saint-Louis (1), qui estoit deservie par six ou sept chapelains qui estoint payés par l'hospital. Ils avoint coutume de chanter vespres festes et dimanches à une heure aprez midy, et la grande messe, ils disoint tour à tour chaque jour une messe basse. Il est à croire que ce sont les prestres dont il est parlé dans le reiglement de 1530. Ils estoint nommez par le duc et recevoint de l'Évèque une collation. S. A. R., de concert avez M. l'évèque du Mans firent détruire cette chapelle en 1677, et alors cesserent les chapelains, et l'office, sans qu'il paroisse aucun acte ny à l'hospital ny ailleurs de cette destruction ; et cette chapelle, avec les chapelains est à present comme si elle n'avoit jamais esté. Et on y

---

(2) On ne scait pas si avant ce temps-là, il y en avoit un deuxième. (*Note de Belard*).

(1) Le roi Louis IX avait été canonisé le 16 août 1297. Charles II, comte d'Alençon, son petit-fils, érigea en 1338 dans le fort du boulevard la première église qui ait été consacrée sous son invocation. Cette chapelle fut pillée par les protestants en même temps que l'hospital, les 11 et 13 juillet 1562 et le service divin n'y fut rétabli qu'en 1612 par René d'Erard, seigneur du Mesnilguyon. (*Orne archéologique et pittoresque*, p. 278. *Chartrier de l'Hospice*).

a basti une maison en la place. Saint-Louis est devenu depuis deuxieme patron de l'hospital et S. A. R. y mit un deuxieme chapelain.

Le premier chapelain par l'art. 1 du reiglement est tenu d'administrer les sacrements aux malades et personnes résidentes au dit hostel Dieu, inhumer les morts, instruire et catechiser, célébrer la Sainte-Messe chaque jour, et faire l'eau bénite les jours de dimanches, selon la coutume. Par son visa de l'évêque de Seez, il est obligé à une résidence perpetuelle et actuelle.

Le deuxieme chapelain est obligé de célébrer chaque jour la messe dans la salle de l'infirmerie et d'administrer les sacrements en cas de maladie ou de légitime empeschement du premier chapelain, et de l'aider à inhumer les morts.

La chapelle de Saint-Jean est incompatible avec un autre bénéfice à charge d'ames. Et le sieur Lesesne estant pourveu de la cure de Barville, le roy nomma le sieur Patrice de Cherisé à la chapelle de Saint-Jean. Ce qui ayant formé un procez au grand Conseil, intervint arrest qui débouta le sieur Lesesne avec dépens en 1711. Le sieur Patrice ayant ensuite prévariqué d'une manière scandaleuse et estant obligé de quitter (1), le roy a nommé le sieur Foucher, du consentement cependant du sieur de Cherisé, qui s'est conservé 100 l. de pension. Ce qui subsiste. On ne scait pas quelles sont les obligations du chapelain de Saint-Jean. L'évêque de Bethléem se recrioit sur le reiglement de S. A. R. et prétendoit n'y estre pas obligé, ayant esté fait sans l'appeler. L'usage est qu'ils chantent vespres festes et dimanches, disent des messes hautes les jours du Seigneur et de la Vierge, et la messe chaque jour. Les commis de l'évêque de Bethléem ne se croyoint obligez qu'à la messe des festes et dimanches et une par semaine à l'intention de l'hospital. Les présidents croyent qu'en conformité du reiglement de 1676, ils y sont obligez chaque jour ; ils ne le croyent pas et l'usage est contraire.

Le Curé Chenard se servit de son authorité pour s'y establir dans les fonctions spirituelles. En 1683 l'Évêque approuve les

---

(1) Le 8 octobre 1718, M. Pierre Patrice de Cherisé, prieur de l'Hotel-Dieu d'Alençon, s'en alla en Hollande avec la femme d'un bourgeois. Ils emportaient des effets de la ville qu'ils avaient empruntés tant en marchandises qu'en argent jusqu'à la somme de 8,000 l.

(Le Queu. *Notes historiques sur Alençon* M. s.).

prestres de la mission du Mans et le sieur Roblot pour confesser les sœurs de l'hospice, *de consensu rectoris*. Et il faut observer que le sieur Roblot estoit chapelain commis de l'hospital. En 1693, l'Évêque adresse au Curé d'Alençon la commission des chapelains de l'hospital, et la permission d'exposer le Saint-Sacrement au dit hospital, et le Curé fut maître du spirituel jusqu'à sa mort. Le Curé Belard en 1694 entra dans les pratiques et les usages de son prédécesseur, et obligea les sœurs de communier à Pasques à la paroisse, et mesme d'y amener les enfans pour la premiere communion. Il alloit luy mesme un jour de la semaine Sainte faire faire la Pasque aux malades et autres domiciliez. Il officioit aux festes principalles, et y agissoit en tout comme Curé. Ce qui a duré jusqu'en 1701, qu'il y a eu un Chapelain titulaire qui prétend estre indépendant, et ce qui a causé plusieurs contestations.

En 1703, estant morte une sœur, le Curé fixa l'heure de l'inhumation selon la coutume, et envoya en avertir le Chapelain qui dit qu'il prétendoit faire la cérémonie, ce qui obligea le Curé de présenter sa requeste au baillif qui ordonna que, veu la posession alleguée par le Curé, il fairoit la dite inhumation, sauf en cas de contestation à procéder par devant luy sans retardement. Mais le Chapelain fit la dite inhumation avant que la requeste luy fut signifiée.

En 1705 une autre sœur estant morte, le Curé fit signifier sa requeste avec deffenses de passer outre. Le chapelain ne laissa pas de faire comme la premiere fois, et présenta de son chef requeste au baillif pour demander d'estre receu opposant à l'ordonnance obtenue par le Curé. Le Curé avoit consulté sur cela la communauté des sœurs de Saint-Lazare de Paris qui respondent en 1704 qu'il est indifférent aux sœurs d'estre inhumées par l'un ou par l'autre

2° Que les chapelains des hospitaux sont censez les Curez, comme il a esté reiglé par l'archevêque de Paris à l'égard de l'hospital de Saint-Cloud en pareille occasion.

3° Que les sœurs suivent l'usage des hospitaux où elles sont introduites.

4° Que pour les nouveaux hospitaux, on y met telles clauses qu'on juge à propos.

5° Que pour l'hospital d'Alençon, on doit suivre la fondation et les usages.

Et comme le Curé n'a pour luy aucune posession antérieure à celle du Curé Chenart qui avoit usurpé un droit pendant l'absence du titulaire, il ne crut pas devoir soutenir cette prétention en justice reiglée. Il a seulement présenté différentes requestes aux Évèques qui n'ont pas esté jugées. Elles sont restées entre les mains de l'évèque D'Acquin, avec la response du chapelain.

Le Curé a consulté sur cela l'usage des hospitaux du diocèse et de Roüen. Il a trouvé de la variété dans la conduite, et presque rien qui le favorise.

Il arriva en 1709 une autre question qui a esté portée au parlement et qui n'a pas esté jugée. La demoiselle Desjardins, ayant par son testament choisi sa sépulture en la chapelle de l'hospital, le Curé fit avertir le Chapelain de la posession où il estoit de faire l'inhumation des corps de ceux de ses paroissiens qui sont transportez au dit hospital, comme il offrait le prouver par l'exemple des sieurs Manjot et Choisne inhumez au dit hospital par ses prédecesseurs. Le 1er en 1682, et le 2e en 1683. Et comme le Chapelain n'y voulut pas consentir, pour prévenir le trouble, le Curé le fit assigner devant le baillif à heure presente. Le Chapelain sy trouva. Il y eut un long verbal; le juge demanda la représentation du testament et, comme on ne l'avoit pas délivré, il ordonna que le corps seroit inhumé dans l'église de Saint-Léonard sur le distric de laquelle il estoit décédé sans préjudice du droit des parties pour lequel ils se pourvoiront ainsy qu'elles aviscroint bien. Le jugement fut executé, et cependant le Chapelain en appela au parlement, où l'affaire, aprez avoir esté mise plusieurs fois au rôle, en est demeurée là; parce que le Chapelain est devenu Curé. Le Chapelain avoit engagé les présidents de l'hospital de luy donner adjonction prétendant estre lézéz dans le dit jugement.

L'usage de l'hospital est que le Chapelain le dimanche de l'octave du Saint-Sacrement aprez vespres fait la procession avec le Saint-Sacremrnt dans l'enceinte de la maison. Le sieur Lesesne en 1703 ou 1704 fit sortir la procession par la porte de l'église dans la rue et rentrer par la porte de l'hospital. Ce qui estoit une innovation dont le Curé vouloit se plaindre en justice; mais l'Évèque l'en empescha disant que cela n'arriveroit plus. Comme en effect, cela n'est plus arrivé.

Le reiglement de 1530 dit que le Chapelain de Saint-Jean doit avoir dans l'hospital un logis, et un jardin. Dans le reiglement de

1676, il est dit qu'il sera obligé de loger dans le dit hospital ; cependant cet article du reiglement n'a pas esté exécuté à cause des sœurs. Le sieur Lesesne avoit tenté plusieurs fois de le faire exécuter ; mais l'Evêque en parla à S. A. R. Mgr le duc de Berry, duc d'Alençon (1) qui l'empescha. En 1719, le sieur Fouchet en a fait la demande, les Présidents s'y sont opposez. L'affaire a esté portée en justice devant le baillif, qui luy a ajugé par provision la chambre du bureau pour s'y retirer pendant le jour ; mais le bureau ce 4ᵉ aout 1719 a deffendu d'executer la dite sentence comme surprise. Le roy a deffendu de poursuivre davantage et s'est reservé la connaissance de cette affaire par une lettre de M. de la Vrillière adressée à M. l'intendant. Et la chose en est demeurée là, ce 19ᵉ mars 1720. On croit que les Présidents ne pourront au moins luy refuser une demeure au dehors.

Le chapelain de l'hospital ne tient aucun rang dans les processions et services de paroisse Il n'y a que son rang de prestre.

Quand quelqu'un décédé à l'hospital demande d'estre inhumé dans quelque église de la paroisse, le vicaire prend le corps dans la nef de l'église aprez avoir fait les prières accoutumées. Le chapelain, ayant pris la qualité de Prieur dans une assignation donnée au dit hospital par le sieur Fouchet 1ᵉʳ chapelain, le bureau résolut de contester au dit Fouchet la prétendue qualité de Prieur, et de le poursuivre pour luy faire faire deffenses de la prendre, ny de souffrir quelle luy soit donnée le 4ᵉ aout 1719.

DES AUTRES CHAPELLES DANS LA PAROISSE

On ne parle que des chapelles titrées.

1° Celles de Saint-Blaise de prima et de secunda, on en a parlé page 43.

2° La chapelle de Nostre-Dame de Pitié, on en a parlé page 46.

3° Dans l'estat des charges du domaine d'Alençon, il est parlé de la chapelle Saint-Denis fondée en l'église Nostre-Dame dont le chapelain a 3 l. de rente sur le domaine et est possédée par le sieur Ruel, curé de Montchevrel. On ne scait pas quelle est la fondation ny les charges de cette chapelle.

(1) Le roi Louis XIV donna en 1710 le Duché d'Alençon en apanage au Duc de Berry, son petit-fils. Ce prince mourut le 4 Mai 1714.

4° Il est encore employé dans les dites charges du domaine, la chapelle du château d'Alençon pour laquelle le chapelain a 20 l. 4 s. 2 d. et est possédée par le mesme. On n'en connoit ny la fondation, ny les charges.

5° La chapelle du Parc du Château, cy-devant possédée par un séculier, à la nomination du Duc et à présent réunie au collége des Jésuites à condition d'une classe de théologie, il y a obligation de plusieurs messes.

6° La chapelle du palais, qui est une prestimonie fondée par Louis XIV en 1656 ; pour un prestre qui doit dire la messe chaque jour de l'année et a 200 l. de rente sur le domaine. Comme le palais ne tient que deux jours par semaine pour le bailliage et une pour la vicomté, le chapelain n'a coutume de dire la messe que ces trois jours, et ne la dit pas dans les vacances, ou quand il y a des festes.

Le premier nommé à cette chapelle fut le sieur Riché, curé de Condé, ensuite, le sieur de Boullemer, prestre habitué à Saint-Léonard, mort en 1720. Et aprez luy le prestre Véron, aussy habitué en la succursalle de Saint-Léonard et présenté par le lieutenant général.

Le Roy dans la fondation en a donné la présentation au président du présidial et au lieutenant général tour à tour. La chambre des comtes dans son enregistrement a réservé cette nomination au Roy ; ce qui fait que celuy qui est nommé reçoit un brevet du Roy sur la nomination de celuy qui le présente. C'est ainsy qu'en ont agi les derniers.

A cette mesme chapelle du palais, on fait anciennement l'office de Saint-Ives, le 19ᵉ may. On prépare la salle du palais avec les tapisseries de l'église, on sonne les demies à midy la veille, le Curé avec le Clergé y va chanter les premières et deuxièmes vespres

A la messe haute, il part processionnellement de l'église et c'est le palais qui fournit le luminaire et donnoit autrefois rétribution aux prestres qui n'en ont plus depuis longtemps. Le Curé a les oblations qui lui tiennent lieu de rétribution avec les cierges et montent plus ou moins selon les officiers qui s'y trouvent. Depuis environ dix ans, les officiers du bailliage donnent un pain bénit ce jour-là tour à tour. Le chapelain du palais n'a aucune préséance en cette occasion et est bien plus moderne que cet office. Cependant le dernier chapelain nommé Boullemer en murmuroit.

En 1721, le prestre Véron, chapelain du Palais, regardant cette chapellenie comme un titre de bénéfice qui luy donne droit dans le dit palais, en avoit pris posession en forme avec l'étolle, assisté du procureur de la Cour et d'un notaire et conséquemment s'est ingéré à vouloir faire la feste et les services solennels de Saint-Ives à l'exclusion du Curé.

Dans ce dessein, il s'est présenté quinze jours auparavant à la chambre du Conseil du présidial, où il a fait sa proposition qui fut mal receue. Il la réitéra dans la huitaine et ayant encore esté plus mal receu, il s'est réduit à se trouver aux premières vespres dans l'enceinte de la chapelle en estolle et ne l'a pas voulu quiter à la réquisition du sieur Curé du refus duquel il a pris thesmoins. A la grande messe, il s'est mis encore en estolle dans la place du chœur destinée pour le sieur Curé, tandis que le Curé disoit la messe haute en la chapelle et il ne s'est pas trouvé aux deuxièmes vespres. Cependant le Curé ayant dit la messe à l'ordinaire et l'office receut les offrandes et fit retirer les cierges qui avoint servi à l'office et ensuite présenta requeste au baillif d'Alençon, où il énonce la posession immémoriale, où il est dit de faire le dit service de Saint-Ives qui, de la manière qu'il se fait, ne peut estre célébré que par le Curé. Il se plaint de l'entreprise du dit Véron et demande mandement pour l'appeler, affin de luy estre fait deffenses de le troubler à l'avenir ny de porter l'estolle dans le palais ny ailleurs. En conséquence, le dit Véron fut assigné le 17 juin 1721, à l'audience du bailliage ; mais il fit signifier un écrit par lequel il déclare que pour éviter tout incident, puisque M[ers] les officiers ne trouvent pas à propos qu'il fasse le dit service, il y renonce sans préjudice aux droits de ses successeurs et qu'il y a eu effect renoncé lessant le sieur Curé officier et emporter les offrandes et le luminaire qui estoit à l'autel. Aprez cette déclaration, le Curé fut conseillé de ne point poursuivre. A la Saint-Ives 1722, le dit Véron ne s'est pas présenté et le Curé a fait l'office, perceu les offrandes et le luminaire à l'ordinaire. Les offrandes de ce jour ne vont communément qu'à 5 ou 6 l. et 8 cierges d'un quartron.

7° La chapelle de la prison est une prestimonie fondée par le roy anciennement pour dire la messe dans la conciergerie du palais chaque feste et dimanche. Le chapelain a 60 l. par an sur le domaine et a soin des prisonniers pour le spirituel sous la dépendance du Curé. On ne sçait pas qui avoit droit de nommer ce chapelain. On dit que c'estoit le lieutenant criminel. A la mort du prestre Dubois en 1711, le 5ᵉ febvrier, le Curé y commit un prestre estranger nommé Gautier de Carrouges qui demeuroit chez luy ; et aprez la mort de cet estranger décédé le juin suivant, il y a commis le prestre Lucas de la Jardinière qui n'a aucune commission par écrit. Comme le revenu de cette chapelle est médiocre et les charges très grandes, elle n'est pas sollicitée. Le prestre Lucas ne reçoit les 60 l. que sur l'attestation du Curé.

Le prestre Lucas estant devenu Curé, celuy d'Alençon a mis en sa place pour chapelain de la prison, M. Louis Davoust qui en a commencé les fonctions le 12ᵉ avril 1724 sans aucune opposition. En la place de Davoust, le Curé a nommé le sieur Estienne le Roux qui l'exerce sans opposition depuis le mois de juin 1724.

8° La chapelle du bureau des Thrésoriers de France est une prestimonie fondée comme celle du palais en 1657 pour dire la messe dans le bureau chacun jour de séance sur les huit heures. Le chapelain est à la nomination du bureau et prend, comme celuy du palais, un brevet du roy, il a aussy 200 l. sur le domaine et ne dit que trois messes par semaine : le lundy, mercredy et vendredy. Le titulaire est à présent le prestre Patrice, de Cherisé, nommé en 1709 et qui a succédé au sieur Camuzat, prestre, qui a esté le premier, qui, estant absent par le scandale qu'il a donné dans la ville, conserve cependant la dite prestimonie et la fait desservir par un commis avec lequel il s'accommode.

DE LA COMMUNAUTÉ DES NOUVEAUX CATHOLIQUES

Louis XIV, à la requisition de S. A. R. Madame de Guise, sur la permission de l'évesque de Séez et le consentement du maire, échevins et notables de la ville agrée et authorise l'établissement de deux maisons pour l'un et l'autre sexe des catholiques nouvellement convertis sous le titre de l'Exaltation de Sainte-Croix, sous la direction et authorité de l'évêque de Séez, pour y recevoir tous ceux et celles qui auront volonté de se convertir et leur rendre toute assistance spirituelle et temporelle. Veut S. M. que les dites deux maisons jouissent des mesmes priviléges que les autres pareils établissements, à condition qu'elles ne pouront estre changées en maisons de profession religieuse, mais demeureront toujours en estat séculier selon les reigles et statuts de l'Evesque. Et qu'en cas que les hérésies vinssent à cesser, les dites deux maisons et biens en dépendants seront employez à retirer des enfans orphelins sans pouvoir estre convertis en aucun autre usage. Met S. M. le dit establissement sous sa protection, permettant aux dites deux maisons de recevoir tous dons et legs, acquérir terres, etc. pour faire édifier une chapelle et bastiments nécessaires sans qu'elles soint tenues de payer amortissement... fait au mois d'octobre 1679, enregistré en la Chambre des Comtes, le 21 août 1682 ; au parlement, le 9e mars 1682. Les originaux sont dans le chartrier de l'union chrétienne.

Par les lettres d'établissement, M. Rémi Mevrel, prestre, est chargé du soin de la maison des garçons ; aprez luy, elle a esté conduite par les sieurs Jullien, Livache, de Fontaine, Guilloré et est enfin tombée au Curé d'Alençon en 1711, lequel, aprez le départ du sieur Guilloré, s'en chargea pour ne lesser pas tomber une maison utile à la religion et qui, faute de payement alors, auroit esté abandonnée, personne ne voulant s'en charger.

Ça esté Mr l'intendant qui avoit placé les sieurs Mevrel, Julienne et de Fontaine ; ce fut l'Évèque qui plaça le sieur Livache et en sa place nomma le prestre Leseine dit la Cretinière qui, n'estant pas agréable à la cour, fut obligé de quitter avec ordre à l'Evèque d'en nommer un autre et l'Évèque nomma le sieur Guilloré qui demeuroit alors au colége des Jésuites et faisoit sa licence à Paris. Pendant un an qu'il y resta, le sieur de Fontaine, qui estoit dans la maison comme deuxieme directeur, en eut le soin et céda enfin la place au sieur Guilloré en 1707 ou 1708. Le sieur Mevrel n'avoit que les pensions, et estoit comtable à M. l'intendant de ce qu'il recevoit. Il remit en mourant quelques meubles à M. Jullienne son successeur. Comme personne n'en avoit connaissance certaine, et n'en pouvoit faire preuve, les intendants n'estant pas les mesmes, le sieur Julienne n'a rien remis à ses successeurs, ny eux au Curé d'Alençon. A chaque mutation de directeur, la communauté est comme si elle n'avoit jamais esté, sans argent, sans meubles, et il faut que le nouveau directeur recommence comme si c'estoit une simple pension.

La maison mesme, ou est la dite communauté, avoit toujours esté une maison de louage qu'on changeoit selon l'interest ou la commodité du directeur. Le sieur Jullienne louait 400 l. la maison de la *regie* qui sert aujourdhuy à la maison de travail. Comme il eut besoin d'un deuxieme directeur, l'intendant reduisit le loyer à 250 l. à condition que les autres 150 l. seroint pour ce deuxieme directeur. Le sieur Guilloré fit reduire le louage à cent livres, et n'en a pas payé davantage pendant le temps qu'il y a demeuré. Estant devenu ensuite vicaire de Saint-Léonard, il transfera la communauté dans son distric ou elle a demeuré jusqu'à ce qu'il aye esté nommé grand archidiacre de Séez. Ce fut en ce temps la que le Curé transporta dans son presbytère une partie des *nouveaux catholiques*, jusqu'à ce qu'il eut une maison pour les mettre et songea à establir solidement cette communauté. Il n'a esté nommé directeur ny par l'évèque, ny par l'intendant. Il s'en est chargé de luy mesme et tout le monde y a consenti. Il proposa d'abord des memoires à la Cour pour le bon ordre de cette communauté. Ils ont esté approuvez mais non executez à cause des mauvais temps. En mars 1711 il demanda au Roy une maison de la *regie* (1) pour le logement de la dite communauté et demanda celle occupée par le sieur Carnac dans la rue du Bercail, dépendante de la succession d'Abraham Le Comte, fugitif, elle luy fut accordée en juin 1711. Le Curé ayant la jouissance de cette maison pour autant de temps que dureroit la *regie* et qu'elle serviroit à la dite communauté, chercha à l'eschanger avec celle du sieur la Fontenelle dépendante de la mesme succession et qui est plus commode. Il en présenta requeste à M. l'intendant, et aprez le consentement du commis à la *regie*, il rendit une ordonnance pour le dit échange en juillet 1711. Et comme la maison de Fontenelle est contigue au presbytère, on y fit une porte de communication. Cette maison de Fontenelle avoit deux corps de bastiments dont un estoit ruineux et en mauvais ordre. Le Curé presenta requeste à l'intendant aux fins d'en estre dressé procez verbal, et ensuite pourveu à la réparation sur le bien des fugitifs

(1) Régie, administration chargée de la gestion des biens des Religionnaires fugitifs.

comme estant toujours la dite maison du fond de la *regie*. L'intendant ordonna que procez verbal en fut dressé par des experts qu'il nomma. Il fut fait en présence du commis à la *regie*, et les reparations urgentes estimées à la somme de 380 l. En consequence, le Curé y fit travailler ; mais comme en démolissant on trouva le mal plus grand qu'on avoit cru, le Curé presenta une nouvelle requeste, on dressa un nouveau procez verbal qui estima toutes les réparations à la somme de 1425 l. Le Curé présenta sa requeste pour demander qu'on en fit une adjudication ou de les luy lesser faire par bon menage. L'intendant ordonna l'adjudication et ensuite consentit que le Curé les fit par bon menage luy promettant de le faire payer. Le Curé l'a fait et M. de Brou (1) estant sorti de son intendance, le roy estant mort, le Curé a eu beaucoup de peine à se faire rembourser de la somme de 1292 l. qu'il a dépensée sur laquelle il n'avoit receu cy devant que celle de 380 l. Mais enfin, aprez bien des requestes, M. l'archevêque de Rouen chargé des biens des fugitifs en a ordonné le payement en 1720. Et le Curé en a desja receu 200 l. ce 20 mars 1720. Le Curé a fait faire en la dite maison d'autres embellissements à ses depens.

Le revenu de la dite communauté consiste 1° dans les pensions des enfans des *nouveaux Catholiques*. Ils payent chacun 120 l. Quand ils sont riches, ce sont les parents, et le roy quand ils sont pauvres. Les parents payent sur l'ordonnance des intendants ; le roy paye sur l'estat des *nouveaux catholiques* signé du supérieur, et visé par l'intendant. On donne cet estat de six en six mois, on le porte au thrésor royal après avoir esté porté à Mr de la Vrillière qui donne une ordonnance de pareille somme qui est payée plus tost ou plus tard selon les temps.

2° Dans une pension annuelle que Louis XIV créa de 1000 l. pour chacune des dites communautez.

Cette pansion s'accorde chaque année le 2e janvier au thresor royal et est payée comme les autres. Elle a esté accordée pour l'entretien des supérieurs et directeurs. Le roy regnant la continue. Les deux communautez ont à Paris la mère de Basanville sœur de l'union chrétienne de Saint Chaumont qui est chargée

(1) Paul-Esprit Feideau de Brou, chevalier seigneur de la Villeneuve aux aulnes Calande etc. intendant de la généralité d'Alençon de 1713 à 1715 (O. Desnos *Mém. hist.*, t. *II, p.* 455).

de procuration pour faire expédier les dites ordonnances, en recevoir le payement, et faire ce qui convient pour l'utilité des dites communautez. On luy donne le sol pour livre ordinairement et 2 f. dans les cas extraordinaires et difficiles, comme dans les années dernières ; c'est le roy qui donne communément des ordres aux intendants pour faire enfermer les enfans dans les dites communautez, l'intendant le peut faire aussi de son chef, et quand le Curé en a écrit à M. le marquis de la Vrillière secretaire d'estat, il le renvoya par devant M. l'intendant soit pour l'entrée ou la sortie des enfans. C'est aussy luy qui juge de ceux qui peuvent payer pension en tout ou partie.

La difficulté des payements des ordonnances sur le thrésor royal depuis environ 10 ans, qui n'ont esté acquitées qu'en billets d'estat ou billets de banque, a esté cause que le Curé n'a pas fait pour l'établissement de cette communauté ce qu'il esperoit, outre qu'il luy a paru de consequence pour le bon ordre de sa paroisse, et le repos de ses successeurs de ne pas faire un gros establissement qu'on leur pourroit retirer, pour élever une communauté independante d'eux. Il est convenable que le Curé en soit toujours le maitre, cela convient à sa place, et ne luy est pas inutile pour contribuer à son abondance.

LA COMMUNAUTÉ DES NOUVELLES CATHOLIQUES

Elle est establie par les mesmes lettres patentes que la précédente en 1679. Avant ce temps là, des personnes pieuses à la teste desquelles estoit Mlle Farcy (1) avoint ramassé des filles nouvelles converties dans une maison que S. A. R. Me de Guise leur avoit donnée dès 1677. Et le roy establit premiere supérieure de la dite communauté la dite demoiselle Farcy qui devoit composer un corps de personnes pieuses qu'on appelleroit la compagnie de la foy, à l'exemple de celles de Paris, Lyon etc. sous la direction de l'Évèque.

Dans la suitte en 168 S. A R. appela les sœurs de l'Union

(1) Mlle de Farcy était née du premier mariage de Jacques de Farcy, chevalier, sieur de l'Isle, conseiller du roi, trésorier de France en la généralité d'Alençon et de Marguerite de Marcilly. (Abbé Rombault, *Bull. de la soc. hist. de l'Orne, t IV,* p 230). O Desnos dit que c'était sa sœur (*Mem. hist. seconde édition, p.* 159).

chrétienne de l'hostel de Saint-Chaumont à Paris. On n'a pas les actes de leur establissement, ny les conditions auxquelles elles ont esté receues. Elles logèrent d'abord dans une maison de loüage et dans le temps de la démolition du Presche (1) la dame Pendière supérieure demanda au roy sur les biens du consistoire de quoy avoir une maison en propriété. Le roy lui accorda 10000 l. dont l'hospital payoit 500 de rente annuelle par ce qu'il s'est approprié de tous les biens du consistoire.

Ces 10000 l. ont contribué à l'acquisition de la maison où elles sont aujourd'huy (2).

Les sœurs de l'union ont leurs reigles communes à toutes leurs communautéz ; outre cela, l'évèque de Seez en 1687 fit un reiglement particulier pour celles d'Alençon, qui fut communiqué à M. l'intendant, au Curé, aux Jesuites et Capucins. Il est imprimé.

Quoique par les lettres patentes de l'établissement de la dite communauté, il soit porté que la dite communauté demeurera toujours en estat séculier, et que par les lettres patentes du parlement il soit dit qu'elles seront gouvernées par des personnes séculières qui seront sujetes d'acquiter les devoirs paroissiaux des paroisses où les dites maisons sont situées, cependant le Curé jugea à propos en 1695 de faire avec la dite communauté une transaction pour prévenir les difficultez qui pouroint naître, par laquelle il est convenu :

1° Que les sœurs de la communauté, maitresses et pensionnaires feront leurs pasques en la paroisse, s'y confesseront à Pasques ou obtiendront de M. le Curé la permission de se confesser ailleurs, à moins qu'il ne l'aye permis en général à ses paroissiens.

2° En cas de maladie perilleuse M. le Curé ou son vicaire seront appelez et donneront le viatique et l'extrème onction aux pensionnaires qui seront apportez, si bon luy semble de la paroisse, et en cas de mort seront enterrées dans son église ou cimetière à moins qu'elles n'aient choisi leur sépulture dans la dite communauté, auquel cas, elles seront d'abord portées en l'église paroissialle et ensuite en celle de la communauté pour y estre enterrées par le sieur Curé ou son vicaire.

(1) Temple protestant.

(2) C'est aujourd'hui la caserne de la gendarmerie. (De la Sicotière, *Note sur la deuxième édition d'O. Desnos*).

3° A l'égard des sœurs, le viatique et l'extrème onction seront pris dans la chapelle et en cas de mort, elles seront enterrées par le Curé ou son vicaire dans leur chapelle sans estre portées en la paroisse, le dit sieur Curé se relaschant sur les dits articles volontairement autant qu'il est en luy.

4° Le sieur Curé aura ses droits rectoriaux de toutes les inhumations, soit qu'elles soient enterrées dans la paroisse ou la communauté, lesquels droits seront payez par les dites sœurs pour elles et leurs domestiques, et par les parents des pensionnaires.

5° Que les luminaires, cierges et offrandes qu'on donnera aux enterrements des pensionnaires qui se fairont en la chapelle de la communauté appartiendront au sieur Curé à l'exception de ceux qui sont sur l'autel qu'il laissera aux sœurs.

6° On agira de mesmes pour les externes qui voudront choisir leur sépulture dans la dite chapelle.

7° A l'égard des sœurs qui seront enterrées dans la communauté, le sieur Curé relasche le luminaire moyennant 3 l. 10 s. dont on augmentera ses droits rectoriaux (ainsy elles payent 7 l.).

8° Que le chapelain ne peura confesser des externes dans la chapelle de la communauté, si ce n'est de celles qui y couchent pour faire retraite.

9° Que le sieur Curé consent à l'égard de l'eau bénite, cendres, cierges et rameaux s'en tenir à ce que M. l'Évèque en reiglera.

10° Desquelles choses cy dessus, il sera passé une transaction qui sera homologuée par l'Évèque dans laquelle sera inséré, que moyennant ces soumissions, elles seront exemptes des autres charges et devoirs paroissiaux et autres prétentions quelconques qui pouroint leur estre faites, sous le nom de thresoriers, ou autres qui sont au pouvoir du sieur Curé. Le 19 may 1695.

En 1696 le Curé et supérieure de la communauté presentèrent requeste à l'Évèque pour demander l'homologation de la dite transaction. Ce qui a esté executé le 13 febvrier 1696, et cela s'exécute comme on peut voir par plusieurs actes sur les registres de Saint-Léonard depuis qu'elles ont une maison en propriété.

Quand il y a quelqu'une des pensionnaires qui se marie, le Curé veut bien les aller marier dans leur chapelle aprez que les bans ont esté faits en la paroisse. La dite communauté paye à Saint-Léonard les droits de Pasques, comme les autres paroissiens. Pour ce qui regarde les pensions, l'entrée et la sortie des enfans, c'est comme les *nouveaux Catholiques*.

Le 2e may 1714, Catherine Gervieu pensionnaire de la communauté des *nouvelles Catholiques* y estant décédée et y ayant choisi sa sepulture par testament, fut d'abord portée en l'église Saint-Léonard, et ensuite reportée à l'union chrétienne comme il paroit par l'acte qui en est dressé dans les registres de Saint-Léonard signez du vicaire et de la supérieure.

DE LA PROVIDENCE OU MAISON DE TRAVAIL (1).

En 1709 le sieur Guilloré, ayant quité sa maison occupée par la communauté des *nouveaux catholiques* pour la transporter dans le distric de Saint-Léonard, le Curé crut qu'il falloit profiter du bon marché de cette maison pour en continuer le bail et essayer de la faire servir à quelque œuvre pie. Il se détermina ensuite à en faire une maison publique de travail que le public a appelé *la Providence*, et y ayant mis trois maîtresses à ses dépens, il offrit de faire apprendre aux pauvres filles plusieurs ouvrages et de donner du travail à celles qui n'en auroint pas. Ces ouvrages estoint le vélin, la couture, les bas et la filerie. Comme cette année estoit sterile, et que les ouvrages estoint cessez, plusieurs personnes se présentèrent, et il fallut faire des avances considérables sans aucun fond que la bourse et l'industrie du Curé. Il présenta alors sa requeste au roy pour demander la jouissance de cette maison sans en payer de louage. Le roy y consentit par un arrest de son conseil du 26 novembre 1709, qui porte que le roy voulant favoriser le dit establissement ordonne que le Curé sera déchargé du payement du loyer de la dite maison tant et si long temps que durera la dite *régie* et que le dit establissement subsistera. Ce qui a esté exécuté depuis.

Comme les étamines de soye qu'on fesoit fabriquer dès étaims filez dans cette maison avoint beaucoup de cours dans la ville, et qu'il s'éleva quelque murmure sur les grands travaux qu'on faisoit dans la maison, le Curé, qui ne les avoit entrepris que pour soulager le malheureux fit cesser ces étamines en 1716, parce que les pauvres trouvoint où travailler ailleurs. A l'égard de la couture, cela n'a pas pu subsister parce que on ne trouvoit pas de

(1) V. notice sur la congregation de la Providence d'Alençon par l'abbé Lebecq. directeur. (*Annuaire normand*, 1858, *p.* 362-368).

matières. Les bas ont cessé de mesme, par ce que les enfans et les autres personnes ne s'en occupent pas. Et ainsy depuis 1716 on s'est réduit au velin (1). Il y a une maîtresse pour apprendre à celles qui le désirent, et une autre pour donner du travail à celles qui le scavent et conduire les ouvrages.

On fournit les pauvres filles de charbon et de chandelles quand elles travaillent à la maison ; dans les temps cher on leur distribue du potage quelques jours la semaine, on fait la prière matin et soir, la lecture pendant le jour, on chante des hymnes et des cantiques à neuf heures du matin et trois heures au soir, on dit le chapelet chaque jour, etc.

Cette maison bien entendue peut estre une grande ressource pour les pauvres et donner le commencement d'un hospital général, où on pouroit faire subsister, par le travail, grand nombre de pauvres ; car cette maison, bien conduite par des ouvrières habiles, pouroit gaigner plus que sa dépense, comme le Curé l'a expérimenté. Depuis son establissement jusqu'à ce jour 21 mars 1720 on y a fait de dépense plus de 28 mil livres qui ont produit pour le moins autant.

On ne nourit personne dans cette maison, on paye seulement les ouvrières selon le travail qu'elles font, et à bon prix, on loge dans la maison charitablement quelques pauvres filles, les autres ny demeurent pas.

Il a esté fait une demande au sujet de la dite maison en 1703 à la requeste du procureur général de la chambre des comtes, dont le commis à la *régie* a eu une décharge.

En 1719 Me René Philippe prieur de la Lacelle a obtenu permission de M. l'intendant de faire bastir contre l'écurie de la dite maison de *la Providence* qui est dans la rue aux Sieurs On dit que cette maison dépend du fief de Sé (2). Le seigneur a demandé de luy en donner aveu ; on l'a refusé, la dite maison n'estant possedée que par usufruit.

Le 10 febvrier 1722, sur la requeste présentée au conseil par les demoiselles Duval héritières de Thomas Duval propriétaire de la

(1) Velin, point d'Alençon, point de France, sorte de dentelle imitée du point de Venise que l'on commença à fabriquer à Alençon vers 1650 (Mme G. Despierres *Histoire du Point d'Alençon, depuis son origine jusqu'à nos jours*).

(2) Le fief de Say était situé dans l'enceinte de la ville d'Alençon (O. Desnos *Mémoires historiques sur Alençon et sur ses seigneurs, c. II, p. 481*).

dite maison, elles en ont esté mises en possession aprez la mort de Magdeleine Duval leur mère qui jouissoit de la dite maison en doüaire, et il a esté ordonné que le Curé en sortiroit pour la Saint-Jean suivante.

Le 14 mars 1722, le Curé d'Alençon acheta du sieur Chené prestre vicaire de Saint-Léonard, une maison située rue Estoupée pour la somme de mil livres, laquelle est constituée en faveur du dit sieur Chesné au denier vingt par une rente foncière et perpétuelle qui ne poura estre amortie que aprez le deceds du dit sieur Chesné sinon de son consentement en tout ou partie (1). Lequel acquest, le dit sieur Curé fait pour servir à loger les maîtresses qui apprendront gratuitement aux pauvres filles de la ville les ouvrages convenables à leur estat. De la quelle maison et communauté, le dit sieur Curé aura la direction et conduite et aprèz luy, ses successeurs Curez et au cas que les dits successeurs n'entretinssent pas la dite maison aux dites conditions, elle retournera à l'hospital d'Alençon en propriété, pour le revenu d'icelle estre employé à des œuvres pieuses suivant la destination que le sieur Curé en marquera. Le tout suivant le contract passé par devant les notaires d'Alençon.

DES ÉCOLLES PUBLIQUES

Henry IV roy de France, estant venu à Alençon dans le temps des guerres, emprunta 6000 l. à la ville ; pour laquelle somme, il se constitua en 600 l de rente envers la ville. La ville destina cet argent pour des maîtres qui instruisoint la jeunesse sans distinction de religions. A ces maîtres ont succédé les Jésuites en 1609.

En 1628, les religieuses Nostre-Dame viennent à Alençon pour l'instruction des jeunes filles. En 1682 ou environ s'établissent à Alençon les sœurs de l'Union chrétienne qui ouvrent des ecolles publiques pour les filles.

En 1678 les sœurs de la Charité appelées par S. A. R. Madame de Guise ouvrirent aussy des écolles publiques pour les filles. Ces trois écolles subsistent gratuitement.

A l'égard des garçons, il n'y a aucune autre école publique que

(1) La dite rente fut amortie entre les mains du dit sieur Chesné le 23ᵉ avril 1722 (Note de Belard).

le college. Les garçons pauvres n'ont aucun secours, ce qui a obligé le Curé de tenter l'établissement d'une écolle publique gratuite, où les pauvres garçons aprendroint à lire, écrire, chiffrer, et prier Dieu. En 1715 le Curé loua un maître à qui il donnoit 100 l. par an aux conditions cy dessus ; et luy donnoit une salle pour l'écolle qu'il avoit pratiquée dans l'écurie de la maison qu'occupe *la Providence*. Cette écolle n'a subsisté que deux ans, le Curé n'estoit pas content du maître. Il la recommencée en 1719 et subsiste encore aujourd'huy en août 1720. Le Curé a proposé à l'hospital de donner de quoy faire le fond de cette écolle pour demeurer stable à l'avenir, et a donné par avance 1000 l. en argent qui ont esté constituez sur la dame Debreuilly vefve du sieur La Corneillière en novembre 1719 et ont esté réduits au denier 50 au mois de septembre 1720.

Outre ces écolles publiques, il y a des maîtres particuliers qui se présentent quelque fois au Curé et quelque fois non. Il a esté ordonné par les ordonnances de visite de 1708 ce qui suit :

Art. 5. Nous deffendons à tous fidelles de tenir les petites écolles ou d'aller enseigner les enfans sans avoir une attestation juridique de leur bonne conduite, et sans avoir reçu notre approbation et permission par écrit, sous peine d'être interdits de l'entrée de l'église. Le sieur Curé s'opposera à ceux qui voudront s'ingerer de faire ces fonctions sans estre approuvez de nous, et s'ils n'obéissent pas, il faira trois monitions de trois en trois jours par écrit en présence de thesmoins dont leur sera lessée coppie. Les quelles il nous envoira ensuite.

Art. 6. Conformement aux decrets des S. S. Conciles, aux lettres de Louis XIII, aux déclarations du roy et arrets des cours supérieures, et à la pratique des églises les plus florissantes Nous deffendons aux maîtres et maîtresses d'écolle d'enseigner des filles et des garçons et de les recevoir en mesme classe sous quelque pretexte que ce soit.

Art. 7. Comme nous avons esté informez qu'il n'y a pas maintenant de maîtresses en estat de montrer aux petites filles, ce qui réduit dans la nécessité de recourir aux maîtres, nous permettons en ce cas seulement aux maîtres de montrer aux petites filles pourveu que ce soit seulement dans les maisons où ils seront mandez et que les parents soint présents pendant la leçon.

Art. 10. Le sieur Curé veillera sur la conduite des maîtres et maîtresses pour nous en rendre comte.

Dans les statuts synodaux de 1674 chap. 2, il est deffendu aux maîtres d'école de recevoir chez eux les filles, et aux maîtresses de recevoir chez elles les garçons, et deffendu sous peine d'excommunication par le fait aux pères et mères d'envoyer leurs enfans chez des maîtres et maîtresses hérétiques.

CONCORDAT DES PRESTRES DE NOSTRE-DAME

En 1684, les prestres de l'église paroissialle Nostre-Dame mécontents de leur Curé, et à l'instigation d'un prestre nommé Goujeon sacriste, qui estoit en question alors avec le Curé pour des prétendus droits de sacriste, firent ensemble un concordat pour se soutenir, et se deffendre mutuellement quand ils seroint attaquez et couvrirent leur dessein du pretexte de faire ensemble une association pour se procurer des prières aprez leur mort qu'ils proposèrent au Curé Chenard, qui, quoi qu'il prévit bien leurs desseins et leurs cabales, ne lessa pas de s'associer, et de signer avec eux pour les dits services par un acte passé sous seing privé le 12ᵉ novembre 1684 lequel a pour titre *reiglement de la célébration des services pour les ecclésiastiques qui ont signé au concordat* Ce qui suppose un autre concordat qui est le fondement de ce reiglement, et ce concordat estoit celuy par lequel les prestres s'unissoint ensemble pour leur commune deffense surtout contre le Curé qui estoit puissant à cause de la protection de S. A. R. Madame de Guise. Ces prestres en conséquence de ce premier Concordat firent une bourse commune, où on devoit mettre les rétributions des enterrements généraux. Le sieur Curé, sans avoir égard à ce premier concordat, qu'il dissimule et pour tacher de le rendre inutile, signa volontiers au deuxieme Concordat pour la célébration des messes qui porte : *Nous prestre Curé, prestres habituez, diacres, sous-diacres et autres ecclésiastiques de N.-D. paroisse d'Alençon avons tous d'un commun accord statué :*

1ᵉ *Que les services pour les ecclésiastiques du présent Concordat seront célébrez depuis la Toussaint jusqu'à Pasques à l'issue de la messe de Notre-Dame et le Caresme et avent aprez le sermon, et depuis Pasques jusqu'à la Toussaint à 7 heures.*

2ᵉ *Que les sept prestres qui seront obligez de célébrer la messe pendant la semaine, assisteront aux services de leur se-*

maine sous peine de 2 f. d'amende faute de payement des quels ils seront biffez et le prestre qui célébrera la messe le dimanche marquera les absents de la semaine.

3e Les 2 f. provenant des amendes seront employez à la célébration de messes basses pour les ecclésiastiques deffunts.

4e Ceux là seront censez absents qui ne se trouveront au service qu'aprez le dernier Kirie, et qui en sortiront avant le libera chanté.

5e Si plusieurs prestres meurent, pendant qu'on célébrera les messes pour le 1er mort, on commencera de ce jour à chanter la messe commune, pour tous les deux jusqu'à ce que le nombre des messes soit achevé.

6e Les ecclésiastiques du dit concordat, qui sortiront de la ville, auront soin de venir dire ou de faire celebrer la messe dans leur rang autrement leurs noms seront effacez.

7e Le porteur du présent concordat avertira les ecclésiastiques dans les ordres sacrez de signer, et de satisfaire aux charges. S'ils refusent, ils ne pouront y estre receus à l'avenir.

8e Les ecclésiastiques qui s'habitueront hors la ville, qui seront du dit concordat, seront obligez de faire dire la messe à leur rang, et de mettre un ecclésiastique en leur place pour chanter pendant leur semaine ou de payer chaque jour 2 fr. faute de quoy leurs noms seront effacez du Concordat.

Ces deux Concordats furent deposez entre les mains du prestre Goujeon et, aprez sa mort en 1694, entre les mains du prestre Tison avec les deniers communs qui n'ont servi de rien, les ecclésiastiques n'ayant pas eu de procez communs à deffendre. Aprez la mort du prestre Tison en 1719, le prestre Barbot s'est saisi de son authorité particulière, et du consentement tacite de la plus part, sans aucune délibération du Concordat pour le reiglement des services tel qu'il est cy dessus avec un billet de 30 l. sur les héritiers du prestre Tison restant des deniers communs. Et pour le premier Concordat on ne scait ce qu'il est devenu.

Ce reiglement pour les services auxquels le Curé et ecclésiastiques ont signé a esté exécuté fidellement jusqu'en mars 1707, auquel temps il se forma un procez au sujet de la radiation faite du nom du nommé Desprez acolythe sous pretexte qu'il avoit esté admis sans estre agréé de la ville. Le dit Desprez presenta sa requeste à l'official qui fut communiquée au Curé d'Alençon. Le-

quel fut ravi de trouver cette occasion de faire donner à ce concordat une forme canonique ce qui avoit esté negligé par son prédécesseur, qui avoit consenti et authorisé ce concordat au préjudice de son authorité et sans prendre les mesures nécessaires
pour obvier aux abus que les prestres habituez en pouvoint faire.
Le Curé dans sa response à la dite requeste requist que le dit
concordat fut présenté à l'évèque pour y mettre son authorisation
avec les clauses nécessaires à l'entretien de la paix et de la subordination.

L'official ayant esgard à la requisition du Curé ordonne, par sa
sentence de 1708, que le concordat seroit présenté incessamment à
l'Évèque qui seroit supplié d'y donner son approbation, et jusqu'à
ce temps là deffense de l'éxéculer.

Les prestres furent donc obligez d'interrompre leurs services,
et ayant négligé de s'adresser à l'Évèque, et mesme de retirer leur
concordat des mains de l'official, il demeura sans exécution jusqu'en septembre 1712, au quel temps, ils le retirèrent de l'official,
et sans le présenter à l'Évèque ainsy qu'il avoit esté ordonné, ils
recommencèrent leurs services ; mais le Curé sy estant opposé,
d'autant plus que l'Évèque en 1708 dans son ordonnance de visite
avoit ordonné que les concordats des deux églises luy seroint représentez. Les services cessèrent de nouveau et les prestres furent
obligéz d'en demander l'approbation à l'Évèque, ce qu'il accorda
par son ordonnance de visite de juin 1713, en ces termes et aux
conditions suivantes :

1ᵉ. *Qu'affin que le service du dit Concordat n'empesche pas
celuy de la paroisse, deux prestres nomméz par les associéz
conviendront avec le sieur Curé des jour et heure que commenceront les dits services, aprez quoy le billet ou avertissement sera
affiché dans la sacristie.*

2ᵉ *Que quand il se tiendra des assemblées pour le dit Concordat, le sieur Curé en sera averti et y présidera.*

3ᵉ *Que toutes les difficultez ou contestations qui pourront
survenir au sujet de l'exécution du dit Concordat et des articles cy dessus, qui sont de nostre compétence, seront portés devant nous Enfin que les prestres associez qui deviendront curez ou sortiront du distric de la dite église paroissialle, ne seront pas obligez d'assister pendant leur semaine aux services
ny de célébrer de haute messe à la mort des associez ; mais se-*

14

*ront seulement obligez de célébrer dans leur église une messe
basse pour les deffuncts associéz, comme aussi les associéz cele-
breront pour eux une messe basse aprez leurs déceds.*

Si ce reiglement n'est pas si ample que celuy pour le concordat
de Saint-Léonard, c'est qu'il n'y avoit pas de contestation, et c'estoit comme révoquer en doute les droits du Curé que de les spe-
cifier davantage.

Ce reiglement fut lu publiquement aux prestres par le Curé, ils
s'y crurent léséz, et aimèrent mieux ne pas exécuter le concordat
que de le faire aux conditions cy dessus. Ce qui a fait qu'il n'a pas
esté exécuté jusqu'en 1720, que les prestres croyant faire peine au
Curé luy proposèrent le retablissement du dit concordat ; et
comme le Curé ne scavoit pas quel seroit l'évenement du procez
qu'il avoit au parlement, au sujet du concordat de Saint-Léonard,
il y consentit sans insister sur l'ordonnance de l'évèque qu'il sup-
posoit cependant toujours. Il y avoit eu dans cet intervalle beaucoup d'associéz morts pour lesquels on fit trois services conformes
au reiglement et on dit des messes basses pour le restant.

Mais le Curé ayant gaigné son procez au parlement contre les
prestres du concordat de Saint-Léonard et l'ordonnance de l'Évèque estant conséquemment confirmée, il a enfin fait signifier au
prestre Barbot, porteur du concordat de Nostre-Dame en mars
1721, coppie du reiglement de l'Évèque fait pour le concordat de
Nostre-Dame, et aussy de Saint-Léonard avec coppie de l'arrest
de la cour de juin 1720 qui confirme l'ordonnance de l'Évèque, et
en mesme temps fait sommation au dit Barbot de luy rendre la
coppie du dit concordat avec les noms et surnoms des associez. Ce
qui a esté executé le 1er avril 1721. Et ainsy les droits du Curé
sont conservez à present dans le dit concordat. Cependant il seroit meilleur qu'il n'y en eut pas par ce que c'est toujours une occasion de cabale et de dispute.

Il faut observer que jusqu'a present le thresor a fourni gratis
les beaux ornements pour le service solennel de chaque deffunct,
et le Curé ne prend pas les cires mais les abandonne à ceux qui
les ont données.

DES CONCORDATS ENTRE LES ECCLÉSIASTIQUES
DE SAINT-LÉONARD

Les prestres des églises de Nostre-Dame et de Saint-Léonard ont fait ensemble depuis longtemps, pour chacune des dites églises, un concordat pour se procurer des prières aprez leur mort. Le plus ancien est celuy de Saint-Léonard. Il fut fait d'abord en 1622 entre le vicaire et les prestres de la dite église. Les prestres s'y engagent de faire célébrer aprez la mort de chacun d'eux 30 messes hautes à diacre, sous-diacre et chapiers. Il y est dit qu'on n'exigera rien des parents des deffuncts sinon le luminaire et quelque chose pour le blanchissage des aubes du thresor.

En 1683 les dits prestres habituez, diacres et sous-diacres, sans le vicaire, renouvelèrent le dit concordat. Il y est dit que ceux qui manqueront à assister aux offices, et à célébrer la messe à leur rang en seront rayez, et que ceux qui ne pourront à cause de leur éloignement y assister seront tenus seulement de célébrer des messes basses, par ce qu'on en agira de mesme pour eux, aprez leur mort.

Ce concordat estoit nul de droit, estant fait sans la participation du Curé dans son église, sans l'authorisation de l'Évèque, et le consentement du thrésor. Cependant les curez l'ont souffert, sans en estre, jusqu'en 1693 que le Curé Chenard y signa quelque temps avant sa mort, et on fit pour luy les services ordinaires. En 1694, les prestres de Saint-Léonard présentèrent leur concordat au Curé Belard qui, par considération pour eux et à l'exemple de son prédécesseur, le signa. Il ne manqua pas de dire la messe pour chaque deffunct et disoit la dernière messe haute du trentain, mais n'assistoit pas aux autres messes, estant occupé aux affaires de sa paroisse. Ce qui fit que les prestres de Saint-Léonard convinrent ensemble de ne plus le recevoir et mesme d'effacer son nom. En effet en 1699, le Curé, ayant envoyé son vicaire de Nostre-Dame pour célébrer la dernière messe, ils le refusèrent disant qu'ils ne connoissoint pas le Curé pour estre associé au dit concordat, et on disoit publiquement qu'ils avoint effacé son nom. Cette conduite obligea le Curé d'en porter sa plainte à l'évèque d'Aquin par une requeste sur laquelle l'Évèque ordonna que les

dits prestres paroitroint devant luy Ils respondirent à celte requeste par un écrit, auquel le Curé repliqua, et qui fut suivi d'une
autre réplique de la part des prestres, qui demandèrent d'estre
renvoyez par devant l'official. L'Évèque retint la cause, mais ne la
jugea pas, le Curé ne faisant pas d'instance et se reservant de
chercher quelqu'autre occasion de se faire rendre justice, ne
comtant pas assez sur celle de l'évèque d'Aquin et la chose en demeura là. L'Évêque, de son costé mit le veu au dit concordat, le
signa et par la l'approuva tacitement, ce que ses prédecesseurs
n'avoint pas fait. En 1713, l'évèque Turgot faisant sa visite à
Saint-Léonard, et estant informé de ce concordat et du trouble
qu'il avoit causé, ordonna que les prestres luy représenteroint le
dit concordat, et en ayant seulement donné une copie collationée,
il ordonna que l'original luy en seroit représenté, faute de quoy il
en deffend l'exécution jusqu'à ce qu'il l'ayt approuvé et authorisé
ce 10 juillet 1713. Les dits prestres ayant représenté l'original de
leur concordat, l'Évêque l'emporta et leur renvoya veu et signé de
luy le 29e septembre 1713 avec une ordonnance contenant son approbation et des conditions en ces termes : *Nous le louons et ap-
prouvons, et néanmoins n'en permettons l'exécution qu'aux
conditions suivantes :*

1e *Que le sieur Curé et ses successeurs seront de droit associez au dit concordat, qu'aprez leur mort on faira pour eux les
mesmes services que pour les autres confrères, sans qu'on
puisse assujetir le sieur Curé à assister aux services de la dite
confrerie, aux quels nous l'exhortons d'assister autant que
ses fonctions le lui pourront permettre.*

2e *Que nul ne sera associé au dit concordat qu'il ne soit du
diocèse ou habitué dans les églises d'Alençon, et y servant par
nostre permission et de nostre consentement.*

3e *Qu'affin que le service du concordat n'empesche pas celuy
de la dite église, deux prestres nommez par les associez conviendront des jours et heures que commenceront les dits services avec les sieurs Curé ou vicaire. Aprez quoy, le billet sera
affiché dans la sacristie.*

4e *Que quand il se tiendra des assemblées pour des affaires
du dit concordat le sieur Curé en sera averti aux quelles il se
trouvera s'il juge à propos, et mesme y presidera.*

Enfin que toutes les contestations, qui surviendront au sujet

de l'exécution du dit concordat seront portées uniquement de-
vant nous pour y estre jugées definitivement et sans appel.

Et sera le présent reiglement joint au dit concordat pour
estre exécuté en tous ces points.

Ce reiglement fut envoyé aux prestres avec leur concordat, et
au Curé On n'en forma aucune question sinon en febvrier 1717,
qu'estant mort un des associez, le Curé demanda l'exécution du
dit reiglement et comme les prestres ne voulurent pas y déférer,
qu'ils s'assemblèrent sans le Curé et fixèrent le jour et l'heure du
service qu'ils prétendirent estre à 10 heures selon l'usage. Le
Curé les fit assigner devant l'official pour y estre condamnez pour
avoir contrevenu aux conditions apposées au dit concordat par
l'ordonnance de l'Évèque et leur estre fait d'effenses de mettre le
dit concordat en exécution qu'aux conditions prescrites, voulant
de sa part le dit Curé estre du dit concordat et déférer à la dite
ordonnance en toutes choses.

Les prestres le 23 febvrier respondirent à la dite assignation en
appelant de la dite ordonnance comme d'abus et de griefs, déclarant qu'ils continueroint leurs services à 10 heures du matin suivant l'usage, et à huit heures et demie les jours de festes et dimanche. Et dans cet appel les prestres citoint pour abus l'art. 1ᵉʳ
du reiglement en ce qu'il est porté que les curez ne seront pas as-
sujetis aux services et l'article dernier en ce qu'il est porté que
l'Évèque jugera sans appel des contestations.

Le 2ᵉ mars 1717, le Curé fit signifier aux dits prestres qu'il ne
prétendoit soutenir le dit reiglement de l'Évèque qu'en ce qui le
regarde de droit commun sans aucun abus, leur déclarant qu'ils
n'ayent pas à coter contre luy pour moyen d'abus l'article dernier.

Non obstant cette déclaration, les prestres relevèrent à la Cour
leur appel et le firent signifier le 7ᵉ may 1717 Sur lequel est intervenu arrest à l'audience de grand chambre le 23ᵉ juillet 1720
en ces termes : *La cour parties ouyes et le procureur général a*
donné acte de la déclaration signifiée à la requeste de celle de
chevalier (advocat du Curé d'Alençon) qu'il ne soutient pas l'or-
donnance du sieur évêque de Seez en ce qu'il s'est reservé la
connaissance des constatations qui surviendront au sujet du
concordat dont il s'agit pour les juger en dernier ressort et
sans appel; ce faisant a dit qu'il y a abus de ce chef, et qu'il
n'y a abus dans le surplus de la dite ordonnance laquelle au
surplus sera exécutée selon sa forme et teneur.

Et comme M. l'advocat général Le Chevalier avoit de son chef
appelé comme d'abus de la radiation que les dits prestres avoint
faite du nom du Curé sur le dit concordat, ce qu'il regarde
comme une injure faite à un supérieur par ses inférieurs contre
toute honnesteté et bienséance, ainsy qu'il s'est expliqué dans ses
conclusions inserées dans le dit arrest et qu'il faut lire par ce
qu'elles sont belles et inspirent la subordination et la dépendance
des prestres par rapport à leur Curé. La cour ayant égard au requisitoire et aux conclusions du dit avocat général continue ainsy :
A receu et recoit le procureur général appelant comme d'abus
de la radiation faite du nom de la dite partie de Chevalier sur
le dit concordat, a tenu et tient son appel pour bien et due-
ment relevé et y faisant droit a dit qu'il y a abus. Ce faisant
ordonne que le nom de la dite partie de Chevalier sera restabli
sur le dit concordat, et a fait et fait deffenses aux parties de
Chapelain (advocat des prestres) *de rayer à l'avenir de leur pro-*
pre mouvement le nom d'aucun de ceux qui sont inscripts sur
le dit concordat et les a condamnez aux dépens.

Le dit arrest ayant esté signifié aux prestres en la personne de
M. Louis Quillet, Curé de Pré-en-Pail qui avoit soutenu ce procez à Roüen le 30ᵉ aoust suivant, un d'eux vint offrir au sieur
Curé de se trouver dans la sacristie de Saint-Léonard pour restablir son nom sur le dit concordat. Ce que le sieur Curé a différé
et depuis le dit concordat n'a pas esté exécuté. Les frais du procez
ont esté taxez et les joints au procez au nombre de 14 Ihéron,
Quillet, des Coudrey, Bancour, Pouqueron, de la Cour, Barbot,
Anjou, Poulain, le Conte, Vérón, Leveque, Lemarié, Jusquin,
sont obligez de payer chacun quinze livres quatre sols pour leur
contingent.

DE LA PORTION POUR LES MALADES

Comme l'hospital ne reçoit pas toutes sortes de malades, qu'il y
a peu de lits, et que plusieurs malades sont abandonnez dans
leurs maisons, comme les femmes grosses et accouchées, les malades de maladies contagieuses ou incurables, en 1668, Mʳ Fouquet archeveque de Narbonne relegué à Alençon, et Mᶜ de Marle (1)

(1) Bernard-Hector de Marle chevalier seigneur de Versigni, intendant de la généralité d'Alençon de 1666 à 1671 (Louis Duval *état de la généralité d'Alençon sous*
Louis XIV, p. 38.

intendant de cette généralité formèrent le dessein de faire assister
les malades qui restoint dans leurs maisons. On tint pour cela des
assemblées de charité ou se trouvèrent les personnes considérables de la ville et on convint de faire donner la *portion* (1) aux
malades dans leurs maisons. Ce furent d'abord les personnes riches qui faisoint *la marmite* tour à tour dans leurs maisons,
fournissoint le bois et le sel, et sur la queste qu'on faisoit tous les
mois dans la ville, on payoit la viande et le pain. On s'assembloit
aussy tous les mois pour le soulagement des dits malades et des
pauvres honteux chez le dit seigneur de Narbonne, et l'intendant
s'y trouvoit souvent.

Dès 1669, les riches se lassèrent de faire cuire *la marmite* et on
fut obligé d'en charger plusieurs filles qui vivoint ensemble, ce
qui a duré jusqu'en 1678, que S. A. R. Madame de Guise ayant
establi dans l'hospital des sœurs de Saint-Lazare, elle les chargea
du soin de la dite *portion* qu'elles portoint dans la maison des
malades. Et on continua de faire la queste par la ville pour l'entretien de la dite charité. Avant l'arrivée de Mᵉ de Guise la queste
estoit considérable, on trouvoit chaque mois plus de 150 l. Quand
Mᵉ de Guise y entra on s'en raporta à ses aumosnes, et la queste
fut moindre, et comme elle y suppleoit, il luy en coutoit quelque
fois jusqu'à plus de trois mille livres par an outre les questes.

Ce fut Mᵐᵉ Dorat vefve d'un thresorier de France qui fut la
première thrésorière et économe de cette charité. Ensuite Mᵐᵉ
·d'Erses, aprez Mᵐᵉ Gérard qui a continué jusqu'en 1696 au temps
de la mort de Mᵐᵉ de Guise.

S. A. R. Mᵐᵉ de Guise donnoit un louis d'or chaque mois à la
questeuse. C'estoit elle qui par son authorité engagoit les demoiselles à quester. Et par son testament elle a donné 3.000 l. pour
estre constituées en rentes et faire cel·e de 150 l. par an pour la
dite charité ; c'est S. A. R. Mᵐᵉ la grande duchesse de Toscane (2)
héritière de Mᵐᵉ de Guise qui fait cette rente de 150 l., qui estoit

(1) Le compte rendu aux citoyens de la ville d'Alençon par·les administrateurs
du Bureau de Charité pour l'année 1789, imprimé en 1790 chez la veuve Malassis
l'aîné, renferme un article intéressant sur la *Portion*.

(2) Marguerite-Louise d'Orléans, fille de Gaston-Jean-Baptiste, duc d'Orléans, de
Chartres, de Valois, d'Alençon et de sa seconde femme Marguerite de Lorraine, naquit le 28 juillet 1645. Elle épousa le 19 avril 1661 Cosme de Médicis IIIᵉ du nom,
grand duc de Toscane et elle mourut à Paris le 17 septembre 1721. Elle était sœur
de la duchesse de Guise. (*Dict. de Moreri, art. Lorraine*).

au 14ᵉ du mois de juillet de chaque année. Le dit testament a esté déclaré exécutoire par arrest du conseil en 1697 le 1¹ᵉ décembre. Les termes du testament daté du 1ᵉʳ mars 1684 et déposé chez Le Vasseur notaire à Paris le 18 mars 1696 portent : *Je donne 3000 l. pour les pauvres malades d'Alençon qui sont à la marmitte, et qu'on ne peut envoyer à l'hostel Dieu et seront mis entre les mains du Curé d'Alençon pour estre constituez en rente.*

Par un autre article du mesme testament, elle donne mille francs aux pauvres honteux d'Alençon, pour estre mis entre les mains du Curé. Ces 1.000 l. sont restez à Mᵉ la grande duchesse, qui en fait la rente au denier 20 comme des 3000 l. Et le Curé reçoit 200 l. par an.

En 1696, aprez la mort de Mᵉ de Guise, on désesperoit de faire subsister cette charité qui coutoit beaucoup à S. A. R. Cependant le Curé d'Alençon proposa à celuy de Montsort de la faire subsister par ensemble ainsy qu'elle avoit esté du vivant de Mᵉ de Guise ; mais le Curé de Montsort n'ayant pas voulu s'y engager, le Curé d'Alençon entreprit de la faire subsister seulement pour sa paroisse. Il fit continuer les questes et se fit luy mesme l'économe par ce qu'il suppléoit de ses deniers à ce qui manquoit aux questes.

Dieu ayant donné sa bénédiction à cette charité qui par les soins du Curé subsistoit bien aprez la mort de la princesse, cela excita la pieuse envie du Curé de Montsort qui se plaignit au roy en 1701 que le Curé d'Alençon luy avoit retiré la part que sa paroisse avoit coutume d'avoir aux charitez de la *portion*. Le Curé respondit qu'il consentoit qu'on rendit cette charité commune au faubourg de Montsort pourveu qu'on trouva des personnes qui voulussent s'en charger sans qu'il luy en couta rien, n'estant pas raisonnable qu'il se chargea des pauvres des paroisses voisines.

Les mouvements du Curé de Montsort engagèrent Mᵐᵉ Pinon (1) alors intendante d'Alençon de trouver le moyen de communiquer la portion au faux bourg de Montsort aux conditions sus dites, et on establit Mᵐᵉ Rollin pour thrésorière, Mᵐᵉ du Moland pour supérieure, et les demoiselles du Bourgueil et du Moulinet pour assistantes.

(1) Anne Pinon chevalier seigneur de Quincy intendant de la généralité d'Alençon de 1700 à 1702. (O. Desnos, *Mémoires historiques sur Alençon et sur ses seigneurs*, t. II, p. 454).

Aprez six mois Mme Pinon ayant quitté la généralité, on fut obligé de recourir au Curé, lequel reprit le soin de la *portion* et la rendit commune à Montsort par ce que le Curé s'engagea de fournir des questeuses à son tour et d'engager ses paroissiens à fournir des aumosnes plus abondantes

En 1709, la disette ayant obligé de faire une imposition générale pour le soulagement des pauvres on cessa les questes, et on prit sur l'imposition de quoy secourir les malades. Et, comme chaque paroisse avoit son role particulier, celle d'Alençon abandonna ceux de Montsort. Ce qui dura jusqu'au mois de novembre 1709 au quel temps la *portion* cessa jusqu'au mois d'avril 1710, qu'ayant fait une nouvelle imposition pour les pauvres, on paya le secours de la *portion* sur la dite imposition et comme le nombre des malades augmenta considérablement on fut obligé de ne donner que de la soupe de beure ce qui dura jusqu'au mois de septembre 1710 auquel temps la *portion* cessa.

En décembre 1710, le Curé fit renouveler les questes et en janvier 1711, il fit donner la *portion* comme auparavant avec demie livre de viande pour chaque malade, et la moitié du pain. On leur donne aussi toutes sortes de remèdes, on leur preste des draps et des chemises Et cette charité, depuis ce jour la, n'a plus esté commune au faux bourg de Montsort ; mais, comme dans le temps que Me de Guise a donné les 3 000 L. pour la *marmite*, les pauvres de Montsort y avoit part, le Curé d'Alençon a cru nécessaire de faire part au Curé de Montsort des 150 l. provenant des interests de la dite somme de 3000 l. Ce qu'il fait tous les ans, tantost plus, tantost moins et environ la somme de 30 l. par an. Ce qui subsiste encore aujourdhuy 9e avril 1720.

En 1715, la demoiselle du Moulinet a esté establie thrésorière par M. le Curé et l'assemblée des dames qui selon l'antien usage se tient tous les premiers jeudis du mois chez M. le Curé ou les sœurs apportent le mémoire de la viande, du sel, du blanchissage et du pain fournis pendant le mois qu'on paye sur la queste. L'hospital fournit en tous temps la viande à 3 s. la livre, et ne prend rien pour ses drogues.

Dans le comte final de la dépense et recepte au commencement de janvier 1720 il a paru que la dépense excède de la somme de 110 l. La recepte de 1719 a esté à 892 l., celle de 1718 à 918, celle de 1717 à 609 l. Le grand embarras est de trouver des questeuses, et c'est cet embarras qui faira finir cette charité très utile au public. C'est la thresorière avec le Curé qui se donnent les mouvements necessaires pour cela.

Le 1er juillet 1718, le Curé d'Alençon a donné 2500 l. à l'hospital pour l'entretien d'une sœur, qui sera tenue de porter la portion aux malades de sa paroisse dans les maisons, par ce que le nombre des sœurs estant diminué à l'hospital, elles avoient cessé de porter la dite portion comme elles faisoint du temps de Me de Guise, ce qui rendait la dite portion moins utile. Et depuis le dit mois de juillet 1718, elle est portée dans les maisons jusqu'a ce jour 9e avril 1720. Et en cas que la charité de la portion ne subsiste plus, les dits 2500 l. serviront à establir un lit surnumeraire au dit hospital pour un pauvre qui sera nommé par le Curé et ses successeurs, soit estranger ou de la ville, suivant le traité fait avec les présidents qui se sont engagés à le faire ratifier au premier bureau général.

On ne donne pas la *portion* au faux bourg de Courteilles, ny aux enfans au dessous de 14 ans. A l'égard des malades incurables et des femmes accouchées quand on ne leur donne pas la *portion*, on leur donne quelqu'argent.

Outre la *portion*, on donne en hyver quelques fagots aux malades.

En 1721 le 21 may, le Curé donne à l'hospital 10.200 l. en billets de banque pour estre constituez à l'hostel de ville de Paris en faveur de la dite *portion*. (V. p. 184).

Le 22 may 1724, le Curé a donné à l'hospital en tout pour la *portion* 12.782 l.

DE LA VISITE DES ÉVÈQUES ET ARCHIDIACRES

La plus ancienne visite dont on a connaissance est du 30e octobre 1618 par Jacques Camus Évèque de Séez. L'Évèque estoit assisté des officiers de la Cour ecclésiastique de Séez et de l'archidiacre. Il fut receu à l'entrée de la ville par le Curé de Colombier doyen rural (1) assisté du clergé du lieu et suivi d'un bon nombre

---

(1) Les fonctions des doyens ruraux sont définies dans les statuts du synode tenu à Séez le 16 octobre 1674. (D. Bessin, *Concilia rotomagensis provinciæ. Pars posterior, p.* 445).

d'habitans qui le conduisirent processionnellement en l'église paroissialle. Il fit le lendemain et les jours suivants l'office à Nostre-
Dame et à Saint-Léonard, donna la confirmation, reçeut plusieurs abjurations. En ce temps la le frère M. Bigot religieux Jacobin avoit resigné sa cure d'Alençon à M⁰ P. Gaulard vicaire de
Saint-Léonard et n'avoit pas encore son visa.

A cette visite se trouvèrent avec les dits Bigot et Gaulard, les
autres prestres des deux églises, tous les premiers officiers, les
thresoriers, les prevost et frères de charité.

L'Évèque remarque qu'il a trouvé la sacristie ou revestiaire (1)
en estat aucunement competent par ce que la dite église avoit esté
plusieurs fois volée par les P. R. les vitres en grande ruine surtout du costé du cimetière, item les murailles du cimetière rui-
nées, et dans iceluy plusieurs issues de maisons et égouts ce pour
quoy fut ordonné que le dit cimetière seroit fermé par des murailles au moins de six pieds de haut et fermé de portes avec des
serrures, que les voisins seroint obligez de boucher leurs portes
et fenestres, égouts etc. ou du moins de justifier des titres.

L'Évèque permet pour fournir d'ornements l'église et la chapelle de Saint-Léonard et faire les réparations des dits église et
cimetière qu'on fasse des questes pendant le service divin aux
jours de feste et dimanche par des personnes notables, et deffend
le dit Évèque de faire autre queste que pour les pauvres prisonniers et celle pendant la messe de la charité sinon du consentement du Curé et marguilliers.

L'Évèque reconnoit les dites deux églises régies sous mesme
droit et titre de cure en une mesme personne bien que divisée de
lieux, que la cure est à la présentation de l'abbaye de Lonlay, que
le Prieur perçoit les grosses dixmes de la paroisse et est tenu seul
aux réparations du chanceau de la dite église et de la chapelle
Saint-Léonard, et de la grange dixmeresse, que le Prieur est
tenu payer par an 120 l. au Curé, que le Curé en outre a les
menues dixmes, et 25 l. de rente sur le domaine, le reste de son
revenu estant en oblations et autres dons de dévotion et profits
provenant du dedans, que le thresor des dites églises consiste en

(1) Revestiaire, sacristie, lieu séparé dans l'église, où les ecclésiastiques vont
prendre leurs habits sacerdo'aux, leurs chappes et autres ornements pour célébrer
l'office divin (*Dictionnaire de Trévoux*)

la queste et dons de dévotion et pour sepultures dans les dites églises sans y avoir d'autres fonds.

Dans le dit acte de visite est reglé l'heure de l'office, est ordonné aux prestres d'avoir habits modestes et séants, avoir leur couronne sur la teste, fuir les jeux, brelans sans aller boire, hanter ny frequenter les tavernes du dit lieu apeine d'excommunication dès apresent déclarée. Deffendu aux autres personnes sur peine excommunication par monition, de fréquenter les tavernes pendant les heures du service divin et aux taverniers de tenir leurs tavernes ouvertes ès dites heures ny y donner aucun boire ou manger sinon aux passants, exhortons les officiers de faire observer ce que dessus, et en faire les deffenses de leur chef,

Que la prédication, les jours ouvrables sera sonnée depuis sept heures jusqu'à huit,

Deffendu de recevoir plus d'un parein ou mareine au baptesme, de dire messes pour les mariages avant l'aube du jour, ny en autre église qu'en celle de Nostre-Dame et Saint-Léonard, ny par autres prestres que par le Curé ou vicaire, ou sans leur licence. Le tout sous peine d'excommunication dès apresent déclarée,

Deffendu de porter le Saint-Sacrement de nuit par la ville, sinon en cas de grande nécessité.

A l'égard des avis receus contre quelques uns du clergé, nous avons remis à y pourvoir, exhortons les paroissiens de conserver l'estat de l'église aux droits et privilèges qui luy sont deubs, le Curé et prestres au respect qui leur est deub en cette qualité de pasteur et de pères spirituels, d'avoir précepteurs catholiques pour l'instruction des enfans. Avons continué le musicien de Nostre-Dame, enjoint aux prestres et clers d'aprendre au moins le plain chant Seront les prones faits ès dites églises selon le manuel du Concile de Trente Il commet ensuite des prestres pour aider à l'administration des sacrements.

L'original de cet acte est dans le chartrier de la confrerie de la charité d'où le sieur Paillard échevin en a delivré coppie le 22 décembre 1701. Le 28 juillet 1625, l'évêque Camus fait un reiglement pour le service des églises et confrairies d'Alençon dont il est parlé art. des confrairies. Il ne paroit pas que ce reiglement aye esté fait dans le temps de sa visite, il est daté de Séez et il est cependant dit qu'il a esté fait sur l'audition des thesmoins et le veu des comtes.

Depuis ce temps la, il ne paroit aucun acte de visite épiscopalle à Alençon jusqu'en 1692, au quel temps Mathurin Savary évêque de Séez indiqua sa visite par un mandement adressé au Curé pour le 2ᵉ de décembre, par lequel il l'avertit qu'il arrivera le 1ᵉʳ décembre et que le 2ᵉ à neuf heures il faira son entrée solennelle et sa visite dans l'église N.-D. ou il donnera le sacrement de confirmation. L'évêque fut receu.

En 1703, Louis D'Aquin évêque de Séez indiqua sa visite épiscopalle. Il envoya pour cela un mandement imprimé de 8 pages. Dans ce mandement il promet d'envoyer avant luy deux missionnaires. Il accorde 40 jours d'indulgence à ceux qui assisteront à sa visite, il veut qu'on expose le S. Sacrement pendant la dite visite, et que ce jour la soit célébré comme le saint dimanche. Il promet de donner la confirmation aux enfans de 12 ans, il veut qu'on inscrive dans le registre des baptesmes les noms de ceux qui seront confirmez. Il veut qu'on luy présente les comtes des thresors et des confrairies, qu'on luy représente les fieffes des bancs, que les maîtres d'école et les sage-femmes paroissent devant luy...... Que la veille de sa visite on sonne les cloches comme aux grandes festes.

Il envoya en mesme temps une instruction pour la visite de l'Évêque en forme de catéchisme avec l'ordre pour les cérémonies de la visite et des calendes tiré du pontifical, item un grand mémoire d'articles aux quels les Curez devoint respondre par écrit sur l'estat de la paroisse. Ce mémoire contient vingt chapitres et chaque chapitre contient plusieurs articles. Ce qui fait un fort beau détail qui devoit estre signé par le Curé.

L'Évêque n'envoya pas de missionnaires à Alençon comme dans les autres paroisses. Il se contenta d'envoyer une lettre imprimée pour fixer sa visite au 18ᵉ novembre 1703 par laquelle il dispense de venir au devant de luy en procession à l'entrée du territoire de la paroisse, suffisant de l'attendre au bout du cimetière ou à la porte principalle de l'église ne voulant pas que les habitants se mettent sous les armes, ou qu'on luy fasse des compliments.

Aprez ces préparatifs, l'Éveque arriva à Alençon et descendit en une maison de la ville la veille de sa visite. Et le dimanche 18ᵉ de novembre 1703, il commença sa visite. La veille le Curé avoit esté au devant de luy à cheval avec quelques ecclésiastiques, on sonna les cloches à son arrivée avec les *demies*. Le jour de la visite, on exposa le Saint-Sacrement, on dit la messe paroissiale à 7 heures du matin aprez laquelle le Curé en chappe accompagné des prestres des trois églises la plus part en chappes, des Capucins et des frères de charité se rendit processionnellement au presbitère ou sa grandeur estoit venue, d'où il fut conduit sous un dais porté par les échevins de la dite église ou aprez la reception suivant les rubriques, il se plaça sous un daix qu'on luy avoit préparé avec une espèce de throne sur le parvis de l'autel du costé de l'épitre, ensuitte il célébra une messe basse qui fut suivie d'une longue prédication, ensuitte il confirma et fut reconduit au presbytère, où il dina. Il visita les jours suivants les succursalles de la paroisse, les monastères des filles de N.-D. de l'Union chretienne, l'hospital. Il appela tous les ecclesiastiques au scrutin. Il dressa de longs verbaux sur chaque église que le Curé n'a pas veus ny signez, et il n'a receu aucune ordonnance faite pendant le cours de la dite visite.

Il fut receu à Saint-Léonard et à Courteilles comme à Nostre-Dame. Les Capucins n'allerent pas à Courteilles.

Le dit Évèque en 1707 recommença le projet d'une nouvelle visite. Il en renvoya un deuxième mandement conforme au premier et par une lettre particulière, il fixa sa visite au 4e decembre 1707, avec les mesmes formalitez que la première. Il fut receu et conduit comme la première fois. Il dina chez M. le Curé, entra dans le monastère de Sainte Claire et autres, fit partout des ordonnances de visite. L'Évèque en envoya une au Curé signée de sa main pour estre lue au prone. Le Curé l'ayant examinée et y ayant trouvé plusieurs articles défectueux et peu utiles au bon ordre ou mesme contraire à la subordination de sa paroisse differa la lecture de cette ordonnance et présenta sa requeste à sa grandeur pour y estre fait droit sur ces articles. L'Évèque y fit attention, redemanda son ordonnance, la reforma suivant les avis et les remarques du Curé et en envoya une autre par forme d'extrait de son ordonnance de visite delivré par son secretaire qui a esté lu au prone.

Il contient 57 articles dont plusieurs sont assez longs, ils sont inscrez au commencement du registre des baptesmes de 1708 et extrait dans les différents articles de ces mémoires pour la plus part. Ceux qu'on pouroit avoir omis sont :

Art. 1. Nous enjoignons aux supérieurs des lieux d'avertir, ou faire avertir avec charité ceux qui ne sont pas dans les églises avec la décense necessaire. Les ecclesiastiques, chacun à son tour et par semaine, iront par l'église pendant les divins offices pour contenir tout dans la modestie, et donner les avis nécessaires, et particulièrement pendant certaines messes.

Art. 11. Nous exhortons tous les fidelles de se resouvenir de ce que S. A. R. Me de Guise avoit establi par son authorité pour les assemblées de dissipation, les mascarades, et les spectacles...

Art. 21. Les personnes malades en temps de caresme seront envoyéez à nostre siège pour recevoir dispense. Le Curé ne poura l'accorder que par provision.

Ces trois articles, comme plusieurs autres de la dite ordonnance, sont sans exécution. Le 1er a esté exécuté fort peu de temps.

En 1713 D. B. Turgot, Evêque de Séez indiqua une visite pour l'église paroissialle d'Alençon au 9e de juillet, celle de Saint-Léonard le 10e et celle de Courteilles le 11. Il fit avertir qu'il confereroit le sacrement de la confirmation mesme aux enfans des paroisses voisines à l'age de 12 ans. Il fut reçeu à l'ordinaire on dit la messe paroissialle à huit heures du matin, ensuitte on l'alla recevoir au presbytère en chappe, le Curé luy fit une harangue. Il dit la messe basse. Les Capucins, les frères de charité assistèrent à la réception en l'une et l'autre église. L'Évêque se fit representer les comtes des confrairies qui avoint esté cy devant arretez Il entra dans la chapelle de la charité ou les frères presentèrent leur registre.

A l'égard des requestes qui luy avoint esté representées au sujet de la réduction des fondations des thresors et des confrairies differé à y faire droit ce qui a esté exécuté depuis.

Le concordat des prestres de N.-D. confirmé à des conditions. Ordonné que les ordonnances de visite de 1707 seront exécuteéz en leur entier et notamment art. 3 sur les cérémonies du baptesme, le 6e sur les maîtres d'écolle ; le 20, sur l'habit long des prestres, le 23, sur le droit de purifier les femmes, les 36 et 37, et 5e à l'égard de la dispense de faire gras en caresme. Le pouvoir en est lessé au Curé.

Dont du tout a esté dressé un acte de visite envoyé au Curé sous le seing du sécretaire avec le sceau de l'évêché.

Il y eut aussy un acte de visite pour la chapelle de Saint-Léonard et pour Courteilles dont il a esté parlé cy dessus et dont il sera parlé cy aprez.

A l'égard des visites des Archidiacres, ils n'en font communément que de trois en trois ans lorsqu'il faut recevoir quelque comte des marguilliers. En 1695, le Curé d'Alençon receut M. Dufrische grand archidiacre et grand vicaire avec son estolle. Le sieur Dumesnil luy ayant succedé, le Curé continua dabord son usage ; mais ayant voulu dans la suite le contester, le Curé ne se trouva pas à ses visites. Au sieur Dumesnil ont succedé les sieurs Chateau Tierry et Guilloré que le Curé a toujours reçeu avec son étolle tant en l'église paroissialle qu'aux succursalles

Les Archidiacres sont en possession de recevoir les comtes des thresors de temps immémorial, ils ont un droit pour cela tant pour eux que pour leur greffier, ce qu'on n'avoit pas contesté jusqu'en 1713, que M. le procureur général de Roüen, sur une lettre qui luy fut écrite par un particulier, respondit qu'il n'étoit rien deub aux archidiacres ; pour quoy les thresoriers de Saint-Léonard ont résolu de contester ce droit ; mais jusqu'à present le grand archidiacre a esté payé à Saint-Léonard comme ailleurs par le comtable. Les marguilliers en ont porté leurs plaintes à M. le procureur général en 1717. L'Archidiacre en a écrit de son costé et a allegué sa possession et les dépenses qu'il faut faire pour assister aux dits comtes. M. le procureur général n'a pas respondu, et les marguilliers attendent la premiere occasion pour former leur opposition. Ce 13ᵉ avril 1720.

Comme l'Archidiacre a toujours logé et mangé chez le Curé, il ne luy paye aucun droit. Il ne luy en appartient qu'un pour les trois églises.

L'évèque Savary dans ses visites et dans plusieurs autres occasions où il officioit pontificalement à N.-D. et ailleurs en présence du Curé a toujours consenti que le Curé fut revestu de son estolle. L'évèque D'Aquin le trouva mauvais et insera expressement dans son mandement de visite que le Curé seroit sans étolle. L'évèque Turgot n'en a pas fait difficulté, et le Curé la gardée et dans les autres cérémonies ecclesiastiques ou l'Évèque s'est trouvé.

DES STATUTS DU DIOCÈSE DE SEEZ
ET DES SYNODES

Quand en 1674 Jean Forcoal, évèque de Séez, fit des statuts synodaux, il fit mention des antiens statuts de ses prédécesseurs qu'il avoit fait observer jusqu'alors. On ne les connoit pas. Les nouveaux besoins de son diocèze luy en fit faire d'autres, qu'il fit enregistrer aux greffes de ses officialitez, publier aux prones des paroisses avec ordre d'en réiterer la lecture tous les ans et à chaque prestre d'en avoir une coppie. Ils furent publiez dans le synode tenu à Séez, le 16 octobre 1674 (1).

Comme le grand archidiacre dans sa visite du 22 novembre 1674 notifia les dits statuts dans l'église paroissialle N.-Dame et succursalle Saint-Léonard d'Alençon, le Curé d'Alençon, Jullien Pasquier, appela comme d'abus des dits statuts, prétendant qu'ils n'avoint esté ny publiez ny approuvez dans le synode et qu'en outre ils contenoint des dispositions contraires au droit divin et canonique et libertez de l'église gallicane. Il avoit fait auparavant sa protestation devant le lieutenant général d'Alençon dès le 9ᵉ novembre 1674.

Le seigneur Évèque évoqua l'affaire au conseil, le Curé l'y suivit et présenta sa requeste, dans laquelle il énonce que non seulement les dits statuts ne sont pas l'ouvrage d'un synode, mais qu'ils sont opposez aux SS. Canons, aux ordonnances et la destruction de la juridiction des Curez. Le Curé fonde son abus sur la nullité du synode et sur l'abus des statuts en leur forme et matière.

Il prouve la nullité du synode par la précipitation, la confusion, le désordre et le défaut de liberté.

Il établit la nullité et l'abus des statuts dans leur matière, dans l'art. 6 du chap. 2, dans l'art. 6 du chap. 1 et en ce qui regarde le titre sacerdotal, dans les art. 2 et 3 du chap. 15, par lesquels il deffend aux Curez de permettre la pasque à leurs paroissiens ailleurs qu'en leur paroisse, etc.......

Le 12 avril 1676, par devant les notaires de Paris, transaction

---

(1) Les statuts de l'évêque Forcoal ont été publiés par D. Bessin (*Concilia Roto-magensis provinciæ, pars posterior,* p. 445)

fut passée entre le Curé d'Alençon et Mr Forcoal, maître des requestes au nom et comme procureur de l'Evêque de Séez, son frère, par laquelle le Curé déclare que, s'il a appelé des dits statuts, ce n'est pas pour s'écarter de l'obéissance qui est due à son Evêque, mais qu'il ne l'a fait que pour n'avoir pas bien compris ses intentions, lesquelles luy ayant esté expliquées en la manière suivante, il se désiste du dit appel comme d'abus ; et le dit sieur Forcoal a eclaircy l'intention de l'Evêque de manière que l'art. 6 du 2e chap. ne regarde pas la ville d'Alençon, parce qu'ayant beaucoup de confesseurs, les paroissiens ne peuvent pas se confesser ailleurs sans la permission du Curé.

2e sur le chap. des vicaires, art. 1, que le Curé ne sera pas tenu d'avoir d'autre vicaire que celuy de Saint-Léonard.

3e sur l'art. 2 que l'intention de l'Evêque n'est pas d'obliger les confesseurs d'Alençon d'aller à Séez lorsque le temps de leur approbation sera expiré, mais ils pouront continuer de confesser aprez le dit temps jusqu'à ce que l'Evêque aille sur les lieux or y envoye.

4e sur le chap. 10 art. 1, la deffense de recevoir sous peine d'interdit les pénitents, ne tombe que sur les concubinaires et non sur ceux qui n'ont pas fait leurs pasques.

5e sur le chap. 15, art. 2 et 3, que l'Évêque ne déroge pas au pouvoir qu'ont les Curez de permettre de se confesser et de communier hors leur paroisse au temps de Pasques ; mais déclare seulement qu'en cas de refus des dits Curez, les paroissiens pouront recourir à l'Évêque.

6e sur le chap. 19, que les conférences ne tiendront pas dans les églises paroissialles d'Alençon.

Le Curé s'engage de suite d'observer les dits statuts ainsy expliquez, comme aussy le dit sieur maître des requestes de faire ratifier sa dite explication par le seigneur Évêque, son frère.

Les mesmes statuts ont esté réimprimez depuis, en 1714, et notifiez et spécialement renouvellée la deffense de la chasse, du port d'armes et du cabaret pour les ecclésiastiques.

L'évêque Savary en 1684, n'etant encore que nommé, fit un reiglement général avec le chapitre pour les seminaires et les ordinands.

Il fit en 1692 un autre reiglement général encore sur les ordinands et sur les fondations.

Il en fit un autre en 1693 sur les chapelles, où il ordonne en particulier que nul prestre est censé d'avoir le pouvoir de faire les fonctions de vicaire ou de confesser s'il n'en a sa commission par écrit.

Il en fit un autre des obligations des doyens ruraux.

Il en fit encore un autre en 1693 qu'il notifia dans le synode de septembre, par lequel il oblige de se trouver au synode chaque année sous peine de 3 l. d'amende ;

2e il establit un bureau pacifique pour corriger les fautes des ecclésiastiques moins graves ;

3e que l'office sera fait selon le romain avec le propre du diocèse ;

4e qu'on ne faira point d'autres octaves que celles du breviaire et des SS. Gervais et Prothais ;

5e qu'on faira un rituel ;

6e qu'on se servira du catéchisme d'Agen ;

7e que la rétribution des messes de fondation sera de 12 s. pour les hautes et 8 s. pour les basses ;

8e on reigle le droit des mariages et des inhumations ;

9e que les Curez ne recevront pas des certificats d'autres Curez s'ils ne sont légalisez par les évèques ;

10e que les Curez appelleront d'autres confesseurs quatre fois l'année ;

11e que les foires et marchez tiendront le lendemain des festes ;

12e qu'on rétablira les conférences ;

13e que nul ne poura estre fiancé avant le premier ban, que le domicile ne sera acquis que par un an de séjour, qu'aprez trois mois de publication il faudra recommencer au moins une quatrième ;

14e qu'on fermera les cimetières et qu'on n'en vendra pas l'herbe ;

15e qu'on refusera l'absolution à ceux qui diffèrent plus de trois jours à faire baptiser leurs enfants et à leur faire suppléer les cérémonies ;

16e qu'on ne recevra pas d'estranger à dire la messe sans exeat et plus de huit jours sans la permission de l'Evèque ;

17e que le Curé à la pasque ne poura pas refuser un billet pour un autre confesseur à luy connu ou désigné par luy, que le temps du domicile de la pasque sera au moins d'un mois, que le Curé poura faire trois réquisitions par écrit à ceux qui n'auront pas fait leurs pasques et les dénoncer à l'Evèque pour estre procédé contre eux par les voyes de droit ; en cas que le Curé refuse de donner un confesseur, on poura s'adresser à l'Evèque par requeste pour y estre pourveu ;

18e il deffend à l'avenir l'usage des perruques sinon avec permission par écrit de l'Evèque. Ces ordonnances furent publieez au prone le 29e novembre 1693.

Le mesme évèque se proposa de rédiger tous ses statuts susdits en un mesme volume et sous différents chapitres et il en fit un mandement le 3e janvier 1695. Il forma la résolution de les faire notifier au prochain synode. La veille, il les communiqua à ses doyens et le jour du synode de 1695 ayant voulu les faire publier, il s'éleva un si grand bruit et il se fit tant de tumulte que le synode fut obligé de se séparer sans rien faire et depuis ny luy ny ses successeurs n'ont assemblé aucun synode (1).

Le 2e septembre 1626, l'évèque Camus, par son ordonnance à ses doyens, déclare qu'il avoit coutume de tenir chaque année deux synodes, comme le moyen le plus puissant de conserver la discipline, mais qu'à cause de la contagion, il n'en tiendra pas au mois de septembre de cette année seulement.

L'évèque D'Aquin a seulement assemblé plusieurs Calendes (2) composées d'un ou plusieurs doyennez.

Dans les synodes, les doyens estoint en étolles et assis autour d'une table. Les autres bénéficiers sans etolle.

Dans les Calendes, tous les Curez avoint leurs étolles.

En 1704, il y eut une Calende à Alençon. Les Curez dinèrent ensemble avec Monseigneur. Chaque Curé donna 15 s. pour son diner.

DES CONFÉRENCES DU DIOCÈSE

Elles furent ordonnées par les statuts synodaux en 1674. On en establit dans le diocèse, on en mit à Alençon. Le Curé ne voulut

---

(1) Mathurin Savary a publié, à la date du 3 janvier 1695, un extrait de ses mandements et de ses synodes (D. Bessin. *Concilia Rotomagensis provinciæ, pars posterior*, p. 454).

(2) Calende se dit quelquefois pour les conférences que les Curés et les prêtres faisaient au commencement de chaque mois sur leurs devoirs (*Dict. de Trévoux*).

pas qu'on en tint dans ses églises. Dans l'accommodement avec l'évèque Forcoal pour les statuts synodaux, le Curé représenta qu'il ne pouvoit pas y en avoir dans ses églises. L'Evêque y consentit indirectement.

L'évèque Savary les renouvela en 1693. On faisoit sur cela des imprimez et en ce temps-la, on les tenoit pour les prestres d'Alençon dans l'église paroissialle.

En 1698, on forma un nouveau dessein pour les dites conférences. Ce fut le Curé d'Alençon qui en fut l'autheur. Elles n'ont subsisté que pendant la vie de M. Savary.

L'évèque D'Aquin, en 1699, tenta de renouer les conférences. Il fit une lettre circulaire où il fit connoitre son dessein avec des avis sur les matières et les manières.

Enfin en 1708, il fit une lettre pastoralle très longue pour les establir dans son diocèse et fixer les moyens de les rendre utiles.

Les conditions qu'il demandoit estoint si onéreuses que peu de gens voulurent s'y assujetir. Il demandoit en particulier que chacun donna son avis par écrit pour le luy estre envoyé. Il vouloit qu'on n'admit aux dites conférences que ceux qui luy estoint agréables. Il ne jugea pas à propos d'en establir dans Alençon, à cause des troubles sur la doctrine, qui troubloint la paroisse dans ce temps là dont on parlera ensuite. Elles finirent bientôt ensuitte dans tout le diocèse et ne firent aucun progrez ny aucun profit.

L'évèque Turgot a tenté plusieurs fois de les recommencer, mais les troubles de l'église l'ont empesché d'y travailler sérieusement jusqu'à cette année 1720.

DES DOYENS RURAUX D'ALENÇON

Il paroit que le sieur Thuaudière, curé d'Alençon, estoit doyen rural. Depuis luy, aucun de ses successeurs ne l'a esté que M. P. Chenard, qui en receut la commission en 1685 des grands vicaires, le siège estant vacant ; mais en 1687, il fit signifier aux dits grands vicaires qu'il ne pretendoit plus estre doyen. Ce qui arriva.

En 1695, l'Evêque en donna la commission au curé Belard ; mais en 1705 ou 1706, l'évèque d'Aquin, à cause des brouilleries qu'il eut avec luy, dont il sera parlé cy-dessous, en donna la commission à un autre sans luy en rien dire, ny luy en faire rien signifier. Le Curé ne s'en aperçeut pas; aussy en faisoit-il peu les fonctions et n'en prenoit le nom que très rarement. Et depuis ce temps-la, le Curé d'Alençon n'a pas esté doyen et ne la pas voulu estre.

Il paroit par une lettre de l'évèque Camus, sans date, au sieur Curé d'Alençon et doyen Tuaudière que le Curé demandoit 20 l. aux héritiers du Curé de Forges pour ses droits de doyen, apparemment pour les droits d'inhumation du dit Curé de Forges. L'Evèque luy écrit de se contenter de 12 l. qui est la somme ordinaire.

DIFFÉRENTES ORDONNANCES DU DIOCÈSE DE SÉEZ

L'usage des œufs a varié selon les temps et les besoins.

En 1687, on permet l'usage des œufs pendant le caresme, excepté les vendredy et samedy, et on excepte aussy le village de Courteilles.

En 1693, l'évèque Savary permet aux gens de guerre, les estaffiers (1) et ceux qui les logent pendant le caresme l'usage de la viande excepté les mercredy, vendredy et samedy et toute la semaine sainte pendant laquelle les œufs sont permis.

En 1697, la mesme permission fut accordée.

En 1708, l'évèque d'Aquin permet l'usage des œufs jusqu'au samedy précedent le dimanche de la Passion, pour un repas seulement, à l'exception des mercredy, vendredy et samedy. Il est permis aux troupes l'usage de la viande une fois par jour à l'exception des mercredy, vendredy et samedy et les deux dernières semaines. On accorde la mesme permission à leurs hostes. Item aux prisonniers de guerre.

En 1709, on continue la mesme permission et on la prolonge pendant la semaine de la passion.

En 1710, on accorde la mesme permission à l'exception des hostes.

(1) Estaffier. On donne ce nom en Italie à des domestiques qui portent la livrée et qui marchent en manteau, à la différence des laquais qui n'en ont point. (Dict. de Trévoux).

En 1711, on accorde la permission des œufs jusqu'au samedy qui précède la Passion. Idem en 1712.

Dans la suite, on avoit excepté les vendredy. et samedy ; mais en 1720, on a accordé l'usage des œufs jusqu'à la veille du dimanche des Rameaux sans exception. Ce qu'on a fait aussy en 1722, 1723.

En 1695, l'évêque Savary fit avertir les Curez qui n'avoint pas fait leur seminaire de le faire.

En 1712 ou 1713, l'évêque Turgot en fit autant.

En 1718, l'ayant voulu faire à un Curé *appelant*, il en a appelé comme d'abus et l'affaire en est demeurée là.

Le diocèse avait autrefois un missel et un breviaire propre. Cela n'est plus depuis longtemps.

Il paroit un propre du diocèse imprimé en 1616 de l'authorité de l'évêque Camus et du chapitre, par les soins de Gervais Basire, archidiacre du Houlme.

Il paroit par ce propre qu'il y avoit beaucoup de festes entre les ordinaires. Saint Julien, la conversion de saint Paul, saint Mathias, saint Thomas d'Aquin, sainte Opportune, saint Marc, saint Barnabé, sainte Magdeleine, sainte Anne, saint Jacques, la Transfiguration, saint Laurent, saint Barthelemy, l'exaltation de sainte Croix, la Dédicace, saint Mathieu, saint Michel, saint Luc, saint Simon, saint Martin, saint André, la translation de saint Gervais, saint Thomas, les SS. Innocents, tous les patrons des églises. Il y avoit dans ce propre plusieurs saints des autres diocèses, un office propre des SS. Gervais et Prothais et de saint Augustin avec octave.

En 1680, l'évêque Forcoal fit faire un nouveau supplément plus particularisé et plus étendu en quelques choses et moins étendu en d'autres. Et il y a dans ce supplément plusieurs saints qui ne sont pas employez dans l'*ordo* du breviaire et conséquemment dont on ne fait pas l'office.

L'évêque d'Aquin en 1701 a commencé à insérer dans l'*ordo* du breviaire des avertissements qu'il prétendoit avoir force de loy, et a changé dans le dit *ordo* les festes selon son bon plaisir, sans autre mandement ny notification au peuple, variant les dits mandements comme il lui plaisoit mesme quelques fois avec injonction sous peine de censure. Ce que son successeur a suivi au moins quant au changement des festes. Ce qui est contre la bonne discipline, n'y ayant plus rien de fixe dans le diocèse et n'y ayant rien d'ordonné canoniquement, tous ces avertissements estant sans signatures ny sans publications.

Sur le reproche que l'évêque d'Aquin fit en 1706 au Curé d'Alençon dans le scrutin de la Calende qu'il n'exécutoit pas les avertissements de son *ordo*. Le Curé en convint et ajouta qu'il ne les lisoit pas mesme, parce qu'il ne regardoit pas comme une loy ce qui n'en avoit pas la forme et l'Évêque n'insista pas.

DES TRANSPORTS DES CORPS MORTS

Le 26ᵉ juin 1654, le parlement de Normandie a rendu un arrest portant reiglement pour la province entre les Curez et les Réguliers, qui ordonne que le Curé de la paroisse de Saint-Jean de Caen levera les corps des personnes qui auront élu leur sépulture dans les maisons religieuses pour iceux conduire avec son clergé jusqu'au lieu de la représentation, auquel lieu les supérieurs seront tenus de les recevoir aprez que le Curé aura attesté que le deffunct est décédé en la communion de l'église, et ce fait le Curé se retirera après avoir dit le *De Profundis* et le *Libera*, par ce que le luminaire sera partagé par moitié entre les Curez et les religieux et à la Cour deffendu aux supérieurs et religieux des monastères de lever les corps sinon en cas de refus des Curez et aprez sommation à eux faite. Enjoint à tous Curez et religieux de garder et exécuter le présent arrest en tous lieux de cette province......

Le 14ᵉ oct. 1684, la chambre des vacations rendit un arrest, ou aprez avoir *censuré* celuy de 1654, elle deffend aux religieux de changer le lieu ordinaire de la représentation.

Il paroit qu'on a toujours porté les corps en la paroisse avant que de les transporter ailleurs.

Le 19ᵉ octobre 1673, le corps de Mʳᵉ François Fouquet, archevêque de Narbonne, fut transporté en l'église Notre-Dame avant que d'estre inhumé à Sainte-Claire, selon qu'il est écrit sur un journal, et que cela m'a esté attesté par plusieurs prestres et autres personnes (1).

(1) Louis Duval. *Un frère de Nicolas Fouquet, François, archevêque de Narbonne, exilé à Alençon.* — Caen, 1894, br. in-8° de 35 pages, extraite des mémoires de l'Académie nationale des Sciences, Arts et Belles-Lettres de Caen.

Le 25 avril 1685, le corps de M⁰ Jacques de Bienvenu, chapelain des religieuses Notre-Dame, a esté transporté à N⁰-D⁰ avant que d'estre inhumé dans la chapelle de leur monastère.

Le 25 mars 1682, le corps de Mʳᵉ Paul Manjot a esté transporté à Notre-Dame avant que d'estre inhumé dans l'église de l'hospital.

Le 18ᵉ mars 1683, le corps de Jean Choisne a esté transporté à Notre-Dame avant que d'estre inhumé à l'hospital.

Le 22 novembre 1684, le corps de Laurent Bidon a esté transporté en l'église paroissialle de Montsort et ensuite inhumé à Sainte-Claire.

Le 23 novembre 1688, le corps de dame Marie Costard, vefve de M. De Pequeux fut inhumé aux Jésuites aprez avoir esté porté en Notre-Dame.

En 1648, le corps du Curé de Champfleur, mort à Alençon, porté d'abord en l'église Notre-Dame et puis à Champfleur.

1ᵉʳ mars 1681, le corps de feu Marguerite Richer porté en l'église Notre-Dame et puis transporté à Saint-Paul (1).

Le 11 novembre 1681, le corps d'Anne Aleaume porté d'abord à Notre-Dame et puis transporté à Heslou.

Le 22 febvrier 1693, le corps d'Anne de Corechef fut porté d'abord à Notre-Dame et puis transporté à Passé.

Le 10 mars 1694, Nicolas le Tellier porté d'abord à Notre-Dame et puis transporté à Seez.

En 1695, le corps de Marguerite de Beauvais porté d'abord à Notre-Dame et puis à Saint-Paul (2).

Le 17 octobre 1696, le corps de René Mevrel porté à Notre-Dame et puis à Sainte-Claire.

Le 3ᵉ septembre 1711, le corps de Marie de Brossard porté d'abord à Notre-Dame et puis à Sainte-Claire.

Le 19ᵉ janvier 1712, le corps de la dame Hardy, porté d'abord à Saint-Léonard et puis à Sainte-Claire.

(1 et 2) Saint-Paul-le-Vicomte, commune du canton de La Fresnaye (Sarthe). La seigneurie de cette paroisse appartenait à la famille de Beauvais depuis la fin du xv1ᵉ siècle. Marguerite Richer de la Berterie avait épousé, en 1664, Jean de Beauvais, écuyer.

Leur fille, Jeanne-Marguerite de Beauvais, dame de Saint-Paul, décédée à Alençon, sans avoir été mariée, le 7 mai 1695, fut inhumée dans l'église de Saint-Paul. Elle légua soixante livres de rente pour la célébration de la première messe des dimanches et fêtes et pour la tenue des petites écoles de cette paroisse. (Le Paige. *Dist du Maine*. Pesche *Dict. de la Sarthe*).

Le ...... 171., le corps du fils de M. Morel, de la Carbonnière, a d'abord esté porté à Saint-Léonard et puis à Congé (1).

Le ..... 171., le corps de la dame vefve Saint-Martin fut porté d'abord à Saint-Léonard ensuite à Sainte-Claire.

Il y eut double luminaire.

Le 20ᵉ mars 1713, le corps de demoiselle du Repos a d'abord esté porté à Saint-Léonard et ensuite à Sainte-Claire.

Le 10ᵉ août 1686, René Collet, advocat, a esté d'abord porté à Notre-Dame et puis transporté à Sainte-Claire.

Le 18 avril 1689, Pierre le Hayer, procureur du Roy, fut porté d'abord à Notre-Dame et puis à Sainte-Claire.

Le .. fevrier 1715, la demoiselle Sogyer, vefve du dit sieur Collet.

Item, il y eut double luminaire, un qui resta au Curé et qu'on prit à la porte de Sainte-Claire et l'autre qui resta au couvent.

Le 30ᵉ avril 1720, le corps de René Collet porté d'abord à Notre-Dame ou le service fut fait, puis porté à Sainte-Claire. Il y eut double luminaire, le premier resta à la paroisse et fut esteint en sortant et l'autre resta aux religieuses.

Le 25 mars 1722, le corps de Marie Quillet, vefve de M. du Perron, procureur du roy, idem comme René Collet cy-dessus (V. article de Sainte-Claire, p. 165).

A l'égard du luminaire, l'usage a esté différent, le Curé l'a quelque fois partagé avec les religieuses Sainte-Claire comme à la dame Hardy et quelques fois on a fait deux comme à l'inhumation de la demoiselle du Repos et de la demoiselle Collet.

Aprez le changement des districs de Notre-Dame et de Saint-Léonard, le Curé voulut que les corps du distric de Notre-Dame qui devoint estre enterrez à Saint-Léonard fussent d'abord portez à Notre-Dame. Cela fut exécuté le 16 novembre 1680, au sujet de Élisabeth de Valframbert (V. le registre de Notre-Dame au 8ᵉ décembre 1680). Cela fut ainsy ordonné par une sentence des grands vicaires de Séez, en mars 1681. Le Curé mesme faisoit payer double droit, mais dans la transaction de 1682 avec les frères de Charité, il fut convenu que les corps qui décéderoint dans les differents districs de la paroisse seroint portez immédia-

_____

(1) Congé, ancienne paroisse réunie à Valframbert (canton Est d'Alençon). Morel de la Carbonnière, fils d'une demoiselle d'Aché, possédait le fief de Congé, relevant du fief du grand Escures.

tement dans l'église de la paroisse ou ils seroint enterrez. Et en
1692, l'évêque Savary, dans sa visite de Saint-Léonard, ordonna
que ceux qui seront enterrez dans un distric et demeureront
dans l'autre ne payeront pas double droit et qu'il suffira qu'ils
déclarent à leurs confesseurs le lieu où ils voudront estre inhumez. Au quel cas la cire sera partagée et les droits rectoriaux.
Mais quant à ce dernier article, il a esté sans exécution, par ce
que le Curé est maître de ses casuels dans ses églises et en
convient avec ses vicaires.

Aujourd'huy, quand quelqu'un du distric de Notre-Dame veut
estre enterrez à Saint-Léonard ; le droit rectorial de l'inhumation
appartient au Curé et le vicaire de Saint-Léonard n'a que son
assistance ; et quand quelqu'un du distric de Saint-Léonard est
inhumé à Notre-Dame, le vicaire prend le droit rectorial et le
Curé a son assistance, qui est double de celle du vicaire, qui est
double de celle d'un simple prestre.

Quand c'est le vicaire qui fait le convoy, il cède l'étolle à
l'autre vicaire sur le pont du guichet ou changent les districs.

DES SÉPULTURES

En 1660, le 2ᵉ octobre sur la remontrance du promoteur de
l'officialité de Lisieux, il a esté fait un reiglement pour les inhumations, lequel est revestu de toutes les formalitez et a esté lu au
prone. Par lequel il est ordonné :

1° Qu'aux inhumations et services des morts, il sera en liberté
des parents des deffuncts de prendre tel nombre de prestres de
leur paroisse qu'ils aviseront bien estre, dont ils bailleront estat
aux sieurs Curez. Lesquels prestres lorsqu'on sonnera l'appel
seront tenus se rendre dans le chœur de l'église revestus pour en
sortir processionnellement deux à deux précédez de la croix pour
assister le Curé ou vicaire à la levée du corps et le conduire en
chantant sans discontinuer ny quiter le chœur, excepté pour la
célébration des messes de fondation, pour l'administration des
sacrements ou causes raisonnables qui seront reçues par les dits
Curez, ou vicaires en leur absence, à peine de perte de leurs distributions. A quelle fin, le pointeur dressera un *cuilibet* des
prestres qui auront assisté qu'il présentera à son Curé pour
l'arrester.

2° Faisons deffenses à tous prestres de briguer les messes des deffuncts, se charger de les dire, ou faire dire que par l'ordre et direction des dits Curez.

3° Nous ordonnons à tous prestres des dites églises de rendre raison aux Curez des messes qu'ils célèbreront sous peine de suspense.

Le dit reiglement a esté homologué en parlement le 2e octobre 1660.

L'évêque d'Aquin, dans sa visite de 1708, art. 22 de son ordonnance. Ordonnne que quand le clergé ira lever les corps pour leur donner la sépulture, on marchera en ordre de procession deux à deux et, pour éviter toute dissipation, on chantera en allant des repons et prières convenables. Cela s'est executé d'abord et ne s'exécute plus que rarement.

Jusqu'en 1676, les prestres avoint payé comme les autres le droit de leurs sepultures au thresor ; mais en ce témps-là, le Curé, le vicaire de Saint-Léonard, les thrésoriers des deux églises en délibérèrent que les prestres ne payeroint rien pour leurs inhumations.

Mais estant arrivé en décembre suivant le déceds du sieur Gallet, prestre, le sieur Morel, un des thrésoriers, s'opposa à la dite délibération des autres thrésoriers ; laquelle n'a pas lessé d'estre executée jusqu'à présent.

En 1680, un comédien estant mort inopinément à Alençon, le Curé en écrivit à l'évêque Forcoal, qui respondit qu'il falloit le traiter selon la rigueur des canons et luy refuser la sépulture qui n'est due qu'à ceux que l'église ne retranche pas de la communion des fidelles. L'acte est sur les registres le 6e août 1680 qui dit que le deffunct avoit receu l'absolution d'un capucin.

En 1684, le Curé d'Alençon presente requeste au baillif pour demander que les huguenots soint tenus de payer l'inhumation de leurs domestiques.

Il y eut assignation donnée contre le nommé Thouars au dit bailliage. On ne scait pas ce qui fut jugé.

En 1678, S. A. R. Me de Guise ayant reconnu qu'à la sépulture des morts, on faisoit des tentures dans le chœur et dans la nef, ce qui duroit plusieurs jours même pendant les jours solennels, ayant encore remarqué des ceintures de peinture autour des pilliers et dans les chapelles avec des écussons, elle ordonne qu'à l'avenir il ne sera tendu aucune bande de deuil dans le chœur des églises de la ville d'Alençon aux jours des enterremenents et services, qu'on poura seulement faire apposer une tente funèbre autour de la nef et l'y lesser le temps ordinaire et deffend de faire aucunes ceintures de deuil sur la pierre tant des piliers que des chapelles et que celles qui y sont seront effacées et rayées dans quinzaine du jour de la publication. L'ordonnance de S. A. R. subsiste à Notre-Dame et à Saint-Léonard. Elle ne subsiste que pour les chapelles.

Estant décédé en 1696, un nouveau catholique qui avoit fait cy devant abjuration et avoit donné pendant sa maladie des preuves équivoques, fut inhumé par permission des grands vicaires dans le cimetière nocturnement, sans chant, sans lumière et sans aucune cérémonie, mesme sans prestre en surplis au lieu où on a coutume de mettre les enfans morts sans baptesme.

En 1690, le roi créa des charges de deux crieurs dans les villes du royaume. La ville fut obligée de lever les dites charges qui coutèrent 5,050 l. suivant l'arrest du conseil de 1692, à laquelle les thresors des églises d'Alençon furent taxés Moyennant quoy les dites deux charges furent unies et incorporées aux dites deux fabriques. Sur la quelle somme de 5,050 l., celle de N.-D. porta celle de 4,040 l. compris les 2 s. pour livres et celle de Saint-Léonard 1,010 l. compris les 2 s. moyennant quoy les dits thresors jouissent du droit des tentes à l'exclusion de tous autres.

Les droits de sepultures ont varié à Alençon, ils sont à present fixez à 3 l. 10 s. pour les personnes qui ont communié et à 1 l. 15 pour les enfans (1) comme il paroit par l'article des droits rectoriaux dans les 3 l. 10 n'est pas comprise l'assistance du Curé; mais il est difficile de la faire payer. Cet usage est difficile à establir.

Quand on fait une inhumation à Saint-Léonard, les droits rectoriaux sont receus au nom du vicaire, et quand le Curé y est present, il a le double d'un simple vicaire qui a le double d'un simple prestre ; ainsi si le simple prestre a 10 s., le Curé en a 40 (1).

Il y a dans le presbytère des mémoires servant au Curé pour

_____

(1) Les droits du sacriste par l'ordonnance de 1631 sont 10 s. pour son droit et 10 s. pour parer l'autel outre son assistance (Note de Belard).

ses droits d'inhumation depuis le 7e novembre 1626 jusqu'en 1671 qui ne sont pas signez des thesmoins et qui ne produisent que des actes fort imparfaits; encore n'y en a-t-il pas de toutes les inhumations, mais seulement de celles dont il pouvoit estre payé.

Depuis 1671 jusqu'à ce jour 29e avril 1720, il y a des actes de toutes les inhumations dans les formes à Nostre-Dame et pour Saint-Léonard, il y a de simples mémoires depuis 1650 jusqu'en 1667 et depuis 1668 jusqu'à présent, il y a des registres en forme à l'exception d'une année qui est perdue.

L'archevêque de Rouen a fait un mandement le 28e may 1721, contenant un reiglement pour les sépultures dont il fixe la rétribution. Le parlement, en homologuant le dit reiglement à la requisition du procureur général, a ordonné qu'il seroit commun à tout le resort du parlement sauf à estre pourveu par les évêques sur les droits qu'il conviendra payer à la fabrique des églises pour la sépulture. En conséquence de quoy, l'évêque de Séez a fait un mandement le 15 juillet 1721 par lequel il ordonne qu'on enterrera seulement dans les églises les ministres des saints autels et les laïques qui y sont authorisez par leurs titres ou comme bienfaiteurs de l'église, que dans les villes on donnera à la fabrique 50 l. pour la sepulture dans le cœur, 30 l. dans la nef et dans les paroisses de la campagne 20 l., que les corps qu'on inhumera dans les églises seront enfermez dans un cercueil à vis dans une fosse de 4 pieds et demi de profondeur qu'on repavera sans delay. Le tout a esté publié au prone d'Alençon le dimanche 31 de aoust 1721 et s'execute depuis.

Dans le reiglement fait par l'évêque de Coutances, le 14 janvier 1682, homologué en parlement le 16 janvier 1683. Il est ordonné :

Art. 11. Que les ecclesiastiques deux à deux, avec ordre et suivis du sieur Curé ou vicaire iront aux inhumations pour revenir de mesme.

Art. 12. Que les ecclesiastiques choisis par les particuliers pour dire des trentains ou annuels seront tenus de le faire savoir au sieur Curé.

Art. 16. Qu'il sera choisi un pointeur par le sieur Curé et ecclesiastiques de la dite église, lequel marquera les absences suivant l'ordre qui luy en sera donné par le sieur Curé ou son vicaire.

Art. 18. Ne payera le dit pointeur les ecclesiastiques que con-

formement aux pointage et controlle vu par le sieur Curé
et ne recevra les excuses des absents pour maladies ou autres
causes qu'aprez qu'elles auront esté receues par le sieur Curé ou
son vicaire.

Art. 19. Sera tenu le pointeur venir trouver le sieur Curé
pour arrester ensemble l'honoraire des services et inhumations
et en faire la distribution tous les samedis.

Dans le reiglement fait par les grands vicaires de Séez en
1651, le droit rectorial est fixé à 3 l. 10 s et à 35 s. pour un
enfant, 10 sols pour la messe haute (Il faut observer qu'on ne
donnoit alors que 5 s. pour la rétribution d'une messe basse), au
sacriste pour son droit accoutumé 10 s., pour son assistance 8 s.
et 5 s. pour un enfant, au sacriste pour parer l'autel 10 s., pour
diacre et sous-diacre qui ministreront aux messes hautes, outre
leurs droits d'assistance comme les autres prestres à chacun 2 s.
6 d., pour la semonce aux parents et amis (1) 10 s., au thresor
pour la fourniture des ornements, chappes, chasubles et tuniques
20 s., aux clercs de la dite église à chacun 2 s. 6 d., aux secretains pour la sonnerie ordinaire 10 s., pour la sonnerie extraordinaire coup à coup jour et nuit 2 l., pour le port du biard dans
la ville 2 s., dans le faux bourgs 3 s., pour l'ouverture de la fosse,
façon et pavage 15 s., pour le service de huitain ou trentain, ou
quarantain, au Curé pour ses droits rectoriaux de vigiles à
9 leçons avec laudes et suffrages accoutumez et assistance aux
grandes messes 40 s., pour chaque grande messe 10 s., aux diacre
et sous-diacre 15 d. en outre leur assistance, pour le déchet du
luminaire qui sera représenté à raison de 2 s. 6 d. par torche, à
1 s. 6 d. par cierge, pour les vigiles et autant pour les messes, au
sacriste pour son droit 10 s., pour son assistance 10 s., pour
parer l'autel 10 s., pour la semonce 10 s., au thresor pour les ornements 20 s , pour parer la fosse pendant huit jours 1 s. 3 d. au
sacriste par jour qui en baillera la moitié aux secretains, aux
secretains pour avoir sonné 15 s. et pour la sonnerie extraordinaire 40 s., quand aux prestres qui assisteront aux convois et
services 8 s. comme au sacriste parce qu'il sera libre aux parents
de prendre tel nombre de prestres habituez qu'ils voudront, et à

_____

(1) Semonce, invitation faite dans les formes à des parents ou amis d'assister
une noce, à un enterrement, à quelque cérémonie (*Dict. de Trévoux*).

leur choix pour assister aux enterrements et aux services. Exhortons les Curez d'user de modération dans les dits droits quand il s'agira de personnes peu accommodées et fait deffense de prendre aucune chose des pauvres. Lequel reiglement sera exécuté par provision, sans qu'il puisse faire préjudice lorsqu'il s'agira de personnes d'éminente qualité et de condition plus relevée et de services plus solennels qu'à l'ordinaire. A la charge de confirmer le dit par le dit Curé et Monseigneur l'évêque de Séez. Signé : Du Friche, Basire et Dupré.

DE CEUX DE LA RELIGION PRÉTENDUE RÉFORMÉE

·La ville d'Alençon a esté infectée du Calvinisme dès le commencement de cette hérésie. Ce fut, dit-on, Marguerite de Valois, sœur de François Ier et douairière de Charles IV, duc d'Alençon, qui, vers l'an 1535, amena à Alençon plusieurs de ses principaux domestiques infectez des erreurs de Calvin et de Luther. Ils insinuèrent l'erreur parmy les bourgeois, prestres, magistrats et autres. Entre les prestres, on comte Nicolas Sevrin, vicaire de Nostre-Dame, Thomas du Perche, curé de Saint-Germain, Jean le Sage, curé de Cuissay, etc. .

Les Calvinistes devinrent si puissants qu'ils pillèrent les titres et les ornements des églises, abbatirent les images et se rendirent maîtres de la ville. Le duc François fut obligé de faire en 1573 un reiglement pour remédier à la perte des titres des thrésors et des confréries qui avoint esté perdus dans les troubles.

En 1618, l'Évêque reconnoit dans sa visite que les sacristies des églises estoint dépourveues d'ornements, par ce qu'elles avoint esté pillées par ceux de la R. P. R. ·

En 1560, ils chassèrent les filles de Sainte-Claire de leur monastère, aprez avoir enfoncé leur porte, cassé leur cloche, pillé la maison. Les quelles religieuses furent conduites en la maison d'Aché près d'Alençon par des femmes, les hommes n'osant paroitre. Cela est détaillé dans le chartrier du dit monastère (1).

(1) *Documents historiques relatifs au couvent de Sainte-Claire d'Alençon*, publiés par MM. le docteur Chambay et L. Duval, dans le *Bulletin de la Société historique de l'Orne*, t. II, p. 130.

En ce temps là, ils eurent assez de force pour empescher Lucas Caget, curé d'Alençon, de faire la procession du Saint-Sacrement le jour du sacre. Le vicaire de Saint-Léonard, Robert Collet, soutenu des bouchers de son distric, osa faire la procession dans le jour de l'octave et depuis cela a esté pratiqué dans le distric.

On ne scait alors ou estoit leur temple, ny combien ils avoint de ministres. L'acte de l'expulsion des filles de Sainte-Claire nomme deux ministres Bidard et Poinçon, lequel Poinçon épousa dans le couvent des dites religieuses la vefve du sieur de la Giroudière.

En 1604, au préjudice de l'article 9ᵉ de l'Édit de Nantes, ils firent bastir au milieu de la ville dans des maisons et jardins qu'ils avoint acquis en 1602 proche les monastères de Sainte-Claire et de Nostre-Dame, en l'endroit où est aujourd'huy le grenier à sel (1), un *presche* du consentement des officiers de ville qui estoint de la R. P. R. Cela a subsisté jusqu'en 1662 que les principaux habitants présentèrent requeste à M. Duboulay Favier (2), intendant, aux fins de la destruction du dit temple. Elle fut renvoyée au Conseil. Pour y poursuivre, la ville députa Antoine de la Fournerie, seigneur de la Ferrière, lieutenant particulier, et Mᵉ René Collet, advocat des échevins. Et le 20 aoust 1664 fut ordonné au conseil du roy que le dit temple seroit abbatu aux frais des P. R. dans un mois, la place sur laquelle il estoit construit vendue ; et permit néanmoins aux P. R. d'en faire bastir un autre dans six mois à l'extrémité d'un des faubourgs au lieu qui sera jugé le plus commode par l'intendant, pourveu que ce ne soit pas sur un fond appartenant à l'église.

Dès 1637, les principaux habitants catholiques avoint présenté leur requeste au Conseil pour demander qu'il fut deffendu à ceux de la R. P. R. de faire leur presche et assemblées dans la ville et fauxbourgs et d'enterrer leurs morts au cimetière Saint-Blaise. Les huguenots justifièrent en ce temps-là d'une ordonnance des commissaires nommez pour le maintien des édits de pacification, par laquelle il leur est permis de restablir l'exercice de leur religion dans l'enclos de la ville et de continuer à inhumer leurs

(1) Dans la rue qui porte encore aujourd'hui le nom de la rue du Temple.
(2) Jacques Favier, chevalier, seigneur du Boulay, intendant de la généralité d'Alençon (1643-1666) (L. Duval. *État de la généralité d'Alençon*, p. xvii).

corps dans le cimetière du quel ils usoint. Là quelle ordonnance
est du 22 may 1600. Et ensuite en 1603, le sieur Torigny (1)
ayant deffendu le dit exercice, le conseil donna un arrest la
mesme année par lequel les deffenses du sieur de Torigny sont
levées. Et en 1637, le conseil ordonna que les parties produiront
de nouveau pour y estre fait droit et il ne paroit pas que cela eut
esté jugé jusqu'en 1664, auquel temps les P. R. furent obligez de
démolir leur temple et de faire bastir un autre au bout du faux
bourg de Lancrel.

A l'égard du cimetière, ils s'estoint maintenus en possession de
la moitié de celuy de Saint-Blaise, depuis le grand ormeau qui
estoit au milieu ; mais en la dite année 1637, par arrest du
Conseil, il leur fut deffendu d'enterrer leurs morts dans le dit
cimetière et permis de convertir en cimetière le grand jardin à
eux appartenant sis dans le mesme fauxbourg, ou qu'il leur
seroit assigné autre lieu par l'intendant. Et dès lors, ils establi-
rent leur cimetière au lieu ou demeure aujourd'huy Bidard.
Mais comme le dit lieu n'estoit pas suffisant, les P. R. présentèrent requeste au baillif d'Alençon pour demander qu'il leur fut
permis d'establir un nouveau cimetière dans un jardin qu'ils
avoint acheté entre la porte de Séez et celle de Lancrel. Le 23
juillet 1640 et aprez plusieurs formalitez, cela leur a eté permis et a
subsisté jusqu'à la destruction de leur temple dans un lieu qui
est apresent dans la dépendance de la maison de M. l'intendant
et fut acquis par S. A. R. Mᵉ de Guise sur le cours.

En 1681, le nommé la Conseillère (2), ministre d'Alençon,
ayant avancé dans son presche des discours téméraires contre la
religion catholique en présence de catholiques qui y estoint dans
le banc destiné à cet effect suivant les édits du roy et spécialement en présence du P. Hyerotée, capucin prédicateur de la
dominicale qui se récria publiquement contre la témérité du
ministre, le procureur du roy en présenta sa requeste à M. de
Morangis (3), alors intendant, qui commit le lieutenant général

---

(1) Charles, sire de Matignon et de Lesparre, comte de Thorigni; de Gacé et de
Selles, marquis de Lonrai, etc., lieutenant général de la province de Normandie
(*Dict. de Moreri*).

(2) Pierre de Méhérenc, écuyer, sieur de la Conseillère.

(3) Antoine Barillon de Morangis, seigneur de Louans et de Marigni, intendant
de la généralité d'Alençon de 1677 à 1682 (J. Duval. *État de la généralité d'Alençon
sous Louis XIV*, p. XLVIII).

pour en faire l'information. L'information faite fut envoyée à
S. M. suivant l'arrest du conseil rendu à cet effect pour les
violences commises par ceux de la R. P. R. et l'affaire renvoyée
au lieutenant général pour le jugement du dit de la Conseillère,
lequel aprez avoir esté ajourné et interrogé, il fut jugé que le dit
la Conseillère, ministre, est duement atteint et convaincu d'avoir
tenu des discours pleins d'emportements, contraires aux édits et
déclaration du roy, tendant à sédition et émotion populaire, pour
punition et réparation de quoy, condamné à 100° l. d'amende
envers le roy, interdit de faire aucunes fonctions de ministre
dans l'étendue du royaume... Le conseil, sur les informations
qui luy avoint esté envoyées avoit desja ordonné que le dit la
Conseillère reconnoîtroit que les propositions par luy faites concernant le pape et S. M. avoint esté témérairement avancées,
deffendu de se servir de pareils discours et cependant ordre de se
rendre incessamment en la ville de Nantes (1). Cela fut exécuté.
Il passa ensuitte dans les pays étrangers (2).

En 1666, le procureur du roy presente sa requeste à M. de
Marle, intendant, par laquelle il remontre que les P. R., sous prétexte d'aumosnes volontaires, levent des deniers pour la subsistance
des ministres et frais des synodes, ce qui peut dégénérer en de
grands abus, pour quoy requiert que conformément aux édits,
déclarations et arrest, deffenses leur soint faites de faire aucunes
levées pour la subsistance de leurs ministres et frais de synodes,
sinon en presence du lieutenant général pour demeurer devers
luy un estat de la dite levée et en estre envoyé coppie à S. M. Et,

(1) « La Conseillère, dit Élie Benoist, fit imprimer son sermon à Nantes avec
« une préface qui contenait ses justifications et qui mettait en beau jour l'injustice
« qu'on lui avait faite. »
Cependant un synode provincial tenu à Alençon même le 5 juillet 1678, et dont
Benoist fut le secrétaire, infligea un blâme au ministre et au consistoire. Le sieur
de Colleville, commissaire du roi, délégué au synode, le rapporte en ces termes :
« La compagnie ayant pris de nouveau connaissance de l'affaire du sieur de la
« Conseillère, conformément à l'arrêté du dernier synode, s'est contenté de la
« peine qu'on lui avait donnée et l'a confirmé dans l'exercice de son ministère,
« après lui avoir fait des remontrances et des exhortations. Et le consistoire
« d'Alençon a été censuré de ce qu'il n'avait pas pris l'advis des principales églises
« de la Province pour savoir comment il se falloit conduire dans une affaire de
« cette importance » (Paul Pascal. Élie Benoist et l'église reformée d'Alençon,
p. 44).
(2) La Conseillère se retira en Allemagne, puis en Hollande et mourut à Ham-
bourg, pasteur de l'église française (Paul Pascal, p. 67).

par ce que depuis dix ans ils ont fait de grandes levées, ordonne qu'ils en représenteront l'estat et employ pour estre communiqué au procureur du roy et leur fait aussy deffenses de s'assembler en corps pour aller saluer les personnes de qualité, leur estant deffendu par arrest du Conseil. L'intendant fit appeler les *anciens* de la dite Religion pour respondre sur les fins de la dite requeste. Les P. R. respondirent, le procureur du roy repliqua et les P. R. riposterent. On ne scait pas ce qui fut jugé.

Le 21 aoust 1684, le roy donna une déclaration au sujet des biens des consistoires, en consequence de la quelle l'administrateur de l'hospital fit assigner les ministres et *anciens* de la R. P. R. pour représenter les registres, comtes et autres titres du consistoire par devant le baillif (1). Il y eut sur cela de longs verbaux, aprez lesquels intervint sentence le 9e octobre 1684, par laquelle les *anciens* du consistoire sont contraints par corps de donner communication aux administrateurs de l'hospital en présence du baillif des comtes, pièces et titres dont ils doivent estre saisis et au payement de la somme de 500 l. d'amende applicable au dit hospital, et jusqu'à ce qu'ils ayent satisfait, l'exercice de la dite religion déclaré suspendu et à eux fait deffenses de faire le dit exercice, ny de s'assembler sous les peines portées. Laquelle sentence sera exécutée sans préjudice de l'appel.

En janvier 1686, le procureur du roy fit publier monitoires contre les P. R. qui vendoint leurs meubles ou les achetoint. Item contre ceux qui cachoint leurs enfans pour les faire passer ensuite dans les pays étrangers. Item contre ceux des P. R. qui faisoint des assemblées de religion.

En 1687, il est ordonné par le lieutenant général à la requeste du procureur du roy aux medecins, apoticaires et chirurgiens de donner avis au Curé de la maladie des cy-devant P. R. à peine de 500 l. d'amende et d'interdiction en cas de recidive.

En 1698, en exécution des déclarations du roy, on obligea les *nouveaux réunis* d'envoyer les enfans aux catéchismes de la paroisse et, comme ils y manquèrent, l'intendant Pomereu, sur le mémoire du Curé, condamnoit leurs pères et mères à 5 s.

_____

(1) Sur les biens des consistoires, le roy a accordé à la communauté de l'Union chrétienne 500 l. de rente pour avoir une maison. Le reste a esté pour l'hospital (Note de Belard).

d'amende par chaque fois, et on mettoit au nombre de ces enfans ceux qui n'avoint pas 20 ans. L'argent des amendes estoit ramassé par le garde de l'intendant qui en avoit une partie pour sa peine et le reste estoit remis au Curé pour ses pauvres.

En 1620, en conséquence des ordres receues de Monseigneur le marquis de la Vrillière et de M. le procureur général, on a fait l'avertissement au prone pour l'instruction des enfans des *nouveaux réunis*, avec menace d'amende. On en a fait plusieurs autres cy-devant qui n'ont pas eu d'effect.

Quand le temple a esté détruit en 1685, il y avoit alors à Alençon trois ministres (1) qui avoint chacun 800 l.

Les actes des abjurations, qu'ils firent pour la plus part en 1685, sont partie entre les mains des Jésuites, et l'autre dans les papiers de la Cure.

Il y a encore aprésent à Alençon environ 200 personnes qui professent secrètement la R. P. R. tant grandes que petites en 1724.

Le 25 juin 1720 a esté rendu arrest au parlement de Roüen entre les héritiers de Pierre Duval, *nouveau catholique* et Olivier Duval. Pierre Duval d'Alençon avoit épousé Marguerite Boulay en la paroisse de la Haye contre les ordonnances. Et de ce mariage sont sortis trois enfans baptisez à Alençon comme issus de gens se disant mariez. Aprez la mort du dit Duval, Ollivier, son père, appela comme d'abus de son mariage. Sur quoy le parlement, sans toucher au fond du mariage, a déclaré le dit Olivier non recevable, condamné à l'amende et aux dépens.

Des biens des fugitifs mis en *regie*, le roy veut qu'il en soit donné le tiers aux généralités selon les comtes qui sont arrestez, pour estre distribuez aux pauvres *nouveaux catholiques*, sur l'estat envoyé au Conseil par les intendants et arresté par le Conseil. Cela s'exécute très mal aprésent et, depuis 1720 qu'on receut des billets de banque qui ne valoint plus rien, on n'a pu rien recevoir. Ce 25 aoust 1724.

_____

(1) Le Sauvage, de Brais, Élie Benoist, l'auteur de l'*Histoire de l'Édit de Nante et de sa révocation en* 1685 (Paul Pascal, *op. cit.*).

DES JANSENISTES

Il y a longtemps qu'on a soupçonné la ville d'Alençon d'avoir des partisans de Jansenius. Le premier qu'on scait qui en a esté accusé est le sieur Jean Lenoir, originaire d'Alençon, né en 1622, prestre habitué, et ensuite Théologal de Séez, dont le nom et la conduite ont esté connus dans la suite, dont les écrits ont esté proscrits et bruslez et la personne condamnée, exilée et enfermée dans le château de la ville de Nantes ou il est mort en 1692.

Il fit un sermon à Alençon en 1650 aux religieuses Nostre-Dame, ou il avoit une sœur, sur la prédestination des saints le our de la feste de tous les Saints, qui fit beaucoup de bruit ; on en prit occasion de le décrier et d'en médire, et cela l'obligea d'avoir un monitoire pour avoir révélation de ceux qui alloint par les maisons publier qu'il *avoit presché des nouveautez, des hérésies, etc., et que tous les prestres de la ville estoint des hérétiques qu'ils s'assembloint comme avoint fait Luther et Calvin.* Ce monitoire fut adressé au vicaire de Saint-Léonard pour la récusation du Curé de Nostre-Dame. On ne scait pas qu'elles en furent les suites. Il fit imprimer sa prédication. L'histoire du jansenisme, imprimée à Amsterdam en 1700, tom. I, p. 406, dit qu'il la donna à examiner à douze docteurs de Sorbonne qui l'approuvèrent avec éloge. Ce sermon imprimé avoit une préface adressée au clergé d'Alençon et avoit pour titre : La sainteté des saints prise dans sa source qui est la prédestination.

La mesme histoire dit que le P. Noüet, recteur des Jésuites, qui avoit auparavant décrié ce sermon, lui donna ensuite mille oüanges. Quoiqu'il en soit, il protestoit hautement n'avoir jamais lu le livre de Jansenius et d'avoir signé quatre fois le formulaire.

En ce mesme temps, il y avoit plusieurs autres prestres à Alençon soupçonnez des mesmes erreurs dont un appelé Quillel, habitué à Saint-Léonard, prieur ou chapelain de Saint-Gilles, fut enfermé à la Bastille, un autre appelé N. Fierabras, aussy habitué à Saint-Léonard, qui enseignoit la théologie aux clercs. Lesquels prestres communiquèrent leurs sentiments à d'autres et les perpetuèrent.

Entre ceux-la, M° Jean Hebert a fait plus de bruit et a. donné occasion à plus de scandales. Il estoit né à Alençon, en 1652, de parents d'une fortune médiocre, il y fit ses estudes au college, ou il fit peu de progrez. Il les quita aprez sa rhétorique pour apprendre la chirurgie ; mais, s'estant dégouté d'une profession contraire à son inclination et à ses dispositions, il forma le dessein d'entrer dans l'estat ecclesiastique. Comme il avoit une physionomie heureuse, des mœurs innocentes et une énonciation douce et aisée, les gens du party cherchèrent à le gaigner à eux et luy insinuèrent les éléments du Jansenisme. On l'envoya d'abord à Caën ou il estudia sa philosophie sous M. Cally, célèbre cartésien, et ensuite il alla à Paris ou il eut de fréquentes conférences avec M. Lenoir, alors caché et deguisé à Paris, et avec M. Bourdin, chanoine de Seez, compagnon de fortune du dit Lenoir et depuis enfermé à la Bastille et exilé à Angoulesme.

Et comme Hebert preferoit ces conférences et des estudes particulières, à un cours de théologie en Sorbonne, qu'il négligeoit la scolastique, dont on luy avoit donné du degout, qu'il n'avoit fait sa phylosophie qu'imparfaitement, son estude fut sans solidité et sans principes, se contentant de lire quelques traitez des pères de l'église surtout sur la matière de la grace, et quelques ouvrages sur la discipline ancienne dont il estoit zélé défenseur. Estant fait prestre, on luy procura une condition de vicaire en la paroisse d'Aluain, diocèse de Beauvais, chez un curé partisant des nouveautez ou il demeura jusqu'à ce qu'il fut arreté avec le Curé pour estre conduits à la Bastille ou il resta quatorze mois et fut renvoyé à Alençon avec deffenses d'en sortir et d'y faire aucunes fonctions publiques. Ce qu'il exécuta jusqu'en 1694.

Ce fut en ce temps-là que l'évèque Savary, voulant l'employer à travailler dans le diocèse, luy fit proposer de signer le formulaire, ce qu'il refusa, aimant mieux demeurer sans rien faire ; cependant cette recherche de l'Évèque le rendit plus hardy et il commença des lors à s'insinuer et à faire connoitre ses sentiments avec moins de ménagement, estant surtout apuyé de l'authorité du sieur Granger, son amy et homme suspect, qui, de simple prestre habitué en la succursalle de Saint-Léonard, estoit devenu grand archidiacre, grand vicaire et official à Séez.

L'évèque d'Aquin, qui succéda à Savary, se lessa surprendre

par le dit Hebert, il en gaigna la confiance et l'Évèque devint
son protecteur et de ceux qui suivoint ses sentiments. Il le fit
prescher et confesser, et Hebert abusant de ses pouvoirs ne pouvoit s'empescher de faire connoitre ses sentiments. Il devint
mesme comme le maitre des jeunes clercs, il les appeloit à ses
instructions, et c'estoit assez qu'ils fussent presentez par luy pour
estre receus aux ordres. Ces clercs instruits par un mauvais
maitre, respandoint par tout jusque dans les cathechismes les
mauvaises maximes qu'il leur avoit apprises, de manière que le
mal croissoit et seroit devenu encore plus considérable dans la
suite, si 'e curé d'Alençon n'eut travaillé à l'éteindre par ce que
Hebert avoit des relations avec tous les gens du party que l'Évèque avoit introduits dans le diocèse et qui s'y trouvoint placez à
Séez, à Mortagne, à Damigny et aillieurs. Outre que le dit
Hébert estoit soutenu à Alençon par la plus part des autres prestres qui le regardoint comme leur chef et leur appuy.

En 1704, le Curé, ayant ramassé auparavant des preuves
convaincantes des mauvais sentiments de Hebert, de ses partisans et de ses disciples, le dénonça hardiment à l'Évèque et luy
promit de luy fournir des thesmoins et des preuves qui le con-
vaincroint du péril ou son diocèse estoit exposé. L'Évèque en fut
surpris et y consentit. Et comme le Curé preparoit sa dénonciation en forme, l'Évèque en ayant averti Hébert, il prevint le
Curé et le fit assigner en réparation de ce qu'il avoit dit à
l'Évèque et cependant chercha des amis auprez du Curé pour
appaiser l'affaire, mais le Curé ayant fait entendre plusieurs
thesmoins et ayant demandé estat au procez avant d'en faire
entendre d'autres, l'official nommé Dumesnil, qui estoit grand
vicaire et grand archidiacre, mit en decret le dit Hebert et
Manson, clerc, son disciple, et cinq en ajournement personnel
scavoir : Quillel, chapelain de Saint-Gilles, nepveu de celuy qui
avoit esté cy-devant à la Bastille, et prestre de Saint-Léonard,
Morel, curé dans le diocese de Bayeux, Lemerant, diacre, Gautier, diacre, et Godichon, clerc.

Quand l'Évèque eut veu cette sentence, il la retira du greffe
avant quelle fut délivrée, déclara au Curé qu'il rendroit justice et
que c'estoit son affaire. La justice qu'il vouloit rendre estoit
d'obliger Hebert à faire quelque satisfaction au Curé et d'assou-
pir l'affaire. Il fit beaucoup de mouvements pour cela. Ilemploya

promesses et menaces. L'intendant d'Angervilliers (1) fut engagé
d'en parler au Curé ; mais il tint bon et persevera à demander
justice c'est-à-dire la conviction, la condamnation et retractation
de Hebert.

Cette affaire faisoit du bruit à Paris, à la cour et dans les
diocèses voisins. Le P. de la Chaise, les évêques de Chartres, de
Bayeux et du Mans (2) prirent le party du Curé et le soutinrent
par leurs lettres ; mais cela n'empescha pas que le Curé n'eut à
soutenir une rude persécution de la part de l'Évêque, qui n'ou-
blia rien pour le chagriner et pour le perdre; par ce qu'il conce-
voit que la preuve de la dénonciation et le jugement canonique
de cette affaire retomboint sur luy, d'autant qu'il estoit le protecteur de Hebert, qu'il estoit mesme impliqué dans les dépositions
comme approuvant ses sentiments et qu'il avoit à essuyer sur
cela les reproches des évêques, du P. de la Chaise et autres qui
blamoint sa conduite. Le Curé, aprez avoir attendu longtemps
que l'Évêque donna un jugement par un nouvel official nommé
Got, qu'il avoit establi conforme à ses sentiments, fit plusieurs
sommations en denis de justice à l'officialité par lesquelles il
demandoit la suite de l'instruction de sa dénontiation par laquelle
il vouloit faire demeurer constant que le dit Hebert estoit un
janseniste effectif. L'official ne respondit pas, l'Évêque se contenta
de faire faire à Hebert une confession de foy qu'il fit imprimer et
envoya partout. Cette confession de foy luy couta, comme il se
piquoit de sincérité, il eut de la peine à dire qu'il croyoit sur les
propositions, ce qu'il n'avoit pas cru et ce qu'il ne croyoit pas ;
mais la veüe du decret dont l'Évêque l'intimida l'obligea à
signer.

Cette confession de foy ne contenta pas la Cour, on vouloit un
jugement, et au défaut de l'official aprez les sommations ordinaires, on auroit pris d'autres mesures. L'Évêque en fut averti ;
pour les arrester, il fit venir le Curé, le traita humainement et
luy dit qu'il estoit las du bruit que faisoit cette affaire et des
reproches qu'elle lui attiroit, qu'il vouloit la finir et que le Curé

(1) Nicolas-Prosper Bavyn, chevalier, seigneur d'Angervilliers, intendant de la
généralité d'Alençon, de 1702 à 1705 (O. Desros. *Mém. hist.*, t. II. p. 454).

(2) Godet des Marais, évêque de Chartres (1690-1709). François II de Nesmond,
évêque de Bayeux (1661-1715). Louis de la Vergne de Montenar de Tressan, évêque
du Mans (1671-1712).

pouvoit luy indiquer un autre official et un autre promoteur. Le Curé respondit qu'il ne vouloit point d'autres que ceux qui estoint en place, et quoiqu'on luy promit de finir, il n'en fut rien. Mais la Cour, lasse de tous ces délais et de ces défaites, chargea M. D'Argenson (1), lieutenant général et de police et à présent garde des sceaux, de cette affaire. Il se fit donner des mémoires sur tout, il vit les preuves. Il en informa S. M. qui jugea à propos d'exiler Hebert à Gap en 1706, fit sortir de la maison des nouveaux catholiques le nommé Le Senne de la Cretionière, que l'Évêque en avoit fait supérieur, obligea l'Évêque de renvoyer son secretaire nommé la Guepierre, et de se transporter à Alençon pour y assembler les prestres et les menacer de la part du roy d'un traitement semblable s'ils suivoint les sentiments de Hebert. Le Curé s'estoit toujours opposé à l'exil de Hebert, il eut mieux aimé le convaincre en justice, mais son exil finit la procédure, car il mourut à Gap, en janv. 1707.

Son exil consterna ses partisans et ses disciples. Le sieur Joly, théologal de Séez, un des quarante docteurs qui avoint signé le cas de conscience, abandonna sa théologale. L'Évêque promit de n'ordonner aucun des disciples de Hebert. Le nommé Lemerant, diacre, fit une rétractation publique avec quelques jours de séminaire. sans pouvoir recevoir les ordres (Il les a receus depuis à Paris sous le titre d'une cure). Le nommé Godichon, clerc, quitta l'estat ecclesiastique et s'est marié. Le nommé Manson persevera dans la cléricature. Et aprez bien des années et des épreuves, l'évêque Turgot la fait prestre à la requisition du Curé. Le sieur Morel, curé dans le diocèse de Bayeux et originaire d'Alençon, a esté interdit verballement de toutes fonctions dans ce diocèse. Le sieur Quillel le quitta par un bénéfice cure dans celuy du Mans et l'Évêque luy donna son visa sans le connoitre.

Hebert avoit un autre disciple aussy coupable mais plus circonspect, nommé Abraham Le Marié, *nouveau catholique*. Il n'avoit pas caché ses sentiments au sieur Ruel, prestre, qui le dénonça au grand archidiacre, lors de l'ordination ; mais comme

---

(1) Marc-René de Voyer de Paulmy, marquis d'Argenson, lieutenant général de police de la ville, prévôté et vicomté de Paris, le 29 janvier 1697, devint garde des sceaux de France le 28 janvier 1718 (Beauchet Filleau. *Dict. des familles de l'ancien Poitou*, t. II, p. 828).

il n'y avoit pas assez de preuves pour procéder juridiquement, l'Évêque ne laissa pas de l'ordonner prestre, et il a toujours esté attaché à Hebert. Aprez sa mort, il dissimula et contrefit l'homme de bonne doctrine. Il chercha à en persuader le Curé et par luy, l'évêque Turgot. L'Évêque, qui le connoissoit d'ailleurs, n'a pas voulu s'y fier et avec raison, car la mort de Louis XIV estant arrivée et ayant espérance que le party se releveroit, il recommença à parler comme auparavant et l'affaire de la *constitution* estant survenue, quoique du vivant du roy, il l'eut reçue nommément par un acte singulier et authentique, le roy estant mort, il en a appelé au concile, et s'estant uni aux six ou sept autres appelant du diocèse, il estoit le promoteur de cet appel aux environs d'Alençon, quoique personne ne voulut y suivre son exemple, qu'un nommé Choisne, advocat, homme étourdy et sans jugement et sans aucune science ecclésiastique, qui signa cet appel pour se faire des protecteurs à Paris dans des affaires qu'il y avoit. C'est tout ce qui s'est passé jusqu'à ce jour 26 avril 1720. Il y en a une plus ample description dans les papiers de la Cure.

JEU DU PAPEGAUT

En 1602, Henry IV, roy de France, establit à Alençon et confirme le jeu et exercice du Papegault accordé par le duc d'Anjou et d'Alençon, cy-devant pour donner occasion d'employer honnestement les jours de festes et de loisir et arrêter les occasions de débauches et rendre les jeunes gens propres, habiles et expérimentez aux armes et à tirer de l'arquebuse. Pour quoy S. M. accorde à celuy qui abatroit le Papegaut, outre l'honneur du nom de Roy, du dit jeu, plusieurs exemptions semblables à celles des villes frontières. Et pour cela accorde de tirer avec l'arquebuse les dimanches et festes du mois de may, sans divertissement du service divin, au quel jour celuy des habitants qui abatra le Papegaut en sera appelé le Roy un an durant, pendant lequel temps, il sera quitte de la contribution aux tailles, aides, subventions, subsides ordinaires et extraordinaires et autres impositions mises et à mettre, à condition que ce qu'il auroit porté des dites contributions sera égalé sur le surplus des habitants et qu'il ne poura céder ny transporter ses droits et privilèges à autres qu'à ceux du dit jeu et pourveu aussy que les armes dont il aura abbatu le Papegaut soint à luy. Et pour donner quelqu'ordre au fait du dit jeu voulons que tous ceux qui s'y voudront exercer soint tenus de bailler leur nom par écrit et seront tenus de jurer l'observance des reiglements qui seront sur ce fait tous les quels seront commandez par le dit Roy du Papegaut, qui poura à cet effect faire sonner le tambour par la ville pour les assembler et conduire au lieu du dit jeu. Et permettons aux dits de faire de commun accord les loix et ordonnances qu'ils jugeront utiles et necessaires, qui seront homologuées par nous ou nostre bailli d'Alençon (1).

ORDONNANCE CONTRE LES JUREURS

En 1529, Henri, roy de Navarre, duc d'Alençon, reconnaissant que les malheurs arrivent de qu'on ne tient pas la main à l'exécution des ordonnances faites par ses prédécesseurs contre les jureurs et blasphémateurs ordonne que les dits jureurs seront punis.

La 1re fois d'une amende à la discretion des juges.
La 2e d'une amende trois fois plus grande.
La 3e du carcan en un jour de feste ou de marché.
La 4e d'avoir la lèvre superieure fendue sur un échafaud.
La 5e d'avoir la lèvre inferieure aussy fendue.
La 6e d'avoir la langue coupée.

REIGLES DES JÉSUITES

Regulæ præpositi : de auxilio animarum, ch. 4, n° 47.
Non permittat ut nostri curam mulierum religiosarum et aliarum quarumcumque suscipiant, ut ordinarie illarum

(1) Les archives municipales d'Alençon renferment un dossier relatif au jeu du Papegaut, les lettres-patentes de François, duc d'Alençon, février 1579, *les ordonnances pour tirer au papegault de l'harquebouze*, 10 mai 1580, règlement suivi de la signature des *harquebouziers* admis à prêter serment, les lettres-patentes de Henri IV, novembre 1602, etc.

confessiones suscipiant, ut ipsas regant, quamvis nihil repugnet aliquando apud cas concionari, aut semel unius monasterii speciales confessiones ob causas audire ; quod tamen non fiet ni postulent ii qui eis præsunt.

Ch. 7. De communicatione cum externis, nº 72.

Mulieres invisere aut ad eas scribere, nisi in necessitate aut cum spe magni fructus nostros non sinat, nec hoc permittat, nisi viris valde probatis et prudentibus.

Nº 73. Non permittat feminas domum nostram ingredi.

Regulæ sacerdotum, num. 16. In audiendis confessionibus, feminarum severos potiùs se quàm familiares exhibeant...

Nº 17, eos qui crebrius confitentur breviter expediant (præsertim feminas), nec de rebus ad confessionem non pertinentibus in confessione loquantur ; extra confessionem vero, si oportebit eas alloqui, longum sermonem non misceant et oculos demissos modeste habeant.

Nº 19. Particularem personarum, præsertim feminarum curam non suscipiant.

SUCCURSALE DE BARVILLE

En 1673, le prestre Raguenet s'estant fait pourvoir en cour de Rome de la chapelle de Barville sous le titre de bénéfice cure, perdit son procez aux requestes du palais en 1676 contre le Curé de Saint-Pierre sur Dives dans le territoire duquel est la chapelle de Barville, et la cour renvoya les habitants par devant l'évèque de Seez pour estre pourveu sur la nécessité qu'il y avoit d'establir une paroisse à Barville ; cependant que le Curé y proposeroit un prestre résidant, autrement qu'il y seroit pourveu par l'Évèque.

L'Évèque commet le Curé de Vendeuvre pour faire les intormations sur lesquelles il érige la dite chapelle en paroisse. Contre laquelle sentence les religieux gros décimateurs se pourvoyent par abus et intervient arrest le 6 febv. 1681, par lequel la Cour délare nulle la sentence de l'Évèque et ordonne qu'il sera mis à Barville un vicaire amovible qui aura 150 l. dont le tiers sera payé par le patron, le tiers par le Curé et le tiers par les paroissiens condamnez aux cout de l'arrest.

ABBAYE DE MONTSORT

En 1635 a commencé l'establissement du monastère de l'abbaye de Montsort par sœur Renée de Vanssai religieuse de l'abbaye de Montmartre sous le titre de Sainte-Genneviefve sous l'entière juridiction de l'évêque du Mans.

Pour faire lequel establissement, dame Genneviefve de Flotté, vefve de Mre Charles de Vanssai (1), donna au dit monastère la somme de 12,000 l. à la charge que la dite dame de Flotté auroit libre entrée et sortie au dit monastère, que la dite sœur Renée de Vanssai demeureroit supérieure sa vie durant et qu'en cas quelle mourut sans résigner avant la dite dame de Flotté, icelle, ou son fils aisné aprez son deceds, auroit le pouvoir de présenter à nommer à M. l'Évêque du Mans pour supérieure au dit monastère, telle religieuse des monastères réformez de l'ordre de Saint-Benoist du diocèse du Mans qu'ils aviseroint.

Et comme la dite sœur de Vanssai consomma en bastimens et heritages acquis, non seulement les 12,000 l. mais encore la dot de trente religieuses reçeues depuis l'establissement dont il n'estoit peu de revenu, en 1655, la dame . (2) donna au dit monastère stipulé par sœur Marie Langlois, supérieure élue, et du consentement de trente religieuses professes, en la présence et du consentement de l'Évêque du Mans (3), la somme de 18,000 l. pour estre icelle employée en rente ou fonds en la présence et du consentement de l'évêque du Mans et de la dite dame donatrice, en attendant lequel employ en payera la dite dame l'interest au denier 18, aux charges et conditions que dames Marie et Gabrielle, filles de la dite donatrice religieuses professes en l'abbaye de la Trinité de Caen de l'ordre de Saint-Benoist, se retireront dans le dit monastère de Montsort pour estre iceluy gouverné par la dite dame donatrice sa vie durant en qualité de supérieure du dit monastère, et aprez elle par la dame sa sœur... en cas qu'elle survive et que la dite dame marquise auroit droit de

(1) Charles de Vanssai était seigneur de Brestel. Le château de Brestel est situé dans la commune de Rouessé-Fontaine, arrondissement de Mamers (Sarthe).

(2) Marie Dauvet, veuve de Jacques Le Comte, marquis de Nonant, lieutenant général au gouvernement de Normandie.

(3) Philibert-Emmanuel de Beaumanoir de Lavardin, évêque du Mans (1648-1671).

prendre la qualité et titre de donatrice reparatrice et deuxième
fondatrice du dit monastère et liberté d'entrer dans iceluy accompagné de deux ou trois femmes ses domestiques, toutes fois
et quant pour y faire séjour et vivre en la communauté aux
dépens d'icelle dame, et poura faire bastir à ses frais dans l'enclos du dit monastère un appartement pour elle et ses domestiques par ce qu'en cas que les dites dames ses deux filles fussent
évincées de la supériorité du dit monastère par arrest contradictoire, en ce cas, elles seront libres de s'en retirer et la dite dame
marquise de repeter la dite somme de 18,000 l. Sur cela, on
consulta les docteurs de Paris en 1672, qui ont esté d'avis que les
contracts cy-dessus devoint estre cassez, annulez comme vicieux
et scandaleux, contenant des clauses simoniaques en plusieurs
circonstances. En conséquence est delibéré, que les religieuses
doivent proceder à l'élection d'une supérieure telle qu'elles jugeront à propos... ce qui a esté exécuté, et néanmoins M⁴ˢ de Rance
ont esté obligez de payer à la dite communauté la dite somme de
18,000 l. en l'année 1718 entre les mains de l'abbesse de Montsort, par ce que cette communauté a esté establie en abbaye à
la nomination du roy.

TESTAMENT DE M. DU MOLAND

Le 9ᵉ décembre 1676, par devant Dagron, notaire au bourg
d'Assé-le-Boisne, Mʳᵉ Jacques du Mesnil, escuyer, seigneur du
Moland (1), etc. et dame Marie Desportes, son épouse, font leur
testament par lequel ils déclarent vouloir estre inhumez dans la
chapelle de Sainte-Barbe de l'église succursalle Saint-Léonard
d'Alençon et veulent qu'aprez leur mort, il soit dit à perpétuité
en la dite chapelle deux messes basses, l'une des deffuncts le
mercredy, et l'autre de la Vierge le samedy sur les 10 heures du
matin... déclarant qu'ils donnent la dite chapelle au sieur Curé
d'Alençon pour par luy estre occupée ou par son vicaire au dit
lieu et les dites messes celebrées par luy, ou tel autre vicaire

(1) Le Moland, ancien fief, aujourd'hui une ferme dans la commune d'Assé-le-
Boisne, arrondissement de Mamers (Sarthe), appartenait au xviiᵉ siècle à la famille
du Mesnil. Voir sur cette famille et sur celle des Portes les recherches historiques
de M.ʳ Moulard, sur la châtellenie et la paroisse d'Assé-le-Boisne.

qu'il aura en la dite église et non autre sinon en cas de maladie ou nécessité de paroisse, et à la fin sera dit le *De Profundis* avec l'oraison par le celebrant....

Dans la quelle chapelle, les dits sieurs Curé ou vicaire y auront leur confessionnal et ne souffriront pas qu'aucun autre y soint enterrez, et en cas qu'ils le souffrissent, revoquent dez à present la donation de la dite chapelle et la présentation des dites messes, et en donne la jouissance à l'hostel Dieu du dit Alençon... pour quoy ils lèguent au thresor de la dite église succursalle la somme de 80 l. de rente annuelle qui sera prise sur tous et chacuns leurs biens et principallement sur la terre du Mesnil. De laquelle somme de 80 l. il sera pris par celuy qui dira les dites deux messes, la somme de 60 l. et les 20 l. restant iront au proffit du thresor, à la charge par les thresoriers d'entretenir la chapelle de couverture, vitrages, pavage, etc.

ARREST DU PARLEMENT DE PARIS EN FAVEUR DES CURÉS

Il a esté rendu au parlement de Paris, le 23 juillet 1707, un arrest en faveur du Curé de Saint-Jacques-de-la-Boucherie de Paris et confirmatif de l'ordonnance de visite de l'archevêque du 1er novembre 1698.

Par lequel arrest. 1°. La sentence du Chatelet du 9e janvier 1706 est confirmée qui ordonnoit que le Curé ne pouvoit dispenser aucun prestre ou clerc d'assister pour les fondations et matines, sinon en cas de légitime empeschement ; et le Curé déchargé de la demande en restitution des deniers receues pour les fondations et offices ou il n'avoit pas assisté aprez la déclaration par luy faite qu'il n'avoit pas de connaissance qu'il eut esté payé aucunes rétributions et que s'il avoit manqué quelquefois à celles pourquoy les rétributions luy estoint dues, c'est qu'il estoit occupé en des occupations plus pressantes concernant son ministère.

Que les marguilliers choisiront par l'avis du bureau assemblé, ou le Curé poura assister, les ecclesiastiques habituez de la paroisse pour exécuter les fondations et faire les cathéchismes.

2e L'arrest du parlement en reformant la sentence du Chatelet ordonne que le Curé pourra assister à toutes les assemblées qui se tiendront pour la fabrique. Il donnera le premier sa voix dans l'assemblée immédiatement avant celuy qui présidera, qui opinera le dernier ; que le Curé y aura la première place et pourra représenter, avant la délibération, ce qu'il trouvera à propos pour le bien de l'Église et de la fabrique par forme de simple proposition ; que le marguillier comtable ne pourra faire de dépense que de l'avis du bureau ordinaire qui se tiendra tous les jeudis ; qu'il ne pourra faire de dépense au-dessus de 300 l. sans l'assemblée généralle qui se tiendra tous les premiers dimanches de chaque mois ; que le Curé et le marguillier comtable auront les deux clefs du chartrier. Le tout sans préjudice de l'exécution de l'ordonnance de l'archevêque.

3° Par cette ordonnance, il est ordonné au clerc d'œuvre et aux chapelains des confreries d'exposer les reliques revetus de surplis et d'étolle, que les bancs de l'église seront uniformes et seront concédez par les sieurs Curé et marguilliers en charge au plus offrant et à vie seulement aprez trois publications.

Les enfans des possesseurs seront préferez et une mesme personne n'en pourra avoir plus d'un ; qu'on ne pourra faire aucun ouvrage dans les charniers, si ce n'est pour l'église au quel cas on en demandera la permission au Curé qui l'accordera selon sa prudence ; qu'un ecclesiastique préposé par les Curé et marguilliers sera présent quand on coupera le pain bénit et veillera à sa distribution, etc. Cet arrest est imprimé à Paris.

Le Roy, par son édit de 1719, ordonne que les religieux pourveus de bénéfices soint tenus dans trois mois de faire en personne leurs déclarations aux greffes des officialitez du diocèse et des bailliages ou ils sont situez, lesquelles contiendront leur demeure actuelle et leur titre de possession, le revenu de leurs bénéfices ; que les dits religieux soint tenus de faire de semblables déclarations toutes les fois qu'ils changeront de résidence ; que toutes collations et provisions, permutations des dits bénéfices ne pourront à l'avenir estre obtenues sans lettres patentes enregistrées dans les parlements. Leur deffendons de se mettre jusqu'à ce en possession et jouissance, et à tous juges d'y avoir égard. Et faute d'avoir fait ce que dessus avons les dits bénéfices déclarez vacants et impétrables, permis aux collateurs et à leur defaut aux archevêques et autres d'y pourvoir.

17

DE LA SUBSISTANCE DES PAUVRES DANS LES ANNÉES CHÈRES

En 1694, on fit une taxe générale sur toute la ville pour la subsistance des pauvres. Il fut fait un rôle qui comprend tous ceux qui doivent payer avec la somme par semaine. Le rôle fut fait par le curé Chenart, par M⁰ˢ de Vilboys, thresorier de France, Fouqueron, conseiller, Pillon, lieutenant de vicomté, et Poulain, procureur du roy de ville et ensuite rendu exécutoire par le lieutenant général, le 13ᵉ febvrier 1694.

Dans ce rôle sont compris tous les exempts et non exempts. Les Jésuites y sont compris pour 30 s.; les filles Nostre-Dame pour 30 s., l'union chretienne pour 10 s., les prestres pour 8 l. Le Curé n'y est pas compris. Il faut observer que, dans le rôle, l'union chrétienne, les prestres et les religieuses Nostre-Dame n'ont rien payé, les Jésuites ont payé en partie. Les thresoriers de France y furent compris comme les autres. Cela dura pendant vingt quatre semaines qui commencèrent au 24 janvier. Les plus riches ne payèrent pas. De cet argent, on distribua du pain aux pauvres. Quand le curé Bélard vint à Alençon en juillet 1694, on luy remit quelques deniers provenant du payement du dit rôle, par ordre de S. A. R. Madame de Guise.

En 1709, le parlement de Rouen donna un arrest portant reiglement pour la nourriture des pauvres, qui ordonne que les pauvres mendiants se retireront dans leur paroisse au plus tard au 20 may. Que dans les villes murées, les Curez, les marguilliers en charge et les plus nobles habitants des paroisses s'assembléront pour pourvoir ainsy qu'ils le jugeront plus à propos à la subsistance de tous ceux de la paroisse qui en auront besoin depuis le 20 may jusqu'au 20 aout. Qu'ils en feront un rôle de la quantité de bled qui sera nécessaire et de ce que chacun des habitants doit contribuer; que dans les autres paroisses, la Communauté sera tenue de s'assembler à l'issue de la messe paroissiale pour nommer quatre personnes notables avec le seigneur, le sindic ou thresorier en charge en présence du Curé, fairont comme cy-dessus. Que par provision et sans tirer à conséquence, toutes personnes tant ecclésiastiques que seculières, tous corps et communautez, à la reserve des hopitaux et des

Curez à portion congrue, contribueront au payement de la somme......

Il faut voir cet arrest (1).

En conséquence du dit arrest, on tint assemblée dans la salle du presbytère, le 19 et 26 may, où se trouvèrent les principaux officiers, gentilshommes, echevins et autres notables ou il fut résolu :

Qu'on taxeroit tous les particuliers de la ville mesme les ecclésiastiques et communautez ;

Que les propriétaires des terres, prez et maisons situez en la dite paroisse et possedant charges seront taxez ;

Que le role seroit fait par les sieurs du Plessis, conseiller, du Sortoir, advocat, Dupas, procureur syndic, et la Chesnays, marchand, en présence de M'' le Curé, lieutenant général, les gens du roy, et pourront s'y trouver les députez de chaque corps ; et le dit sieur du Sortoir a esté prié de recevoir l'argent des mains de celuy qui seroit chargé du recouvrement qui seroit fait par le dit Morel ;

Que M''s ....: fairoint le role des pauvres et la visite des quartiers ;

Qu'on emploieroit dans le mémoire des pauvres ceux qui demeurent dans la ville depuis six mois, à l'exception des mendiants ;

Que les bourgs de Montsort et de Courteilles seroint assistez par leurs habitants ;

Que la taxe sera faite par un role arreté par M. le lieutenant général qui se montera à la somme de 3,000 l. pour trois mois, laquelle sera distribuée par M. du Sortoir en pain ou argent aux préposez des quartiers suivant leur mémoire des pauvres qui sera fait par eux et arrêté par M. le Curé ;

Que tous les dimanches, les dits préposez s'assembleront chez M. le Curé pour faire le rapport de l'estat des pauvres et des moyens de les soulager.

Le marché fut fait du pain à 19 deniers par livre, il en valoit

(1) Arrêt du Parlement, servant de règlement pour la nourriture des pauvres dans les paroisses du ressort du Parlement de Normandie, du 6 de mai 1709, suivi d'une instruction pour le soulagement et nourriture des pauvres (*Recueil des édits, déclarations, lettres-patentes, arrest et règlements du Roy registrés en la Cour du Parlement de Normandie depuis l'année 1706 jusqu'en 1712*, p. 393-399).

24 dans le marché. L'aumosne en pain dura deux mois, on a
distribué de l'argent le troisième (1).

On a fait subsister pendant ce temps-la de l'aumosne commune
les pauvres malades à la portion par ce qu'on en cessa la queste.

En 1710, le parlement rendit un nouvel arrest (2) le 16 janvier,
au mesme sujet et aux mesmes conditions pour estre fait une
taxe depuis le 1er febvrier jusqu'au 15 juillet.

En conséquence de quoy, le 9ᵉ febvrier, on tint des assemhlées
à Alençon comme cy-dessus, dans lesquelles il fut délibéré qu'on
expulseroit les pauvres des paroisses étrangères, qui n'ont pas
dans la ville de domicile arresté par un bail et que les propriétaires qui leur louent des maisons, ou ceux qui les retirent seront
contraints de payer l'amende portée par les arrets ;

Qu'on faira sortir les deniers deubs par plusieurs particuliers
de la taxe de l'année dernière montant à 600 l ;

Que les mesmes préposez aux quartiers seroint continuez et
qu'ils pouvoint prendre des adjoints ;

Que pour viser le role des pauvres et reigler les amendes,
quatre notables avec M. le Curé, le lieutenant général et gens du
roy s'assembleront pour cela suivant l'exigence du temps ;

Qu'avant que de faire une taxe, on faira un estat de ce qui est
nécessaire pour la subsistance des pauvres ;

Qu'on priera les compagnies de faire une offre convenable à la
quantité des pauvres et des secours dont ils ont besoin ;

Qu'on priera les personnes aisées de faire la mesm offre ;
qu'au defaut d'une offre suffisante, ils seront taxez selon leurs
biens ;

---

(1) On a déjà parlé (p. 53, note) des maladies qui sévirent à Alençon à la suite
du cruel hiver de 1709. Le froid et la disette n'y firent pas moins de victimes. Ce
grand hiver qui dura quatre mois commença la veille des Rois par une abondante
chute de neige qui, bientôt balayée par un vent violent, s'amoncela dans les
vallées à une hauteur excessive Le jour de la Chandeleur la température s'abaissa
subitement ; les blés, qui n'étaient plus protégés par la neige, furent gelés en
même temps que les arbres se brisaient sous le poids du verglas.
Le cidre resta très cher pendant plusieurs années, 200 l. le tonneau, 14 s. le
pot dans les cabarets. Le blé se vendit 7 l. le boisseau (35 fr. l'hectolitre), l'orge
3 l. le boisseau (15 fr. l'hectolitre), le pain blanc 4 s. la livre, le pain brun 3 s.
On fit du pain d'avoine et du pain de son. Alençon tirait ses blés de Granville, il
fallait faire escorter les voitures. — (Le Queu. *Notes historiques sur Alençon*, m. s.
Brière. *Histoire d'Alençon*, m. s.).

(2) *Recueil des édits, déclarations, etc.*, p. 503-508.

Qu'on aura égard à la diminution des grains et aux restablissements des travaux pour diminuer le nombre des aumosnes.

Le nombre des familles qui demandoint l'aumosne se monta à 650, ce qui composoit environ 2,000 testes, et il fut arresté dans l'assemblée du 15 febvrier qu'on advertiroit au prosne que les préposez des quartiers iront par les maisons ramasser les aumosnes des personnes aisées et recevoir leurs offres. Comme les aisés ne voulurent pas faire d'offres raisonnables, on fut obligé de faire un role comme cy-devant l'année dernière, ce qui a duré jusqu'au mois d'aoust. Le pain valut pendant ce temps-la jusqu'à 3 s. 6 d. la livre.

Les thrésoriers de France ne voulant pas estre compris dans le dit role convinrent de faire payer pour le soulagement des pauvres entre les mains du receveur 120 l. par mois moyennant quoy on n'imposeroit aucun officier titulaire ou vétéran du bureau et donnèrent au sieur Curé cette convention sous leurs seings et l'ont exécutée.

LE TARIF D'ALENÇON

Le roy François Ier avoit affranchi la ville et ses habitants au mois de mars .... et leurs successeurs à perpétuité de toutes tailles et impositions qui seroint mises dans le royaume pour quelque cause et occasion que ce put estre, en considération de ce qu'ils avoint chassé les Anglois et remis la ville en l'obéissance du roy et du duc.

Ils ont jouy de cette exemption jusqu'en 1599, et en 1600 ils furent imposez à la taille à la somme seulement de 700 l., laquelle aprez avoir duré quelques années, augmenta ensuite de manière qu'en 1649, elle se monta à 25.800 l. et en 1658 à 44.000 l.

Ce fut en cette année que les habitants taillables présentèrent leur requeste au roy par laquelle, énonçant les grands inconvénients de la taille, ils demandent qu'il plut à S. M. ordonner que les sommes auxquelles ils seront cy aprez imposez pour la taille, taillon, subsistance, estapes, ustensiles, quartier d'hyver, exemption de garnison et autres impositions pour S. M. seront levées sur les denrées et marchandises qui se vendront, consommeront, ou échangeront dans la ville, pour estre les deniers en provenants

receus par des préposez et payez entre les mains des receveurs
des tailles en acquit des impositions, suivant la pancarte et le
tarif dressé par la congregation des habitants contenant les sommes qu'ils consentent estre levées sur les denrées et marchandises.

Le roy, ouy le raport du sieur du Boulay Favier, intendant,
permit aux habitants de lever sur eux les sommes mentionnées en
a dite pancarte qui seroint payées par toutes sortes de personnes
à l'exception des ecclésiastiques, gentilshommes et autres dénommez dans l'arrest du 1er juin 1658, lesquels demeureront exempts
des droits du tarif pour les denrées qu'ils fairont entrer pour leur
provision seulement qui seront reiglées par le sieur intendant.

Les filles d'Alençon sont exemptes du tarif par un arrest de la
Cour des comtes du 26 juin 1643 et du 14 may 1659, par une
ordonnance de M. de Morangis, intendant, du 7e janu. 1678, qui
les exempte aussy du logement des gens de guerre et de contribution à leur subsistance, et en dernier lieu par une sentence de
l'élection d'Alençon, le 30e juin 1719, par laquelle il est deffendu
au fermier des aides de troubler les filles dans leurs privileges et
exemptions du tarif selon l'establissement d'iceluy, le dit fermier
condamné aux dépens.

En 1662, J. Taunay, adjudicataire de la ferme du dit tarif,
presenta requeste au roy contenant que les habitants n'omettoint
rien pour éluder le recouvrement des droits par des prétendues
exemptions ou des fraudes; ce qui obligea S. M. de faire plusieurs reiglements pour la perception du dit tarif comme il paroit
par son arrest du 1er juillet 1662.

Le 13 may 1665, le roy ordonne qu'à commencer le 1er janvier
1666, les droits du tarif, portez par l'arrest du 1er juin 1658,
seroint joints à la ferme des aides, moyennant quoy la ville ne
sera comprise au département des tailles. Et le 18e janvier 1666,
le roy, par son arrest, fixe la ferme des droits du tarif d'Alençon
à 40.000 l. dont le fermier général sera tenu envers le thresor
royal et permet d'establir des bureaux dans les corps de garde de
la ville, de poser des barrières aux portes, enjoint à la ville
de faire fermer les portes depuis la Saint-Remy jusqu'à
Pasques, à 7 heures du soir et les ouvrir à 6 heures du matin,
et depuis Pasques jusqu'au jour de la Saint-Remy, depuis
9 heures du soir jusqu'à 4 heures du matin.

Le 22 juin 1706, le roy confirme la dite réunion du tarif aux aides, par un arrest du Conseil, et ce à perpetuité sans qu'il puisse estre désuni pour quelque cause et raison que ce puisse estre. Et la ville donna au roy gracieusement la somme de 10.000 l. avec les 2 s. pour livre, qui furent levez par addition au tarif.

Et tout cela s'est ainsy executé, avec quelques plaintes de la part des adjudicataires et des fermiers.

Dès 1662, l'adjudicataire se plaignit au Conseil qu'on étendoit les exemptions des privilegiez et leur nombre et que les taillables éludoint les droits du tarif. Il se plaignoit en particulier des exempts qui ne faisoint pas ménages et qui demeuroint chez leurs parents ou des étrangers taillables qu'ils exemptoint sous prétexte de leurs privileges et vouloint que ceux qui n'avoint pas esté dénommez dans l'arrest d'establissement ne fussent pas exempts, comme n'y étant pas compris.

Le roy ordonna que les enfans de familles privilegiez ne jouiront d'aucune exemption sous pretexte de leurs provisions pendant qu'ils seront non mariez ou demeurant avec des taillables et n'auront leurs ménages à part et deffend aux privilegiez dénommez dans l'arrest de 1658 ou autres qui pretendent jouir de l'exemption de se pourvoir aillieurs que par devant les intendants et fait plusieurs reiglements pour empescher les fraudes.

Les dits adjudicataires ou fermiers ont fait depuis et auparavant differentes difficultez qui ont formé des procez qui ont esté jugés dont il sera parlé dans la suite.

En 1705, Florent Travers, directeur des aides, présenta requeste au Conseil, disant que le tarif pendant un long temps a excédé la somme de 40.000 l. dont il tenoit lieu à Sa Majesté; mais que les habitants par leurs fraudes, entreprises, exemptions et contestations en avoint presque anéanti les droits, de manière qu'au lieu de 60.000 l. qu'il avoit produit cy devant, il ne produisoit depuis quelques années qu'environ 20.000 l. de net, qu'ainsy il avoit voulu remetre le dit tarif aux habitants pour le régir à la charge de lui en rendre 40.000 l. La requeste fut renvoyée à M. Le Guerchois, intendant, avec un mémoire présenté par le dit Travers, contenant 13 articles, avec ordre de faire un reiglement juste qui rétablisse les abus et contraventions, au cas que S. M. ne trouve pas plus convenable de remetre le tarif aux habitants.

Ces 13 articles du mémoire avec la requeste furent communiquez aux habitants. Ils se contentèrent de respondre en *général* suivant l'acte d'assemblée du 27 juillet 1705 qu'ils consentoint que le fermier jouit du tarif aux termes de la pancarte tout ainsy que luy et ses predecesseurs en ont toujours jouy et soutiennent que les arrests et jugements rendus en conséquence doivent estre executez selon leur forme et teneur et sans innovation.

M. le Guerchois donna son avis sur le tout et dit : 1er qu'il ne dépendoit pas du fermier d'abandonner le tarif à la ville et de l'obliger à luy en payer 40.000 l., 2e que l'affectation des habitants de ne vouloir entrer dans aucune discussion fait présumer qu'ils scavent bien que la complaisance ou negligence des fermiers a introduit plusieurs abus qu'ils apprehendent qu'on ne reprime, qu'ainsy il est de l'intherest du roy d'examiner les plaintes du fermier et de rétablir le bon ordre dans la perception des droits. Ensuite il entre dans le détail des 13 articles qui en contiennent chacun plusieurs autres, sur lesquelles en particulier il donne son avis, qui dans le fond est favorable aux habitans et surtout aux privilegiez et ne fait pour les autres que de légères innovations, comme il sera dit dans la suite. On n'a pas sceu quel effect cela produisit au Conseil, on presume que cet avis de M. le Guerchois qui est fort détaillé fut renvoyé au directeur pour sy conformer, d'autant que depuis ce temps-là, il ne fit aucune contestation et ce mesme avis en original signé de M. Le Guerchois s'est trouvé entre les mains de M. Desmées, cy devant directeur des aides qui a esté obligé de le remettre à M. de Pommereul, intendant, et à sa réquisition en août 1721.

Jacques Boiton, directeur dès le mois de juin 1721, avoit renouvelé la question formée par Travers et, aprez avoir fatigué les habitants par de nouvelles entreprises et plusieurs procez qu'il avoit perdus, il avoit présenté une nouvelle requeste au Conseil tendante aux mesmes fins, avec un mémoire de demandes contenant 18 articles dont les 13 premiers sont en tout conformes à ceux du mémoire présenté par Travers. Cette requeste et mémoire ont este renvoyez à M. l'Intendant avec ordre de les communiquer aux habitants. Ce qui a esté fait le 16e août 1721 et on y demande qu'ils fournissent le mémoire des contestations qu'ils prétendent former sur la perception des droits du tarif et que ceux qui s'en prétendent exempts fournissent les titres sur lesquels ils établissent leur exemption ; et sur ce que le dit Boiton persiste à demander ou que le tarif soit remis à la ville, ou qu'il soit fait un reiglement qui en rende la perception plus paisible. le Conseil ordonne que l'on reportera les produits des dits droits depuis 1716. Sur quoy les habitants assemblez ont délibéré de faire une response conforme à celle qu'ils firent en 1706, par laquelle ils consentent de nouveau l'exécution du tarif et de la pancarte ; et ensuite remontrent qu'il n'est pas de l'intherest du roy de leur remettre le tarif, parce que, s'il a produit autrefois jusqu'à 60.000 l., il en peut produire encore autant les choses estant dans le mesme estat qu'elles estoint auparavant ; de manière que, s'il y a de la diminution, elle ne vient que de la part des fermiers et des commis négligents ou trop avides qui dérangent le commerce et rebutent l'étranger comme l'habitant. A l'égard du mémoire, ils respondent qu'il est difficile de respondre en détail à tant d'articles sans le communiquer aux différents estats et conditions qui ont chacun leur titre et leur posession et qui fairont leurs responses qu'ils joindront à la leur, sans prétendre préjudicier à ceux qui n'en fairont pas, ny garantir les prétentions de ceux qui se disent privilegiez, ny authoriser les contraventions des taillables.

De ces 18 articles du mémoire, il y en a qui regardent les privilegiez, d'autres qui regardent les taillables et d'autres qui sont communs à tous les estats.

Ceux qui regardent les privilegiez tendent à en réduire le nombre aux termes de l'arrest de 1658 ; de manière que les filles, les archers de la maréchaussée, les commis des fermes, les officiers de nouvelle création, les vefves des exempts qui ne sont nobles, ou n'ont de droit le privilège de leurs maris, les communautez séculières et régulières, les exempts qui ne sont demeurants à Alençon, mesme les ecclésiastiques et qui ne tiennent ménage séparé d'avec leurs parents ou autres taillables. Et que pour tous les exempts, l'exemption n'aura lieu que pour les denrées seulement qu'ils fairont entrer pour leur provision, qui sera reiglée par l'intendant et non pour ce qu'ils acheteront en ville ; non plus que pour les chevaux, bestiaux, marchandises, étoffes, toiles, épiceries, meubles, laines, bois à bastir, huile, ardoise, latte, fer, drogueries, papier, etc.

Ceux qui regardent les taillables, regardent la fabrique des étoffes, les laines et les soyes, les marchands, les fabriquants, les bouchers et autres. En particulier le fermier demande que le fauxbourg de Montsort, dépendant de Saint-Pater, fasse partie des fauxbourgs de la ville, que les clotures de la ville soint en bon estat, que les commis puissent arrester et fouiller la malle des courriers tant à leur arrivée que dans la route, que les bateaux sur la rivière soint attachez la nuit avec des cadenas, que tous les marchands soint tenus de faire remarquer d'une nouvelle marque toutes leurs marchandises qui sont dans leur boutique, que les commis pouront faire leur visite tous les 15 jours chez les marchands débitants, que ceux qui font entrer des bestiaux pour le marché consigneront le droit à la porte, que les bestiaux morts ou vifs des bouchers seront marquez.

DES THRÉSORIERS DE FRANCE

Le bureau des thresoriers de France a esté créé par édit de may 1636 (1), les thresoriers ny ont cependant esté establis qu'en may 1640, par des commissaires de la chambre des comtes de Normandie commis à cet effect par lettre de cachet de S. M. Par l'édit de leur establissement et le procez verbal des dits maîtres des comtes, ils doivent précéder les baillif et corps du présidial et avoir la place honorable à l'église. C'est ce qui fut lu et signifié par les dits commissaires aux palais d'Alençon, le 23 may 1640 ; les officiers presidiaux firent leur protestation au dit establissement, se reservant de se pourvoir devant S. M. Dont acte accordé et cependant ordonné que les officiers du bureau jouiront des honneurs, prérogatives et préséances à eux attribuez par l'édit de création.

Les dits commissaires ayant visité le dit jour et en présence du sieur Curé et marguilliers l'église de Nostre-Dame et de Saint-Léonard, en conséquence de la dite lettre de cachet, fixèrent la place des dits thrésoriers au costé de l'épitre dans le chœur et eur désignèrent dans la nef un banc qu'on disoit avoir servi autrefois aux ducs et duchesses d'Alençon.

(1) L'édit du Roy portant création d'une généralité des finances en la ville d'Alençon a été publié par la Société de l'histoire de Normandie dans les documents concernant la Normandie extraits du *Mercure français*, p. 278 à 294.

Cela a formé un procez entre le dit présidial et les thrésoriers de France. Par les pièces de ce procez, il paroit que depuis 1640 jusqu'en 1647, les dits thrésoriers ont jouy paisiblement de leurs dits droits et préséances et, en 1648, le Curé d'Alençon leur donna un certificat par lequel il atteste qu'aux processions solennelles ils ont tenu le premier rang et esté à l'offrande les premiers sans contestation.

Ce fut en cette année 1648 que le présidial forma des oppositions et agit par voye de fait. Ce qui obligea les thresoriers de se mettre sous la protection et sauve garde de S. M. et du gouverneur et eschevins de la ville. Sur quoy fut ordonné par ce Conseil que les officiers présidiaux seroint assignez et que, par provision, il en seroit usé de la mesme manière qu'il en avoit esté usé jusqu'en avril 1648.

En 1650 fut rendu arrest du Conseil en faveur du présidial de Caen contre les thrésoriers de France du dit lieu. En 1653, le présidial d'Alençon demanda au Conseil que l'arrest rendu pour Caen luy fut commun et que les dits thrésoriers seroint assignez au Conseil pour le voir ainsy ordonner ; et que cependant attendu la proximité de la feste Dieu, la préséance leur demeuroit.

En 1654, les thrésoriers furent condamnez par forclusion et la préséance ajugée au présidial. En 1654, le Curé d'Alençon et les prestres donnèrent un certificat pour attester que les officiers du présidial sont en possession de précéder les thrésoriers en toutes processions.

En 1655, le roy, par lettre de cachet adressée aux dits thrésoriers, leur deffendit d'assister en corps à la procession de la feste Dieu, ny à toute autre assemblée publique jusqu'à ce que S. M. en eut ordonné.

Enfin le 20 may 1655 est intervenu arrest du Conseil par lequel le roy ordonne qu'en toute assemblée où les présidiaux d'Alençon iront en corps, ils précéderont les thresoriers de France, et qu'en autres assemblées où les dits présidiaux ne seront en corps, les présidents et lieutenant général seulement précéderont les dits thresoriers de France. Et avant faire droit sur la préséance respectivement prétendue par les dits thresoriers de France, et les autres officiers du dit présidial, ordonne S. M. que les parties contesteront plus amplement, escriront et produiront et cependant par manière de provision, les dits thrésoriers de France précéderont tous les dits officiers jusqu'à ce qu'autrement par S. M. en ayt esté ordonné sans dépens. Ce qui s'exécute.

A l'égard du banc destiné pour les thresoriers de France, ils se sont maintenus en possession de celuy du chœur du costé de l'épitre proche la sacristie où ils vont rarement et de celuy du costé de l'évangile dans la nef où ils se trouvent communément. A l'égard des cérémonies publiques, processions, offertoires, etc. Ils ne s'y trouvent pas en corps et ne prennent aucun rang en particulier.

DES VICAIRES D'ALENÇON

Il y a présentement à Alençon trois vicaires : celuy de Nostre-Dame, église paroissiale ; de Saint-Léonard, première succursalle, et de Saint-Roch, deuxième succursalle.

Dans les commencements, il n'y avoit que celuy de Saint-Léonard. Et les prestres qui deservoint l'église Nostre-Dame sous le Curé ne prenoint pas la qualité de vicaire et ne recevoint pas de commission. C'est pourquoy les anciens titres portent le Curé de Nostre-Dame et son vicaire de Saint-Léonard.

Il y a cependant très longtemps qu'on trouve un vicaire à Nostre-Dame. En 1535, il paroit que lors du ravage causé par les huguenots à Alençon, Nicolas Seurin estoit vicaire de Nostre-Dame et il eut la lascheté de quiter la religion catholique. Dans la transaction de 1571, le Curé demande augmentation de portion congrue parce qu'il a, dit-il, plusieurs vicaires.

Cet usage d'avoir un vicaire à Nostre-Dame a esté interrompu, et on a esté plus de cent ans sans en avoir. Ce fut l'évêque Savary qui, vers l'an 1684, obligea le Curé Chenard d'en avoir un avec commission, deffendant aux autres prestres d'administrer les sacrements. La création des portions congrues pour les vicaires y contribua encore, et cela a subsisté depuis parce qu'il ne coute rien, n'ayant que son casuel avec sa portion congrue qui devoit estre de 150 l. et qui est reduite à 100 l. jusqu'à ce que le vicaire se pourvoye pour la faire augmenter. V. sur cela le chapitre des portions congrues p. 98.

Le vicaire de Saint-Léonard a toujours esté regardé avec une espèce de distinction aprez le Curé. Sa commission est différente de celles des autres vicaires. Il n'est pas *ad annum* comme les autres. L'évêque a prétendu avoir droit de la présenter, etc. (V. Saint-Léonard p. 21). Il pouvoit avoir aussy 150 l. de portion congrue ; mais il s'est accommodé de 100 l. comme celuy de Nostre-Dame dont il peut aussy se relever.

Le vicaire de Saint-Roch est du temps de l'establissement de cette succursalle et n'a rien de distingué dans sa commission des autres vicaires. Il n'a que 71 l. de portion congrue (V. Saint-Roch p. 37).

Le rang et la place de ces trois vicaires n'a jamais esté reiglé et aussy ne voit-on aucune contestation entre eux à ce sujet, avant l'an 1727. Le 12e juin, feste du Saint-Sacrement, le sieur Bidon, vicaire de Saint-Léonard, estoit le plus jeune vicaire ; celuy de Saint-Roch, nommé Daboust, estoit le plus ancien et le sieur Poupard, entre les deux. Bidon, excité par les prestres de son distric, crut qu'il devoit prendre la première place à la processiont Daboust crut qu'il devoit l'avoir parce qu'il estoit son ancien et Poupard eut esté bien aise de l'emporter sur tous les deux comme vicaire de l'église paroissialle, qui, en cette qualité, porte l'étolle au defaut du Curé, aux processions et cérémonies publiques, mesme en présence des autres vicaires.

Ce fut le vicaire de Courteille qui commença la contestation et demanda la place à celuy de Saint-Léonard. Et comme il trouva de l'opposition, il tomba sur celuy de Nostre-Dame pour luy demander sa chaise au chœur. Ce qui luy fut refusé ; mais il se contenta dans la marche de la procession où il affecta de prendre le dessus de celuy de Nostre-Dame, ce qu'il dissimula pour le bien de la paix.

Le Curé, informé du fait aprez la procession pour arrester cette question et prévenir ce scandale, en écrivit à l'Évêque le priant de décider au moins par provision. L'Évêque respondit le 19 juin et observa que les précédents vicaires avoint toujours agi ensemble avec amitié et politesse. Que cependant pour éviter le scandale et sans préjudicier à leurs droits sur lesquels ils pouvoient s'expliquer, Il ordonne par provision : que les vicaires dans leur église conserveroint leur place, que, en la procession, le vicaire de Nostre-Dame pouvoit faire prestre assistant et que celuy de Saint-Léonard précéderoit celuy de Courteilles, que quand mesme, le vicaire de Nostre-Dame ne fairoit pas prestre assistant, celuy de Saint-Léonard le précéderoit. Il ajoute que les vicaires qui ont un soin particulier des églises doivent avoir la préférence immédiatement aprez le Curé ; à l'exception qu'au cas que le Curé fut absent, le vicaire de Nostre Dame le remplaceroit en tout à l'exclusion des deux autres sans pouvoir cependant le remplacer pour aller faire ses fonctions dans les autres églises. Il finit en disant, qu'aprez les avoir entendus, il sera plus en estat de faire un reiglement fixe et les exhorte cependant à se reigler entre eux à l'amiable et, de concert avec le Curé, le quel reiglement il confirmera de son authorité.

Cette décision n'estoit pas nécessaire, car les vicaires prirent d'eux-mesmes, de concert avec le Curé, le party de vivre ensemble avec amitié comme par le passé (sans estre trop attentifs à leurs prétentions). Au fond, cette décision de l'Évèque a sa difficulté, car si le vicaire de Nostre-Dame représente le Curé en son absence, pour quoy n'est il pas le premier vicaire en sa présence ?

D'ailleurs, le vicariat de Courteilles est un nouveau démembrement de l'église Nostre-Dame et le vicaire n'est que comme l'aide de celuy de Nostre-Dame. Enfin le vicaire de Saint-Léonard est amovible et dépendant comme les autres. C'est pourquoy on pense qu'il faudroit une nouvelle décision, en cas que la contestation recommence.

— 290 —

TABLE DES MATIÈRES

www.ingramcontent.com/pod-product-compliance
Lightning Source LLC
Chambersburg PA
CBHW071804020726
47502CB00004B/999